면접관이 공개하는
장교/
부사관
면접
합격의 공식

시대에듀

2025 시대에듀 면접관이 공개하는 장교/부사관 면접 합격의 공식

Always with you

사람의 인연은 길에서 우연하게 만나거나 함께 살아가는 것만을 의미하지는 않습니다.
책을 펴내는 출판사와 그 책을 읽는 독자의 만남도 소중한 인연입니다.
시대에듀는 항상 독자의 마음을 헤아리기 위해 노력하고 있습니다. 늘 독자와 함께하겠습니다.

 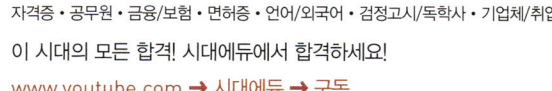 

PREFACE

장교/부사관 합격은 면접이다!

장교/부사관 필기시험 합격자 여러분, 합격을 진심으로 축하드립니다.

장교/부사관 면접을 준비하면서 가장 힘들었던 점은 바로 '정보'일 것입니다. 군의 특성상 정보공개가 제한되어 어떤 방식으로 면접을 진행하는지 파악하기 어려웠습니다. 따라서 저희는 면접을 위해 필요한 최신 이슈와 상식뿐만 아니라 군에 관한 정보, 면접에 출제되었던 질문까지 다양한 내용을 포함하고 있는 도서를 준비했습니다. 초급간부 선발에서 면접의 비중은 점점 증가하고 있으므로 수험생들은 이에 대비하여 체계적인 준비를 해야 합니다.

그렇다면 면접은 어떻게 준비해야 할까요?

❶ 면접관들은 현역 영관 및 위관장교(군종)로 구성되어 있습니다. 이들은 경험이 많은 장교들이며, 자신의 경험을 토대로 질문하는 경향이 있습니다. 즉 초급간부로서 필요한 정신자세, 품성, 상황판단, 자신감, 패기, 리더십, 국가관, 안보관 분야를 주로 질문할 것입니다. 따라서 군에 대해 깊지는 않더라도 포괄적인 지식을 갖추고, 군 간부로서의 자신감을 표할 수 있는 답변을 해야 합니다.

❷ 면접 시 자기소개, 지원동기, 장단점, 마지막으로 하고 싶은 말 등 공통으로 묻는 질문이 있습니다. 이러한 질문들은 사전에 자기만의 답변서를 작성해 놓고, 충분한 예행연습을 통해 숙달된 상태로 면접에 임해야 합니다. 예행연습을 통해 본인의 문제점, 부족한 점 등을 보충해 가면서 지속적으로 연습하면, 실제 면접 시 자신감 있게 답변할 수 있습니다.

❸ 구술면접을 위해 최근 시사문제에 대하여 관심을 가질 필요가 있습니다. 예를 들면 '양심적 병역 거부자'와 같이 군과 우리 사회에 공통적으로 연관된 주제들입니다. 토론 주제에 대해 자신만의 찬반 의견과 그에 따른 근거를 논리적으로 정리해 두어야 합니다.

❹ 자신감을 가져야 합니다. 대부분의 면접관들은 면접을 통해 군이라는 조직에 순응하면서 업무를 잘 수행할 수 있는 사람을 선발하는 데 초점을 두고 있습니다. 따라서 답변 시 답변 내용이 다소 부족할지라도 자신감을 갖고 논리 정연한 발표를 통해 면접관들을 설득시킬 수 있는 의사발표 능력을 갖추는 것이 중요합니다.

면접에 대한 변별력에 관한 이슈가 대두됨에 따라 면접의 난도가 높아질 것으로 예상되고 있습니다. 따라서 면접에 대한 더 많은 대비가 필요합니다. 본서에는 필자가 30여 년간 군의 주요 지휘관과 면접관 경험을 통해 느낀 초급간부가 갖추어야 할 중요 내용이 수록되어 있습니다.

본서를 통해 면접에 대비하고 있는 수험생들의 좋은 결과를 기대합니다.

(예) 육군 대령 오세훈

장교/부사관 면접 체크리스트 CHECK LIST

※ 2024년 2차 시험 공고문을 기준으로 작성한 것이므로 정확한 시험 정보는 지원한 각 군 사이트에서 확인하여 주시기 바랍니다.

장교/부사관 필기합격을 축하드립니다!

1차 시험에 합격한 지원자들은 해당 모집 공고를 통해 2차 시험 일정을 확인해야 합니다. 그와 동시에 신원조사를 바로 준비해야 하는데, 이 절차를 진행하지 않으면 면접시험에 응시할 수 없게 됩니다. 기한을 잘 확인하여 면접시험 전 이 절차를 꼭 진행하시기 바랍니다.

◆ 필기 합격 확인
1차 평가 합격자 발표 시 2차 평가 장소 공지

◆ 신원조회 관련 서류 및 2차 제출 서류 준비하기
❶ 다양한 서류를 준비해야 하고 발급까지 시간이 걸리는 서류들도 많으므로 유의해야 합니다.
  ※ 발표일과 면접일에 따라 일정이 상이할 수 있습니다.
❷ 국군방첩사령부 홈페이지(www.dcc.mil.kr)에 접속하면 확인할 수 있습니다.

◆ 체크리스트

서류 종류	준비가능일	완료여부
신원진술서		
개인정보 수집 · 이용 · 제공동의서		
자기소개서		
개인신용정보서		
기본증명서(상세)		
병역관계서류		
국민체력 100 인증서		
최종학력증명서		
자격 증빙서류 원본/사본		

※ 모집 분야마다 제출 서류가 조금씩 상이하니 해당 모집 공고를 반드시 확인하세요.

장교/부사관 면접 D-DAY

◆ 화상 면접

코로나-19 및 부대환경(원거리 이동 등), 기상 상황을 고려하여 선발권 부대장 판단하에 화상회의 시스템을 활용하여 화상면접 시행 가능

면접 당일 준비물	❶ 사진, 신분증 ❷ 개인 PC(데스크탑, 노트북) 또는 휴대폰 ❸ 단정한 복장
면접의 진행과정	❶ 사전 공고를 확인한 후 어플리케이션을 개인 PC 등에 설치 ❷ 지정 면접시간 15~20분 전 면접 URL(초대 링크) 클릭하여 접속 ❸ 입장코드 입력 ❹ 면접 시작시 입장이 승인되며 면접 진행 ※ 세부 면접시간, 면접 URL 및 입장코드 발송일 등은 해당 공고를 확인하세요.

◆ 대면 면접

면접 당일 준비물: 응시표, 신분증, 단정한 복장

01 면접장 도착 — 면접 시간 최소 30분 전 도착
02 신분증, 수험표 대조 후 면접 등록
03 조별로 대기실에서 순서를 기다리며 준비한 자료 중심으로 마지막 검토
04 · 개별면접장 · 발표/토론면접장 · 인성면접장

이 책의 구성과 특징 STRUCTURES

01
장교/부사관이란?

01 장교 소개

1. 장교란?
(1) 군대로부터 직접 전투 부대를 통솔할 수 있는 권한을 부여받은 자
(2) 전문적인 능력을 갖추고 기술적으로나 행정적으로 지휘관을 보좌하는 임무를 부여받은 자

2. 장교가 되는 길(육군 기준)

구분	지원 자격	의무복무
학군사관후보생(ROTC)	• 임관일 기준 만 20~27세 이하인 남·여 • 대학 1·2학년	• 육군: 2년 4개월 • 해군: 8병(해대: 2년
학사사관	• 임관일 기준 만 20~27세 이하인 남·여 • 4년제 대학 졸업(예정)자 및 학사 이상 학위 소지자	
육군3사관학교	• 입교일 기준 19~25세 미만의 미혼 남·여 • 4년제 대학교 2년 이상 수료(예정자 및 전문대학 졸업	
간부사관	• 현역에 복무 중인 부사관 및 현역병(상병·병장) 혹은 내 전역한 예비역 • 임관일 기준 20~27세 이하재예비역: 20~30세 이하 • 대학교 2학년 이상 수료 또는 전문대 졸업 이상	

01
면접 전 꼭 알아야 할 7가지

장교/부사관이란 무엇인지에서부터 면접에 대한 기본 상식, 신원조사서, 자기소개서 작성 요령, 화상면접 및 AI 면접 등에 대한 가이드라인을 제시하였습니다.

01
대기실부터 면접은 시작된다

1. 면접 당일 지각은 절대 있을 수 없다
어떻게 지각을 하나 싶겠지만, 생각보다 늦는 사람들이 종종 있다. 특히나 요즘은 화상면접 실시로 면접장에 직접 가야 할 일은 줄었으나 이 또한 면접 당일 어플리케이션 설치 등에 시간이 소요되어 시간이 촉박한 경우가 많다. 여유 있는 면접을 위해 조금만 서두르도록 하자.

2. 대기실(대면면접의 경우)
(1) 자기 차례를 기다리는 동안 조용한 태도로 예상되는 질문에 대한 대답을 최종적으로 정리하면서 마음을 가다듬는다.
(2) 차례가 가까워지면 다시 한 번 자기의 복장을 점검해 본다.
(3) 대기하는 동안 옆 사람과 잡담을 하거나 큰소리로 말하는 것, 지나친 흡연, 다리를 꼬고 비스듬히 앉는 것, 다리를 흔드는 짓 등은 삼가야 한다.

3. 호명
(1) 담당장교가 자신의 이름을 부르면 "네" 하고 명확하게 대답한다.
(2) 면접실 앞 의자(대기실)에 앉아 벨이 울리고 자신의 차례가 될 때까지 대기한다.
(3) 면접실 입구 앞에서 가벼운 노크를 한 후, 안에서 "들어오세요"라는 응답이 있으면 조용히 문을 열고 실내로 들어간다.

02
최합 프리패스! 합격전략 8가지

면접에 합격하기 위한 합격전략을 제시하였습니다. 면접에 합격할 수 있는 8가지 전략을 학습하고, 이를 활용해 최종합격에 한 걸음 더 다가갈 수 있습니다.

합격의 공식 Formula of pass | 시대에듀 www.sdedu.co.kr

CHAPTER 01 면접 이론편

01 구술면접이란?

1. 정의

지원자의 학습능력을 평가하는 1차 시험과는 달리, 2차 시험 중 면접은 지원자에게 전문적인 지식이나 설명을 요구하지 않는다. 다만 지원자의 논리적인 사고력과 효율적인 의사소통 능력을 평가하며, 장차 국가의 안보를 책임지는 장교/부사관에 부합하는 인성과 자유민주주의 국가의 시민으로서 기본적인 소양을 갖추고 있는지에 대해 평가한다.

2. 개요

지원자의 역사관·국가관·안보관·대적관·동맹관 등에 관한 지문을 읽고 구술을 통해 지원자의 의견을 들어보는 형태로 진행된다. 지원자들이 지문을 읽고 요약한 내용을 면접관이 듣고 이에 직접적으로 관련된 질문 혹은 연관된 내용까지 (...) 제시되는 지문 및 질문들은 사전 학습이나 선지식이 필요한 내용 (...) 과정을 통해 자연스럽게 습득할 수 있는 가치관을 묻는 내용 (...) 문에 대한 아는 바가 전혀 없다 하더라도 지원자의 지식체계 (...) 과정에서의 논리성을 판단하여 평가에 반영한다. 다시 말해 (...) 의 가치관에 얼마나 확신이 있고 자신감이 있는가를 묻는 면접 (...)

CHAPTER 03 면접 필살기

장교/부사관 면접 평가요소에 맞춘 풍부한 면접 기출에 대한 예상 답변 + 면접자의 의도, 핵심 키워드 등과 최신 이슈&상식 내용을 정리했습니다.

CHAPTER 05 최신 이슈 & 상식

01 2023 국방 10대 뉴스

정전협정·한미동맹 70주년

2023년은 1953년 7월 27일부로 '한반도 정전협정'이 체결된 지 70주년이 되는 해다. 정전협정은 1953년 7월 27일 국제연합군 총사령관과 북한군 최고사령관 및 중공인민지원군 사령원 사이에 맺은 한국 군사정전에 관한 협정으로, 6·25전쟁이 일시 중단된 정전 상태에서 무력 충돌을 방지하는 핵심 장치다. 정전협정 체결 70주년을 맞아 국방부는 10월 개정·발간한 「정신전력교육 기본교재」를 통해 한반도 정전체제의 불안정성을 고조시키는 북한의 위협 행보에 대한 올바른 이해가 장병의 정신전력 확립에 필수임을 강조했다. 이와 더불어 11월에 개최된 '한국·유엔사회원국 국방장관회의'에서 유엔군사령부의 정전협정 관리·유지 임무가 한반도 평화 유지를 뒷받침해 왔다고 평가하며, 협력·연대 강화 의지를 밝혔다.

2023년은 1953년 10월 상호방위조약 체결로 한미동맹이 출범한 지 70주년이 되는 해이기도 하다. 한미동맹은 북한의 군사적 위협에 대응하기 위하여 한미상호방위조약을 기초로 하여 대한민국과 미국 사이에 체결한 동맹으로, 한반도 평화와 안전을 위한 제도적 장치로서 성공적인 동맹이라는 평가를 받고 있다. 이를 기념하기 위해 정상회담에서는 글로벌 포괄적 전략동맹, 인도·태평양 전역에서의 협력 확대, 양자 협력 강화 등 동맹의 미래 70년을 향한 3대 노력선을 천명했다. 국방 당국 차원에서는 한미 연합전력의 막강한 화력·기동력을 과시한 '연합·합동 화력격멸훈련'을 대표적으로 '행동'을 통해 '힘에 의한 평화'를 구현하는 데 중점을 뒀다.

CHAPTER 04 꼭 알아야 할 기본 상식

군 기본 지식, 시사 상식 등 장교/부사관 면접에서 반드시 나오는 내용을 엄선하여, 어떤 질문에도 당황하지 않고 답변할 수 있도록 했습니다.

이 책의 차례 CONTENTS

PART 01　면접 전 꼭 알아야 할 7가지

CHAPTER 01 장교/부사관이란? ... 2
CHAPTER 02 면접이란? ... 16
CHAPTER 03 신원조사서&자기소개서 ... 26
CHAPTER 04 AI 면접&화상 면접 ... 41
CHAPTER 05 평가요소 및 배점 ... 56
CHAPTER 06 인성검사 ... 64
CHAPTER 07 체력검정 ... 70

PART 02　최합 프리패스! 합격전략 8가지

CHAPTER 01 대기실부터 면접은 시작된다 ... 76
CHAPTER 02 면접관의 관점에서 준비하자 ... 79
CHAPTER 03 자기소개의 중요성 ... 81
CHAPTER 04 나온 질문은 또 나온다 ... 83
CHAPTER 05 면접에서 알고 있으면 좋을 꿀팁 ... 85
CHAPTER 06 최종합격을 부르는 실패 경험 ... 87
CHAPTER 07 최종합격을 위해 다시 태어나자 ... 88
CHAPTER 08 면접 전 반드시 정리해야 할 것 ... 92

PART 03　면접 필살기

CHAPTER 01 면접 이론편 ... 96
CHAPTER 02 면접 실전편 ... 99

PART 04　꼭 알고 가야 하는 상식

CHAPTER 01 국방혁신 4.0 ... 316
CHAPTER 02 대한민국 국가관 ... 322
CHAPTER 03 역사적 인물과 한국전쟁 ... 329
CHAPTER 04 국방부 · 육 · 해 · 공군 · 해병대 ... 340
CHAPTER 02 최신 이슈&상식 ... 361

PART 01

면접 전 꼭 알아야 할 7가지

CHAPTER 01 장교/부사관이란?

01 장교 소개

1. 장교란?

(1) 군대로부터 직접 전투 부대를 통솔할 수 있는 권한을 부여받은 자

(2) 전문적인 능력을 갖추고 기술적으로나 행정적으로 지휘관을 보좌하는 임무를 부여받은 자

2. 장교가 되는 길(육군 기준)

구분	지원 자격	의무복무
학군사관후보생(ROTC)	• 임관일 기준 만 20~27세 이하인 남·여 • 대학 1·2학년	• 육군: 2년 4개월 • 해군·해병대: 2년 • 공군: 3년
학사사관	• 임관일 기준 만 20~27세 이하인 남·여 • 4년제 대학 졸업(예정)자로 학사 이상 학위 소지자	3년
육군3사관학교	• 입교일 기준 19~25세 미만의 미혼 남·여 • 4년제 대학교 2년 이상 수료(예정)자 및 전문대학 졸업(예정)자	6년
간부사관	• 현역에 복무 중인 부사관 및 현역병(상병·병장) 혹은 2년 이내 전역한 예비역 • 임관일 기준 20~27세 이하자(예비역: 20~30세 이하) • 대학교 2학년 이상 수료 또는 전문대 졸업 이상	3년

※ 사관학교 제외

02 부사관 소개

1. 부사관이란?

(1) 병사와 지휘관과의 교량 역할을 수행하는 자

(2) 분대와 같은 최소 규모의 전투집단을 지휘할 수 있는 권한을 부여받은 자

(3) 정비·수리 등의 숙련된 기술을 요하는 분야에 전문기술관으로서 임무를 수행하는 자

2. 부사관이 되는 길(육군 기준)

구분	지원 자격	의무복무
현역에서 지원	• 고졸 이상 • 현역 일병~병장	4년
예비역에서 지원	임관일 기준 만 28~30세	4년
민간인에서 지원	• 고졸 이상 • 임관일 기준 만 18~27세 이하 남·여	4년
군 가산복무지원금 지급대상자	• 전문대 이상 대학(원) • 전문의무 부사관: 3년제 의무보건계열 대학(교) 임상병리과, 방사선과, 치위생과 2학년 재학생 • 전투 부사관: 협약 전투 부사관학과 1학년 재학생(남)	4년 + 장학금 수혜기간 (1~2년)
임기제부사관에서 지원	• 임기제부사관으로 6개월 이상 복무 후 단기하사 전환 지원 가능	4년

3. 진급(계급별 최저 복무기간)

계급	하사 → 중사	중사 → 상사	상사 → 원사
최저 복무기간	하사로서 2년	중사로서 5년	상사로서 7년

4. 전역 정년(규정에 의한 정년 도달 시 전역)

계급	하사	중사	상사	원사
정년	40세	45세	53세	55세

03 병과 안내

1. 장교

(1) 육군 장교

기본병과			
전투병과			
보병	기갑	포병	방공
정보	공병	정보통신	항공
기술병과			
화생방	병기	병참	수송
행정병과			
인사	군사경찰	재정	공보정훈
군수			
특수병과			
의무 (군의/치의/수의/의정/간호)	법무	군종	

(2) 해군 장교

기본병과			
함정	항공	정보	정보통신
병기	보급	공병	조함
재정	공보정훈	군사경찰	
특수병과			
의무	법무	군종	

(3) 공군 장교

기본병과			
조종	항공통제	방공포병	정보
군수	정보통신	기상	공병
재정	공보정훈	군사경찰	인사교육
특수병과			
의무	법무	군종	

(4) 해병대 장교

기본병과			
보병	포병	기갑	항공
정보	공병	정보통신	군수
재정	공보정훈	군사경찰	

2. 부사관

(1) 육군 부사관

① 보병: 전투를 수행하는 병과로서 육군에서 가장 많은 인원이 근무하고 있으며 지상 전투 시 적 공격 및 방어 임무를 맡게 된다. 타 병과의 지원과 타 군과의 긴밀한 협동 하에 전투의 승패를 결정하는 핵심 병과이다.

세부 병과	주요업무	취급 장비
일반보병	개인화기 및 기관총, 박격포, 무반동총, 대전차 유도탄 등 소형화기를 다루며, 분대장 또는 부소대장 임무수행	개인화기(K1/K2소총, K5권총 등), 공용화기(K3 기관총), 박격포(60/81MM, 4.2인치), 대전차유도탄 등
특전보병	특수전사령부에서 임무수행	
특임보병	특공연대 및 수색대대에서 임무수행	

② 기갑: 기동력 · 화력 · 충격력을 발휘하여 전략적 · 작전적 수준의 결정적 작전을 수행하는 지상작전의 종결자로서, 부사관들은 장비를 조작하거나 단순한 정비업무에 종사한다. 중요정비는 병기 병과에서 시행한다.

세부 병과	주요업무	취급 장비
전차승무	전차 조종수 및 포수 임무수행	K계열 전차(K1, K2), M계열 전차(M48, M60 등), 구난전차, K200 계열 장갑차
전차정비	전차에 대한 전차, 포탑, 통신장비 정비임무수행	
장갑차	장갑차 승무 및 정비 임무	

③ 포병: 육군에서 가장 화력이 큰 병과로서, 기동부대 지원과 가용한 화력수단을 활용해 화력 전투를 수행한다.

세부 병과	주요업무	취급 장비
야전포병	군단 · 사단 포병대대의 자주포 또는 견인포 운용 및 포반(분대) 지휘	• 야전포병: 견인포(105/155MM), 자주포(155MM: K55, K9), 장갑차(탄약운반, 지휘용) • 로켓포병: 다연장, MLRS, 현무 등
로켓포병	군단급 이상 포병대대의 다연장, MLRS, 현무 등 로켓 또는 미사일의 운용/조작, 관리	
포병작전	야전포병 및 로켓포병의 사격에 필요한 제원산출, 작전통제	

④ **방공**: 전투부대, 전투근무지원부대의 중·저고도 대공방어 임무를 수행한다.

세부 병과	주요업무	취급 장비
방공무기 운용	발칸포 운용/정비, 오리콘포 운용/정비, 비호 운용/정비, 방공작전통제, 휴대용 유도탄 운용/정비, 천마 운용/정비, 저고도 탐지레이더 운용/정비	발칸, 오리콘, 휴대용 유도탄(신궁 등), 비호, 천마, 저고도탐지레이더

⑤ **정보**: 적의 도발 징후 조기 탐지 및 정보 수집, 경보 전파와 적과의 심리전 활동을 수행하며, 우방국과의 군사교류 및 국력 홍보 등을 수행한다. 또한 아군의 정보를 보호하는 보안업무도 수행한다.

세부 병과	주요업무	취급 장비
인간정보	전투정보, 심리전, 특수정보, 정찰, 보안	무인정찰기(UAV), 감시장비 (TOD, 라지트 등), 전자전 장비(EA·ES장비) 등
신호정보	특수통신정보, EA·ES 운용, 영상정보, 무인항공정찰기 운용, 감시장비 운용	
영상정보	정상정보, 무인항공정찰기 운용, 감시장비 운용	
드론/UAV운용	–	

⑥ **공병**: 건설이나 부설, 폭파를 위해 필요한 기술·자재를 가지고 축성·가교·건설·폭파·측량 등과 같은 임무를 맡는 병과이다.

세부 병과	주요업무	취급 장비
전투공병	야전공병, 야전건설, 지뢰설치 제거, 폭파	공병장비(불도저, 포크레인, 덤프, 페이로다 등), 전투장갑도저, 교량전차, 장갑차(K200계열), 부(문)교/조립교 등 도하장비, 지뢰폭파 킷, 지뢰지대 개척장비 등
시설공병	목공, 측량, 제도, 소방장비, 급수배관 및 보일러, 전기공사, 환경시설관리	
공병장비 운용 및 정비	지형분석, 관재, 전투장갑도자 운용, 교량전차 조종, 교량가설보트운전, 굴삭기 운용, 중장비 정비	

⑦ **정보통신**: 최신 정보통신기술을 활용하여 정보우위 달성 및 전장의 주도권을 장악하고, 사이버 공간상에 정보보호를 통한 네트워크 생존성을 보장하는 임무를 수행한다.

세부 병과	주요업무	취급 장비
전술통신 운용	야전통신 운용/정비, 무선전송장비 운용/정비, 전투무선망장비 운용/정비, 이동통신장비 운용/정비, 정보통신망 관리장비 운용/정비, 영상음향장비 운용/정비, 교환시설 운용/정비, 기록통신장비 운용/정비, MW 운용/정비 위성 운용	전술통신장비(무전기, 전화기), 교환장비, M/W운용장비, 위성장비, 레이더, 전술 C4I(ATICCS), 네트워크장비(SPIDER, TICN), 정보보호시스템
특수통신 운용	레이다 운용/정비, 사진운용, 암호	
사이버정보체계 운용	전술C4I 운용/정비, 네트워크 운용/정비, 정보체계 운용/정비, 정보보호, SW개발	
사이버전문	–	

⑧ **항공**: 각종 장비 및 항공기를 전투상황에 맞게 이용하여 적과 싸우는 병과이며, 재난 발생 시 국민의 생명과 재산을 보호하는 임무를 수행하기도 한다.

세부 병과		주요업무	취급 장비
항공운항		항공운항/관제	헬기(500MD, UH1H, UH60, 수리온, 치누크, 코브라, 아파치 등), 토우, 2.75인치 RKT, 헬파이어, 체인건 등
항공 정비	헬기 정비	소형 공격헬기 정비, 중형 공격헬기 정비, 소형 기동헬기 정비, 헬기장착 무장 정비, 중형 기동헬기 정비, 대형 기동헬기 정비	
	헬기 수리	헬기기체 수리, 헬기기관 수리, 헬기계기 수리, 헬기장착 유도무기 수리, 헬기장착 총포 수리, 헬기 통신전자 수리	

⑨ **화생방**: 적의 핵 및 화생방무기 공격 시 정찰 및 인체·장비·지역 제독으로 아군의 생존성을 보장하고 화생방 테러 발생 시 신속한 현장출동 및 조치로 국민의 생명을 보존하는 임무를 수행한다.

세부 병과	주요업무	취급 장비
화생방작전	화학, 화생방작전 통제, 연막, 화학제독, 화학탐측	방독면, 발연기(연막발생기), 화염방사기, 제독차, 인체/장비제독장비, 화생방 탐측장비

⑩ **병기**: 군 임무수행을 위하여 필요로 하는 물자(식량, 연료, 탄약, 축성자재 등)를 지원하여 전투력 발휘 및 작전지속능력을 보장하게 하는 임무를 수행한다.

세부 병과		주요업무
방공 및 유도무기 정비	대공포 정비	발칸포 정비, 오리콘포 정비, 비호 정비
	로켓 정비	다연장 정비, MLRS 정비, 현무 정비
	유도무기 정비	휴대용 유도탄 정비, 천마 정비, 저고도 R/D 정비, 대전차 유도무기 정비
화력 및 기동장비 정비	총포 정비	총기 정비, 화포 정비
	광학/감시장비 정비	광학기재 정비, 감시장비 정비, 사격통제장치 정비
	전차/장갑차 정비	K계열 전차 정비, M계열 전차 정비, 장갑차 정비
	자주포 정비	K55 자주포 정비, K9 자주포 정비
통신 전자 정비	전술통신 정비	유선장비 정비, 기록 통신장비 정비, 무선장비 정비, 중계/반송기 정비
	특수통신 정비	R/D 정비, 전자전장비 정비, 보안장비 정비, 자동화장비 정비
일반 장비 정비	차량 정비	경차량 정비, 중특수차량 정비
	공병중장비 정비	유압장비 정비, 건설장비 정비, 발전기장비 정비, 공병전투장비 정비, 용접/철물 정비, 기계공작, 병참장비 정비, 화학장비 정비, 의무장비 정비
탄약관리		탄약관리, 탄약 정비, 폭발물처리
장비수리부속관리		장비 보급, 특수무기 보급, 수리부속 보급

⑪ **병참**: 육군의 지상 작전 수행을 위한 장비·탄약·부속품 지원 및 피해 물자 정비·복구·후송·처리를 수행한다.

세부 병과	주요업무	취급 장비
물자보급	편성부대보급, 일반물자 저장 관리, 의무보급, 공구보급, 유류관리, 유류시험 일반물자 재고 기록	취사장비, 야전취사트레라, 목욕트레라, 세탁트레라, 화장트레라, 유조차, 카고트럭 등
조리	주둔지 취사, 야전 취사	

⑫ **수송**: 육로, 철도, 항공, 수로를 이용한 수송지원 및 군 작전도로에 대한 이동관리와 통제 관련 임무를 수행한다.

세부 병과	주요업무
수송운용	경차량 운전, 중형 하이탑형 차량 운전, 중형 본네트형 차량 운전, 중견인차량 운전, 물자취급 장비 운전, 경장갑차 운전, 차량정비, K-532 차량운전
이동관리	수송 이동관리
항만운용	윈치 운용, 선박 운용, 화물 검수

⑬ **인사**: 부대 내 모든 인사행정업무를 수행할 뿐만 아니라, 상훈과 병적관리 등 전역자들에 관한 인사관리 또한 수행한다. 또한 의전 및 주요 의식행사 진행업무를 담당한다.

세부 병과	주요업무
인사	행정/PC 운용, 인쇄

⑭ **군사경찰(헌병)**: 군사경찰(헌병)은 군 경찰로서 법과 규정을 집행하여 군기 및 법·질서를 유지하며, 전투부대의 작전지원을 주 임무로 하고 이를 위하여 편성·장비하며 필요한 교육 훈련을 한다.

세부 병과		주요업무
군사경찰	헌병	근무헌병
	수사	수사헌병

⑮ **재정**: 재정병과는 예산 관련 업무를 수행함으로써 육군의 살림살이를 책임진다.

세부 병과	주요업무
재정	경리행정

⑯ **공보정훈**: 장병 정신교육을 통해 올바른 군인정신, 국가관, 안보관을 함양시켜 적과 싸워 이길 수 있는 정신적 대비태세를 확립시키는 임무와 문화 활동을 통해 장병 사기진작, 정서 및 교양 증진을 도모하는 업무를 수행한다.

세부 병과	주요업무
공보정훈	정훈행정, 시청각 장비 운용
군악	목관악기, 금관악기, 타악기, 현악기, 국악 운용

⑰ **의무**: 일반의무, 치위생, 방사선, 임상병리, 응급구조 등으로 장병의 생명을 구하는 임무를 수행한다. 또한 질병 예방업무와 국제 분쟁지역의 의료지원단 파병 활동도 수행한다.

세부 병과	주요업무
군의	일반의무, 치과, 수의, 의무시험, X-선 촬영, 약제
치의(장교)	군 장병에 대한 치과 진료 지원 및 관련 연구
수의(장교)	군견 작전 지원, 군견 운용 교리 발전, 군용동물 진료, 군용 식수 수질 관리, 감염병 예방 활동
의정	평시 의무부대 병원(원무)행정, 의료관리, 의무군수, 정보작전업무, 교육훈련
간호	군 보건의료기관(군병원, 야전 의무부대 등)의 환자 간호, 보건교육

⑱ **법무**: 법률상담 및 군법교육 등 범죄예방활동과 군내 법치주의 확립을 위한 군사법원, 군검찰 운영 임무를 수행한다.

세부 병과	주요업무
법무	법무행정

⑲ **군종(기독교, 천주교, 불교, 원불교)**: 종교업무, 교육업무, 선도업무, 대민업무를 수행하며 군복입은 성직자로서 군의 무형전력을 극대화하여 싸워 이기는 강한 군대를 육성하는 업무를 수행한다.

세부 병과	주요업무
군종	군종행정

(2) 해군 부사관

병과		주요업무
항해/기관	갑판	함정 출·입항과 관련한 각종 장비를 취급하고, 함정의 작전 및 훈련 업무
	조타	안전항해 도모와 항해보좌 임무 수행을 위한 항해술 숙지, 필요에 따라 기상 관측 등 관련 제반 업무
	전탐	함정의 전투정보 상황실에서 각종 레이더 및 탐지 장비를 운용하고, 제반 정보를 바탕으로 지휘관을 보좌하는 업무
	추진기관	가스터빈, 내연기관, 보일러 계통, 냉동·통풍장치 등에 대한 운용·정비에 관한 업무
	보수	함정의 수리 및 정비업무
전투	무장	화기, 탄약, 화생방 물자 등 이와 관련된 장비에 대한 운용·정비에 관한 업무
	음탐	음파를 이용하여 물표를 탐지하는 음탐기 및 수중정보장비를 운용·정비하는 업무
	전기	전동기, 발전기, 자이로, 기타 전기장치 등에 대한 운용유지·수리 업무
	정보통신	정보통신기반체계, 유·무선 통신장비, 전산기 및 주변장치 운용·정비에 관한 업무
	사통	사격통치체계, 전투체계, 유도탄 조사기 등 이와 관련된 장비에 대한 운용·정비 업무
	전자	전자·정보통신 분야의 장비를 효율적으로 운용·정비하는 임무
	전자전	각종 전자정보를 관리하고, 전자전 장비를 운용하고 정비·유지하는 업무
	사이버	사이버작전 통제 및 수행 등 사이버 정보 보안 제반 업무
기능/행정	정보	전투정보, 해양환경자료 수집, 기상 관측·예보, 군사보안 및 암호시스템 관리에 관한 업무
	군사경찰	군사법 경찰관으로서 범죄수사 업무를 담당하며, 각종 경호 및 호송 임무 수행, 기지경계 임무
	공병(시설)	해·육상 시설물에 관한 업무
	보급	함정이나 각 부대에 필요한 군수 물자 및 물품 관리와 보급 업무

	재정	부대운영에 필요한 물품 및 서비스에 관한 업무, 예산 관계서류 작성 및 지불에 관한 업무
	통정	신호정보(유·무선통신, 음향, 전파)에 관한 참모총장이 지시하는 특수 직무업무
	조리	부대원의 식단작성, 식당 위생관리 등 급식에 관계되는 업무
	행정	전자문서처리, 법령, 행사 진행, 인사, 급여, 복지 등 부대 전반적인 행정보좌 업무
	법무	군사법원 심판, 검찰서기로 근무하며, 검찰수사 및 재판업무에 종사하고 군사법 행정업무
	(공보)정훈	군 정신전력의 강화를 위한 정훈업무(교육, 언론홍보)
항공	항공조작	항공기에 탑승하여 기동헬기, 대잠헬기 조작과 관련 전자 장비 수리 업무
	항공통제	해군이 보유하고 있는 군 공항에 배치되어 항공관제업무
	항공전자	항공기 탑재 전자 장비의 관리 유지업무
	항공무장	고정익 및 회전익 항공기의 무장계통의 정비 및 항공탄약의 관리 유지 업무
	항공장비	항공기 부품, 낙하산 등 항공 관련 장비 정비 업무
	항공기관	고정익 및 회전익 항공기 엔진 정비 업무
	항공기체	고정익 및 회전익 항공기에 대한 기체, 전기, 계기, 유압 등의 정비 업무
전문(기타)	의무	군의관의 보좌요원으로서 각종 부상에 대한 예방과 치료를 하고, 장병의 신체검사를 보좌하는 업무
	군악	군대의식을 위한 악기연주를 담당하고, 이외에 군악대에서 사용할 특수한 음악의 편곡, 악보 작성 업두
	특전(UDT)	참모총장이 지시하는 특수한 직두
	잠수(SSU)	각종 해난구조 임무를 수행하며, 잠수장비 등을 정비 유지하는 업무
	수송	수송지원과 차량관리, 수송계획 관리, 배차관리 등 수송부 관리 업무

(3) 공군 부사관

병과		주요 업무
전투	항공통제	공중감시, 행정식별, 조기경보, 전술정보 업무
	방공포병	단거리 대공무기, 중·장거리 대공무기 운용 업무
행정	정보	정보수집 자료관리, 정보장비 기재분석, 군사보안업무
	재정	재정 및 관리 회계 업무
	인사교육	인사, 행정, 정훈, 총무, 복지, 인쇄·발간 업무, 의장 행사 참가, 의장대와 교육 훈련 업무
기술	기상	항공기상관측, 일기도, 예보 등 기상관련 업무
	정보통신	통신장비, 전산장비의 운용 및 정비 업무
	항공무기정비	항해와 방공무기, 각종 무기체계 관련 의무 장비 정비
	보급수송	군수품관리·지원, 차량운전 및 정비 수송 업무
	공병	시설물 건설 및 유지보수, 항공소방 및 화생방 업무 지원
특수	군악	군악 및 각종 연주회 연주, 군악대원 연주 연습·지도 업무
	군사경찰	기지경비와 군기순찰, 일반범죄예방, 수사, 경호 등의 업무
	항공의무	환자치료, 간호, 후송, 신체검사, 의무행정·예방 업무

(4) 해병대

병과		주요업무
전투	보병	상륙전 및 지상작전의 근접전투 임무
	포병	대포, 로켓, 유도탄 등으로 적의 전투력 파괴, 무력화 및 아군의 기동을 지원
	기갑	상륙전 및 지상작전 시 기계화전을 수행
	항공	상륙전 시 국가전략도서 방어, 신속대응작전, 재해·재난지원 임무
	정보통신	지휘통제체계와 위성 및 정보통신망 등 첨단 정보통신체계의 계획, 운용

기술/행정	공병	군용시설 제반 업무
	병기	최첨단 무기체계와 탄약, 화생방 장비 관리 · 지원 업무
	수송	수송자산 운용 및 이동관리 임무
	보급	군수품 제반 업무
	군사경찰	이동지원 및 경호, 치안 유지 업무
	재정	예산의 운영 및 집행 등 회계 관련 업무
	공보정훈	정훈교육, 문화홍보, 공보활동
	정보	상륙전 및 지상 작전 시 지휘관 결심 지원, 전장 가시화를 통한 주도권 확보 등 업무

CHAPTER 02 면접이란?

01 면접의 기본기

1. 면접

(1) 서류나 필기시험으로 알 수 없는 지원자의 특징과 인간성을 평가하기 위한 선발 방식이다.
→ 면접을 통해 잠재적인 능력이나 창의력 또는 업무추진력 등을 알아보고자 함

(2) 면접은 지원자의 조직적합성, 직무적합성 그리고 인성을 알아보기 위한 최적의 방법이다.
→ 향후 군생활 시 적응력을 평가하고, 궁극적으로는 우리나라를 이끌어 갈 리더로서 적합한 인재인지 판별함

(3) 결국은 면접관의 입장에서 '훌륭한 장교/부사관'으로 성장가능한 인재를 직접 대면하여 검증하는 단계이다.

2. 면접의 특징

(1) **대면성**
면접관과 지원자가 직접 대면하여 실제 목소리로 이야기를 듣고 표정을 보면서 상대의 반응을 즉각적으로 살핀다는 특징이 있다.

(2) **직접성**
다른 사람이 대신 참여할 수 없으며, 지원자 본인의 역량을 직접 평가받는다.

(3) **종합성**
지원자의 외적·내적 특성을 종합적으로 평가한다.

02 면접 준비하기

1. 면접에서 가장 중요한 것은?

(1) 면접에서 육·해·공군 그리고 해병대의 주요 평가요소는 비슷하다. 그 평가요소를 유념한 후 적합한 답변을 해야 한다. 그 외에도 첫인상, 목소리, 태도, 자신감, 간절함 등이 평가요소임을 잊지 말자.

(2) 1차 평가(필기)에 합격하였지만 이것이 끝이 아니다. 2차 평가(면접)는 1차 평가만큼 매우 중요하며 2차 평가를 통해 막판 뒤집기가 가능함을 명심하고, 나 자신이 장교/부사관으로서 적합한 인재임을 면접관들에게 보여야 한다.

(3) 면접관은 모든 조건들이 동일하다면 결국은 '간절함'이 있는 지원자에게 기회를 주고 싶어 한다. 간절함은 진정성으로 느껴진다. 모든 것이 너무 완벽해도 진정성(간절함)이 느껴지지 않는 사람은 선택받지 못한다.

2. 면접장에서의 자세

(1) 기본자세
　① 당당한 걸음걸이와 바른 자세
　② 시선은 면접관의 안면을 응시
　　※ 시선회피는 자신감이 없어 보이게 만들 수 있음
　③ 밝은 표정 유지(억지 미소는 오히려 어색해서 좋지 않은 이미지를 심어줄 수 있음)
　④ 앉아 있을 땐 어깨를 펴고 주먹을 양 무릎에 올려놓은 자세

(2) 언행
　① 안내 간부가 설명하는 내용대로만 행동
　② 면접관이 질문 시 주의 깊게 듣고, 언제나 자신 있는 말투와 태도 유지
　③ 질문의 핵심을 파악하고 잠시 생각한 후 2~3초 후 답변
　④ 긴장하여 질문을 잘못 들었을 때는 정중하게 "죄송합니다만 다시 한 번 말씀해주시겠습니까?"라고 되묻기
　⑤ 답변 중간에 절대 포기 금지. 그렇다고 잘못된 정보로 답변하는 것은 금물
　⑥ 다른 지원자와의 잡담은 금물

3. 발성(스피치) - 기본기

(1) 호흡

① 표현을 하려 해도 호흡이 잘 안 돼서 끝까지 표현을 못하는 불상사가 생길 수 있음
② 복식호흡은 어깨나 오로지 배를 이용해서 호흡하는 것으로 평소에 '복식호흡'을 연습하는 것이 좋음

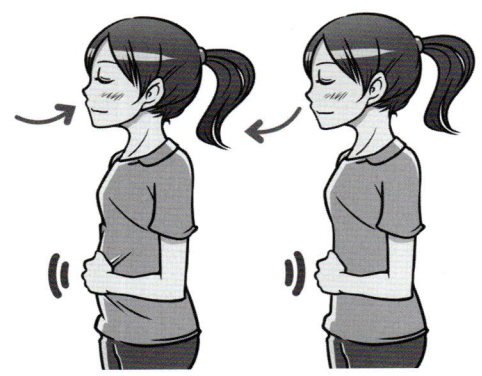

〈복식호흡 방법〉

- 배를 충분히 내밀면서 호흡함
- 호흡을 내뱉을 때는 일정한 속도로 일정한 양을 내보냄 → 답변의 길이 조절 가능
- 일반적으로 처음에는 12~13초, 연습을 거듭하면 25~35초까지 늘어남
- 누운 상태에서도 무거운 책 등을 배 위에 올려 두고 호흡연습을 할 수 있음

(2) 발성 – 내 목소리의 키톤 찾기

① 목소리 톤에 따라 자칫 지루하거나 가볍게 들릴 수 있음
- '도'는 너무 낮아서 전체적으로 발표 내용이 지루해질 수 있음
- '솔'은 너무 높아서 답변 내용이 자칫 가벼워 보일 수 있음(단, 서비스직의 경우에는 '솔' 톤이 적당)
- 남녀에 따라, 원래 본인의 목소리 톤에 따라 도와 솔 사이에 있는 톤으로 맞추고 답변하는 연습이 필요함

② 입모양을 크게 해서 연습해 보기(입모양이 잘 보이게). 들어가자마자 하는 "안녕하십니까."를 본인만의 톤으로 반복 연습함

(3) 발음

① 비슷한 단어 반복 시 연음처리를 위해 다음과 같은 문장들로 연습함
② 본인이 발음하는 것과 면접관이 듣는 발음에 차이가 있을 수 있으니 평소에 연습할 때 녹음을 하고 들어보는 것도 정확한 발음을 연습하는 데 도움이 됨

> **연습**
> - 간장공장 공장장은 강 공장장이고 / 된장공장 공장장은 공 공장장이다.
> - 상표 붙인 큰 깡통은 깐 깡통인가 안 깐 깡통인가?
> - 중앙청 창살은 쌍창살이고 시청의 창살은 외창살이다.
> - 저기 계신 저분이 박 법학박사이시고 / 여기 계신 이분이 백 법학박사이시다.
> - 앞집 팥죽은 붉은 팥 풋팥죽이고 뒷집 콩죽은 햇콩 단콩 콩죽. 우리 집 깨죽은 검은깨 깨죽인데 사람들은 햇콩 단콩 콩죽 깨죽 죽 먹기를 싫어하더라.

4. 발성(스피치) - 필살기

(1) 강약으로 강조하기

① 전달하고자 하는 단어, 강력하게 설득해야 하는 부분은 강하게 강조함
  예 작은 변화가 일어날 때 진정한 삶을 살게 됩니다(강하게).
② 희망의 메시지는 강하게, 좌절, 실패, 절망 등 부정은 약하게 강조함
  예 희망을 버린다는 것은 인생을 포기하는 것(약하게)과 같습니다.

(2) 속도와 길이로 강조하기

강하면서도 천천히 말하는 것을 연습함
① 중요한 내용, 어렵고 복잡한 내용
② 숫자, 인명, 지명, 연대 등의 정보
  예 휘발유 평균값이 전주보다 리터당 22.1원 올랐습니다.
③ 형용사나 부사를 표현할 때 모음의 길이에 변화주기 가능

(3) 포즈(Pause)로 강조하기

포즈는 잠시 멈추고 침묵하는 것으로, 포즈 뒤의 내용이 자연스럽게 강조됨
① 포즈 뒤에 오는 말에 대한 기대감과 긴장감을 조성함
② 말을 세련되고 전문적인 느낌으로 만들어 줌
③ 포즈를 적절히 활용하여 면접관이 들은 내용을 이해하고 정리하는 기회를 줌

5. 기본 제식

(1) 차렷

① 양발 뒤꿈치를 붙이고 발의 내각은 45° 유지
② 입은 다물고 턱은 아래쪽으로 살짝 당기며, 시선은 전방 15°를 향함
③ 양팔은 곧게 편 상태로 몸의 측면에 붙이기
④ 주먹은 엄지손가락으로 집게손가락과 가운데 손가락을 감싸 쥐고 엄지 손가락 끝은 하의 표면 봉합선에 붙이기
⑤ 몸과 머리는 정면을 향하여 곧게 세우고 지면과 수직이 되도록 함

(2) 열중쉬어

① 차렷 상태에서 왼발을 왼쪽으로 반듯하게 벌려 발 간격 30cm 유지
② 두 손은 자연스럽게 등 뒤로한 후, 왼 손등은 등에 붙이고 오른 손등을 왼 손바닥 위에 놓기

(3) 경례

① 경례는 국가 권위에 대한 충성심의 표시이므로 항상 엄숙하게 실시
② 손바닥을 아래로 향한 채 오른손을 오른쪽 눈썹의 끝부분에 붙이고 팔은 45°로 굽히며 시선은 상사에게 고정
③ 경례 시 손가락은 모두 붙인 상태로 곧게 펴고 손바닥과 손등이 보이지 않게 유지
④ 30보 이내에 상관이 있을 경우 실시
⑤ 국가가 울려 퍼지는 경우 실시

(4) 좌(우)로 방향 전환

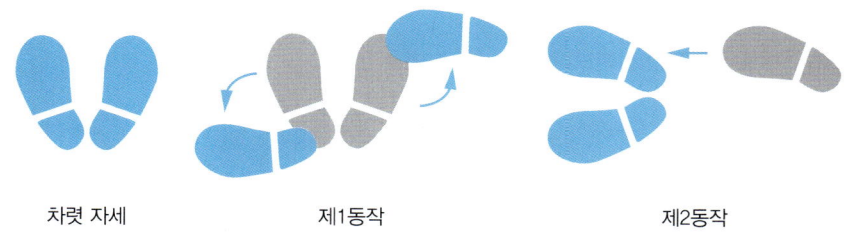

차렷 자세　　　제1동작　　　제2동작

① 제1동작: 왼(오른)발 뒤꿈치와 오른(왼)발 앞꿈치를 축으로 하여 왼(오른)쪽으로 90° 돌기
② 제2동작: 뒷발을 최단거리로 절도 있게 앞발에 붙여서 '차렷' 자세 취하기

(5) 뒤로 돌아

① 제1동작: 오른발을 왼발 뒤꿈치로부터 반뼘 정도 지점에 위치시킨 후 체중을 왼발 뒤꿈치에 두기
② 제2동작: 오른발을 축으로 하여 힘차게 오른쪽으로 180° 회전 후 '차렷' 자세 취하기

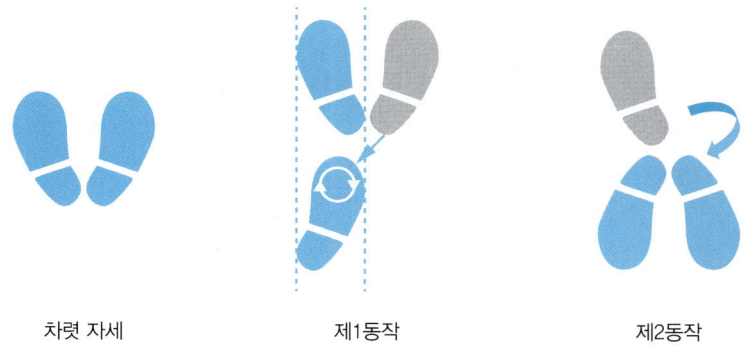

차렷 자세　　　제1동작　　　제2동작

03 장교/부사관 면접 과정

1. 장교/부사관 최신 면접 경향

(1) 화상·AI를 통한 면접 진행

(2) 군과 본인이 지원한 병과의 이해 여부를 확인하기 위한 질문 다수

(3) 시사상식에 관한 질문의 빈도가 늘어나는 추세

(4) 지나치게 창의적인 답변보다는 무난한 답변을 선호

2. 면접 전 준비사항

(1) 자기소개, 지원동기 등 자기소개서에 적시한 기본적인 내용 암기

(2) 본인의 장단점, 좌우명 필수 준비

(3) **본인을 선발해야 하는 이유** 준비 및 암기
  - 나의 기술적인 특기와 장점(역량) 강조
  - 과거 근무경력, 자격증, 기술 등을 강조
  - 친화력에 자신 있음을 강조

(4) 최근 남북관계 관련 뉴스 체크(국방일보 참고)

(5) 자신이 지원한 병과에 관한 기본 사항(업무, 다루는 장비 등) 숙지

(6) **마지막으로 하고 싶은 말**(미흡 부분을 반전시킬 수 있는 마지막 기회)
  - 나의 다짐
  - 면접관에 대해 감사 표현

3. 면접장 구성(대면 면접 기준)

(1) 학군사관(ROTC)
    ① 1면접장(발표/토론 면접, 120점): 표현력, 논리성, 주도적 토론참여도, 신체균형 평가
    ② 2면접장(개별면접, 120점): 국가관, 안보관, 희생·봉사정신 평가
    ③ 3면접장(인성 면접, 60점): 인성·품성평가(합/불), 종합판정
    ※ 면접은 수험번호에 의해 1, 2, 3 그룹 등의 형태로 편성하여 순환식으로 진행

(2) 부사관
    ① 1면접장(개별면접, 25점): 기본자세(제식), 태도, 품성 평가
    ※ 기본적인 질문 외 신체균형, 발음, 발성, 용모, 자세 등 평가, 때로는 제식동작도 평가
    ② 2면접장(발표/토론 면접, 25점): 국가관, 안보관, 리더십, 상황판단 평가
    ③ 3면접장(인성 면접, 합/불): 인성검사 결과 보충

4. 면접장별 세부 사항

(1) 개별면접장

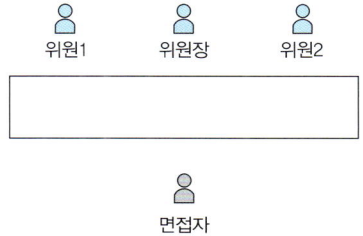

    ① 면접관: 영관장교(중령 또는 소령) 2~3명
    ② 기본 제식 평가(일부 면접관 시행)

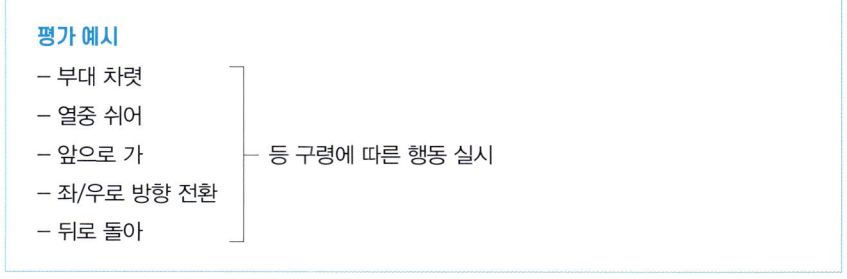

③ 지원동기, 지원병과 사항 질문

> **질문 예시**
> - 자기소개를 해보세요.
> - 육 · 해 · 공 · 해병에 지원한 이유는?
> - 장교/부사관을 목표로 정한 이유는?
> - 부사관이 된다면 이루고 싶은 포부는 무엇인가?
> - 해당 병과를 지원한 이유는?
> - 해당 병과에 필요한 자질은 무엇이라 생각하는가?

※ 추상적으로 대답 시 꼬리 물기식 질문이 이어질 수 있음. 답변 미리 준비

(2) **발표/토론 면접장**

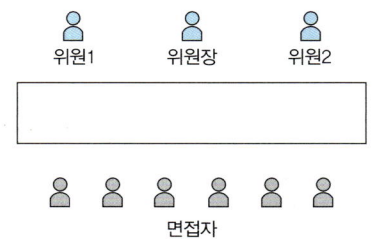

① 면접관: 영관장교(중령 또는 소령) 2~3명
② 6~8명 1개 조 구성, 약 30분 정도 진행: 발표와 토론을 위한 준비시간 부여(A4용지에 각각 1문제씩 주어짐)
③ 개인발표

> **개인발표 기출 형식 (예시)**
> 1. 상황
>   2010년 연평도 포격도발이 있었습니다. 이때 중대장은 임상병에게 대응사격 명령을 내렸습니다. 임상병은 바로 대응사격을 위해 포탄이 떨어지는 장소를 돌파하여 자주포가 있는 곳으로 이동 중 옷깃에 포화의 불길이 옮겨 붙었습니다. 하지만 임상병은 불길에도 불구하고 끝까지 자주포에 도달하여 대응사격을 하였습니다. (이하 생략)
> 2. 요구사항
>   위 사례에서 얻을 수 있는 군인정신은 무엇인가?

- 주제는 무작위로 배정
- 발표시간은 약 3분(1분 30초 정도 권장)
- 개인발표가 끝나면 퇴실하지 않고 집단토론장에 착석 후 대기

④ 집단토론

> **집단토론 기출 형식 (예시)**
> 1. 상황
>   당신은 개인화기 사격교관이다. 중대원들이 사격훈련을 하고는 있지만 좀처럼 수준이 향상되지 않아서 중대장은 다음주 전투력 측정을 할 때 성적이 부진한 인원들을 휴가 처리하여 전투력측정 명단에서 빼라고 한다. 당신은 중대장의 이러한 지시에 대하여 어떻게 대처할 것인가?
> 2. 요구사항
>   상관의 지시에 대하여 어떻게 대응할 것인가? 찬성과 반대의견을 제시해 주세요.

- 주제는 무작위로 배정
- 주제에 대하여 찬/반 선택 후 자유토론으로 진행

(3) 인성 면접장

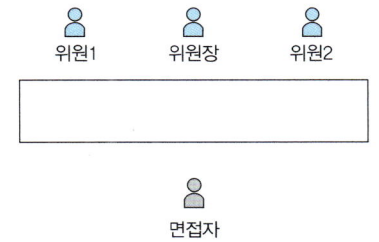

① 면접관은 영관장교와 군종장교(대위)로 구성된 2~3명
② 필기시험의 인성검사 결과와 제출한 자기소개서에 관한 질문
③ AI면접에서 미흡했던 부분의 질문(사전 AI면접 진행 시)

> **질문 예시**
> - 자신의 성실성을 척도로 나타낸다면?
> - 부모님과의 갈등을 어떻게 해결하는가?
> - 다른 지원자들보다 나이가 많은데(어린데) 괜찮은가?
> - 만약 꼬마가 물건 훔치고 있는 상황을 당신이 목격한다면 어떻게 대처할 것인가?
> - 혹시 선택을 후회한 경험이 있었는가? 없었다면 그 이유는?

CHAPTER 03 신원조사서 & 자기소개서

01 신원조사 전산화 시스템

1차 필기시험 합격과 동시에 2차 전형인 면접을 앞두고 신원조사를 거치게 된다. 2020년 상반기까지만 해도 신원조사 관련한 서류와 자기소개서 등은 직접 작성하여 우편으로 제출했는데, 하반기부터는 "국군방첩사령부 홈페이지"를 통하여 온라인으로 접수가 가능해졌다. 방법은 다음과 같다.

1. 국군방첩사령부 홈페이지(www.dcc.mil.kr) 접속 후 로그인

(1) 국군방첩사령부 홈페이지 접속

(2) 신원조사 서류제출 배너 클릭

(3) 로그인 인증 클릭

2. 과정 선택

(1) 신원조사 과정 선택

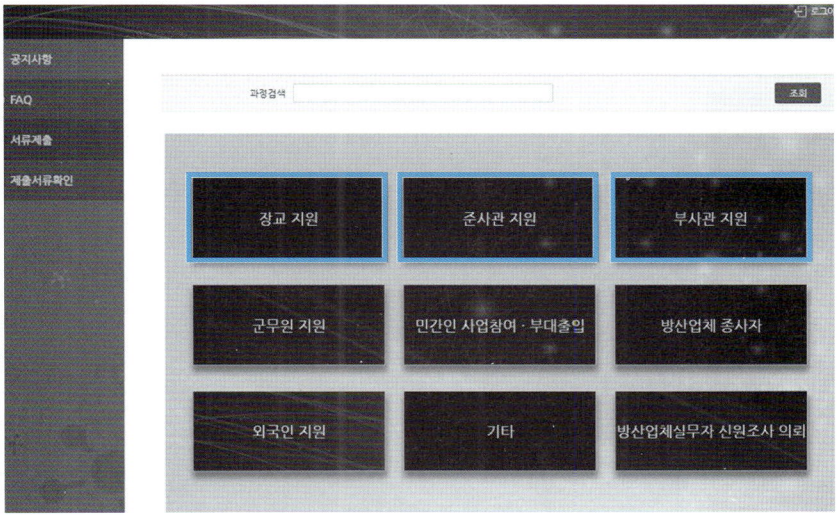

(2) 본인이 응시한 과정 확인 및 '제출' 클릭

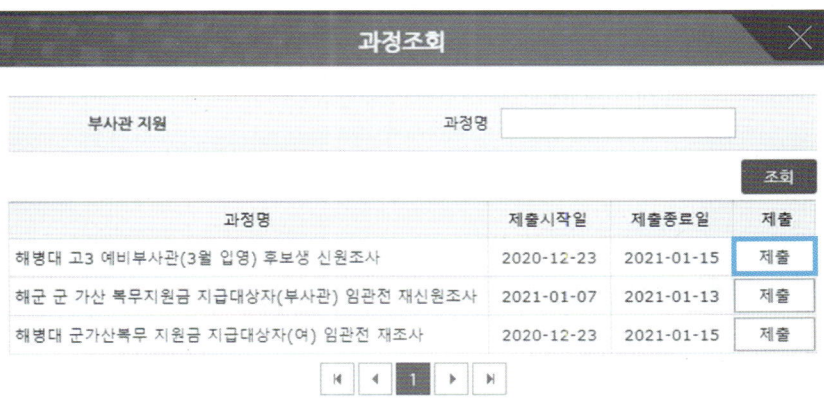

3. 서류제출

(1) '신원진술서A' 필수항목 작성 및 개인정보수집 동의서 항목 내용 확인 후 체크/서명

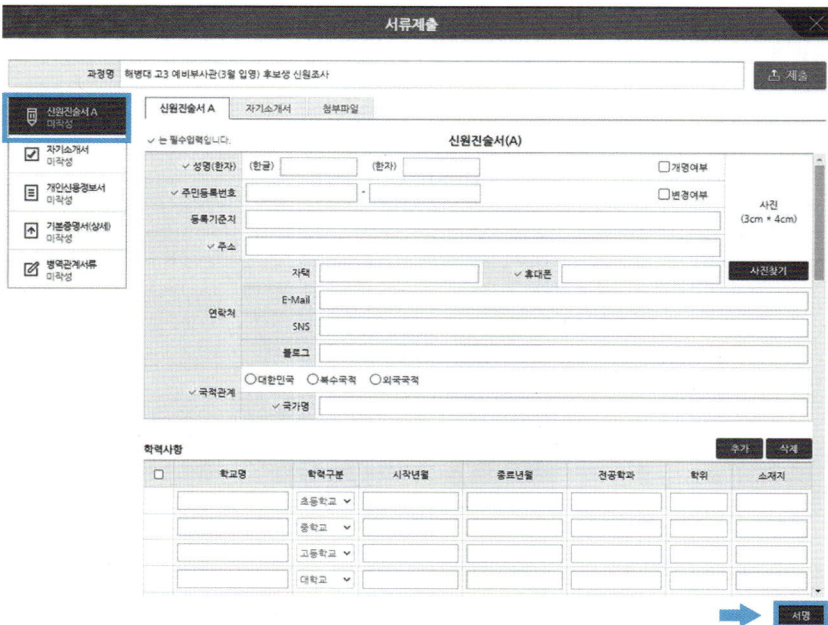

(2) 핵심내용 위주로 '자기소개서' 직접 작성 후 서명

(3) 개인신용정보서 첨부서류는 스캔 후 JPG 파일로 저장 → 파일첨부

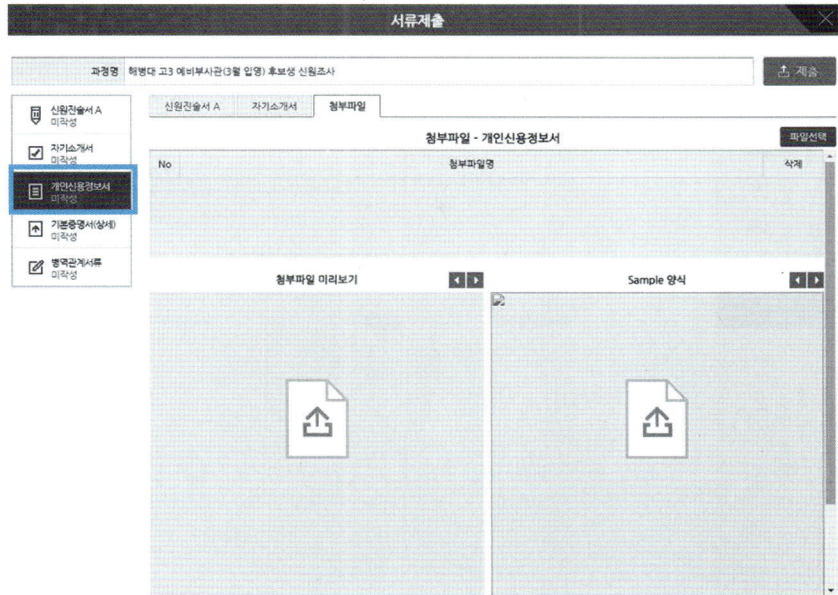

(4) 기본증명서 첨부서류는 스캔 후 JPG 파일로 저장 → 파일첨부

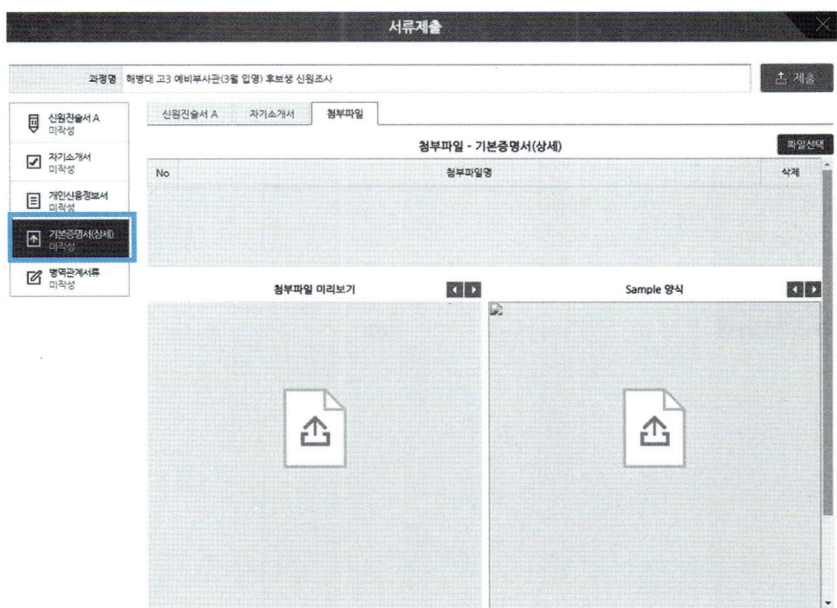

(5) 병적기록부 첨부서류는 스캔 후 JPG 파일로 저장 → 파일첨부

※ 여성지원자 중 군 복무 경험이 없을 경우 '해당없음' 클릭

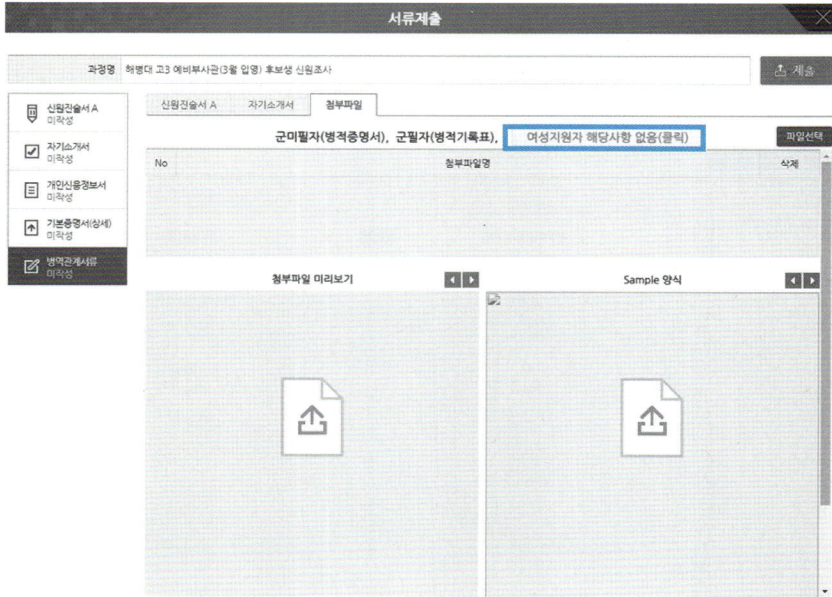

(6) 모든 서류 입력 · 첨부 후 '제출' 클릭

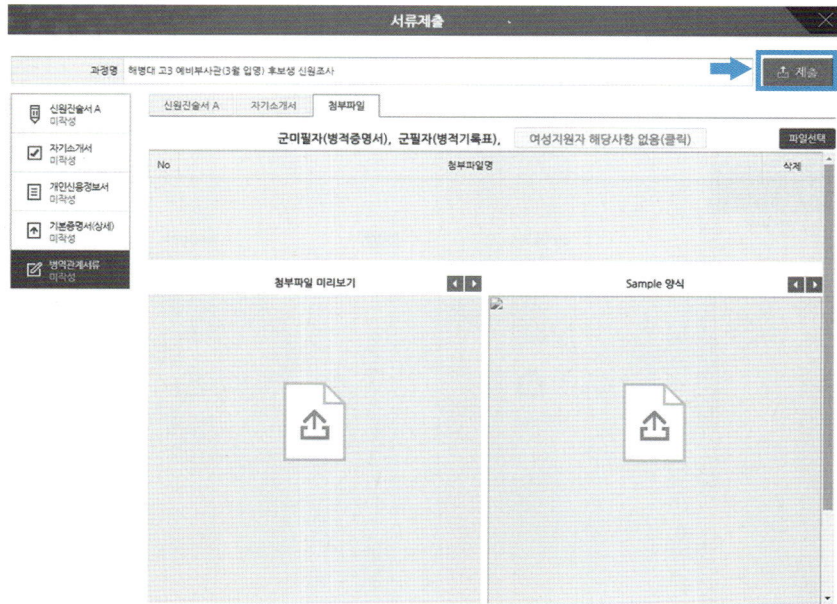

4. 제출서류 확인

(1) 제출서류 확인(신원조사 과정, 제출일자)

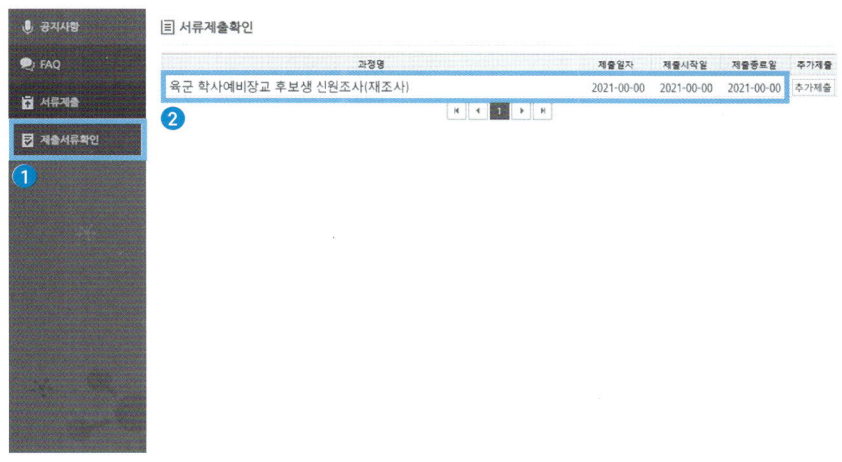

① 제출서류 확인 및 클릭
② 제출과정 및 제출일자 등 확인

(2) 서류 추가 제출 → 과정 선택 → '추가 제출'

식별이 어려운 서류입력이나 제출서류 미비 등으로 '반송' 문자 또는 유선 안내를 받았을 경우 미비된 서류만 다시 제출해야 하며, 반송 문자(유선) 안내 없이 임의로 제출한 서류는 무효이다.

※ 상기 내용 및 이미지는 국방부와 육군모집 홈페이지의 신원조사 전산화 시스템 사용자 매뉴얼을 참고하였음

5. 신원조사 작성 시 참고사항

(1) 기본증명서(상세)
    ① 주민센터 또는 전자가족관계등록시스템에서 발급
    ② 기본증명서는 주민번호 뒷자리가 기재된 상세 증명서를 첨부

(2) 개인신용정보서
    ① 한국신용정보원(www.kcredit.or.kr)에서 발급
    ② 나이스신용평가정보(www.niceinfo.co.kr) 및 코리아크레딧뷰로(www.koreacb.com)에서도 가능하나, 한국신용정보원 발급서를 권장
    ③ 전체 페이지(기본 2장 이상) 중 일부 페이지가 누락되었을 경우 서류제출이 불인정되므로 발급된 전체 서류를 첨부

(3) 병역사항
    ① 군필자(여군 포함)는 지방 병무청 홈페이지에서 병적기록표를 발급
    ② 군 미필(면제)자는 인터넷 '정부 24' 홈페이지에서 병적증명서를 발급

(4) 제출 서류 미비 등으로 '반송' 문자 수신 시
    ① 선발기관으로부터 '반송' 문자 안내를 받았을 경우, 미비된 서류만 다시 제출
    ② 서류 추가 제출 방법: 제출서류 확인 클릭 → 과정 선택 → 추가 제출 클릭

(5) 그 외 참고사항
    ① 서버 장애 방지 및 개인정보 보호를 위해 30분 이내로 작성
    ② 휴대폰 촬영이 아닌 반드시 원본 서류를 스캔하여 JPG 파일로 제출
    ※ 병무청 신원조사 구비서류 인터넷 제출방법 참조

02 자기소개서

1. 합격하는 자기소개서 작성법

(1) 진정성

면접관들은 힘든 상황에서 중도에 쉽게 포기 하지 않고 군인이 되기를 간절히 희망하는 인재를 뽑고 싶어 한다. 그러므로 지원하게 된 구체적인 동기와 이를 향한 구체적인 노력을 기재한다.

(2) 리더십

장교/부사관으로서 앞으로 겪게 될 갈등 상황에 대한 해결과 지도자로서의 역할이 중요하기 때문에 리더십을 어필할 수 있는 학창 시절의 구체적 사례를 언급하면 면접관에게 좋은 인상을 남길 수 있다.

(3) 봉사정신

지휘관의 삶은 희생이 따른다. 그러므로 면접관들은 지원자의 봉사정신이 투철한지에 관심을 갖고 있다. 지속적으로 봉사활동을 했다면 구체적으로 서술해 주는 것이 좋으며, 봉사활동을 하면서 배운 점과 느낀 점을 적는다면 더 좋다.

(4) 어려움 극복

면접관은 군 생활에서 발생할 수 있는 어렵고 힘든 상황에 직면했을 때 쉽게 포기하지 않는 지원자를 원한다. 따라서 본인의 경험을 바탕으로 힘들고 어려운 상황을 극복해 내는 과정에 구체적인 노력을 기재하면 좋다. 추가적인 노력을 통해 이를 극복한 경험이라면 좋은 평가를 기대할 수 있다. 실패경험을 숨기지 말고 극복한 경험을 언급하는 것이 중요하다.

(5) 가치관

성장과정에서 가정환경을 나열하기보다는 자신의 가치관을 갖게 된 계기를 구체적으로 언급하고 활용하여 자기소개서의 전반적인 내용을 일관되게 서술하는 것을 추천한다.

2. 자기소개서 양식

신원조사 전산화 시스템을 통하여 직접 입력하게 되어 있다. 항목은 기존과 비슷하나, 텍스트는 각 항목당 최대 700byte로 제한되어 있으며, 이는 통상 320자 정도라고 생각하면 된다. 시스템상에 올리기 전 미리 한글이나 워드 문서로 작성해 보고, 문법이나 어법에 어긋남이 없는지 확인해 보는 것을 추천한다. 인터넷상에서 자기소개서 작성 후 검토할 수 있는 프로그램들이 다양하므로 이들을 활용해 보는 것을 추천한다.

※ 신원조사 전산화 시스템에서는 통상 320자 이내로 작성

가정 및 성장 환경 (최대 700byte)	우리 가정의 장점과 단점을 포함하여 최대한 상세하게 작성
성장과정 (학교생활, 동아리활동, 학생회 경험, 봉사활동 등) (최대 700byte)	중학교(포함) 이후 가장 보람 있었던 경험, 가장 어려웠던 경험을 포함하여 최대한 상세하게 작성
자아표현 (성격, 국가관, 안보관, 좌우명, 인생관, 가치관 등) (최대 700byte)	본인의 장점과 단점, 성격의 장점과 단점, 국가관, 안보관, 가치관, 좌우명을 최대한 상세하게 작성
지원동기 및 비전과 포부 (최대 700byte)	지원하게 된 이유나 앞으로 장교/부사관으로서의 포부 등을 최대한 상세하게 작성

3. 자기소개서 작성 시 유의할 점

(1) 거짓으로 작성하지 않는다

면접관은 지원자가 장교/부사관이 되고 싶은 간절함이 있는지, 단순히 시험을 보러 온 것인지를 판별한다. 따라서 거짓말로 작성했다가 심층 면접에서 일관되지 않는 말을 한다면, 합격하기 어렵다.

(2) 두괄식으로 작성한다

미괄식으로 글을 쓰는 것은 면접관을 더 피곤하게 할 뿐이다. 하고 싶은 말이 있다면 결론부터 말해야 면접관의 관심을 얻기 유용하다.

(3) '자기소개서'지 '가족소개서'가 아니다

흔히 성장과정을 작성하다 보면 가족 이야기가 주가 되는 경우가 있다. 그러나 명심할 것은 주인공은 '나'이지 '가족'이 아니다. 따라서 지나친 가족 이야기보다 자신이 경험하고 배운 것 위주로 작성하길 권한다.

(4) 아 다르고, 어 다르다

단어 선택에 신중하고 진부한 표현은 삼간다. 여기서 말하는 단어는 어려운 단어를 말하는 것이 아니다. 또한 같은 의미일지라도 부정적 표현보다는 긍정적 표현을 쓰는 것이 좋다. 예를 들면 '이 부분(A)은 잘 못합니다'보다 '이 부분(A)보다 다른 부분(B)에 더 열중했습니다'가 더 적절하다.

(5) 자기소개서의 내용을 숙지한다.

면접 시 자기소개는 필수적으로 준비해야 한다. 따라서 자기소개서를 작성할 때 미리 자기소개의 내용과 흐름을 정리해두면 효율적으로 면접 준비를 할 수 있다. 이 때 자기소개에 대한 꼬리질문을 미리 준비해두는 것도 좋다.

(6) 추상적이지 않고, 구체적으로 작성한다

각 군 홈페이지에 접속하면 장교/부사관에 관련된 정보를 쉽게 얻을 수 있다. 이를 이용하여 추상적인 표현보다 구체적인 표현과 숫자를 사용한다면, 신뢰감을 얻을 수 있다. 구체적이지 않은 정보는 안 쓰니만 못함을 명심하자.

(7) 오탈자, 맞춤법, 띄어쓰기에 주의한다

(8) 인터넷 비속어와 은어를 사용하지 않는다

4. 자기소개서 예시

(1) 가정 및 성장환경

> **작성 Tip**
> - 부모님의 성격 → 부모님으로부터 물려받은 기질 → 본인이 이룬 성취와 성과
> - 블라인드 면접 기조에 따른 공직 혹은 군 관련 부모님 직업 적시 금지

예시 답안

부모님께서는 타인에 대한 존중과 배려를 늘 말씀하셨습니다. 이 것이 인간관계의 기본임을 설명하시면서 평소 관심과 노력을 기울이도록 교육하셨습니다. 특히 사회적 약자와 장애인들에 대한 배려를 강조하셨습니다. ― 부모님의 성격이나 성향

이런 가르침의 영향으로 저는 사회적 약자에 대한 배려와 그들과의 상생을 중요한 가치로 삼고 살기 위해 노력하였습니다. ― 물려받은 기질

중학교 2학년 때는 같은 반 장애가 있는 친구와 친밀하게 소통하며 원만한 교우관계를 유지했습니다. 이런 모습을 보고 선생님과 친구들의 추천으로 학급 반장이 되기도 하였습니다. 반장을 하면서는 타인을 위해 봉사하는 정신을 배웠습니다. ― 본인이 이룬 성취 경험

피해야 할 답안

어린 시절부터 저는 부모님과의 마찰로 인해 독립적으로 성장하기 위해 노력하였습니다. ― 부모님과 좋지 못한 관계

○사단 출신 준장이셨던 저희 아버지는 늘 어린 아들에게도 군인과 같은 군기를 요구하셨고, 저는 아버지의 그런 부분이 마음에 들지 않아 부모님과의 교류를 줄이고 독립적으로 살기 위해 노력하였습니다. ― 군 관련 부모님 직업 언급

이러한 독립적인 성장에도 중학교 시절 전교 회장 역임, 고등학교 시절 반장 3회, 봉사상 4회, 표창장 2회, 성적우수상 등 많은 리더 경험과 수상 실적을 쌓았고, 친구들로부터 존경을 한몸에 받았습니다. ― 단순 실적 나열

이런 제가 장교/부사관이 된다면 학창시절 경험을 살려 훌륭한 리더가 되겠습니다. ― 추상적인 다짐

(2) 성장과정

> **작성 Tip**
> - 육하원칙하의 경험 서술 + 경험을 통해 느낀(배운) 점
>   - 1) 학교생활, 동아리활동, 봉사활동 등 과거 경험
>   - 2) 역량(책임감, 봉사정신, 성실성)을 뽐낼 수 있는 경험

예시답안

중학생 때부터 지역 아동센터에서의 교육 봉사활동을 시작으로 연탄배달, 다문화 멘토링 등 여러 사회공헌 활동에 꾸준히 참가하면서 약 ○시간의 봉사활동을 했습니다. ── 육하원칙으로 서술

그중 가장 기억에 남는 것은 ○요양병원 봉사활동입니다. 그때 저는 급식 봉사, 어르신들 말벗이 되어드렸는데 특히 치매이신 한 할머니 식사를 도와 드리기 위해 최선을 다했고, 친손자 같다며 제 손을 잡아주셨던 모습은 아직도 기억에 남습니다. ── 봉사활동 과거 경험

이 경험을 바탕으로 다른 사람에게 도움 주는 것이 얼마나 기쁜지를 느끼고 진심은 통한다는 것을 깨달았습니다. 항상 국가와 국민을 위해 마음을 다할 수 있는 인재가 되겠습니다. ── 경험을 통해 배운 점

피해야 할 답안

저는 1남 2녀의 형제 중 둘째로 태어나 ○○어린이집, ○○유치원을 졸업하고 ○○초등학교, ○○중학교, ○○고등학교에 다녔습니다. ── 맥락 없는 단순 나열

어린 시절부터 저는 밝은 성격과 남다른 리더십으로 친구들 사이에서 항상 앞장서며 모임을 주도하였고, 성인이 되어서도 술자리 게임에서 늘 분위기를 주도하였습니다. ── 적절치 못한 역량 경험

이런 성격 때문에 일찍이 여자친구가 있었지만, 고등학교 때 공부에 집중한 나머지 여자친구에게 소홀해져 결국 헤어졌습니다. 이 경험을 통해 사람에 대한 책임감을 배울 수 있었습니다. ── 적절치 못한 사적인 경험

(3) 자아표현

> **작성 Tip**
> - 성격(장단점), 좌우명, 인생관 언급 → 성격(장단점), 좌우명, 인생관에 따른 본인의 실천내용
>   └ 본인이 지침으로 삼는 좌우명, 명언, 가훈 어떤 것이든 가능
>
> +
>
> - 국가관·안보관 언급
>   └ 본인이 생각하는 국가·안보란 무엇인지 작성

예시답안

제가 생각하는 가장 이상적인 국가는 국민의 든든한 버팀목 역할을 하는 국가라고 생각합니다. 그리고 든든한 국가가 되기 위해서는 국민이 각자의 자리에서 책임을 다해야 한다고 생각합니다. ─ 국가관

저 또한 국가에 도움이 되는 장교/부사관이 되어 항상 국가안보를 점검하고 예방하여 안보의식을 철저히 하겠습니다. ─ 본인의 실천내용(미래)

제 책상에 붙여둔 좌우명은 사자성어인 둔필승총이며, 이는 서툰 글씨라도 기록하는 것이 기억보다 낫다는 뜻입니다. ─ 좌우명

저는 플래너를 매일 작성하여 우선순위를 정하며 기록을 일상화하고 있습니다. 이러한 습관 덕분에 ○○기사 외 총 ○개의 자격증을 취득할 수 있었습니다. ─ 본인의 실천내용

피해야 할 답안

어린 시절 ○○시에서 자라오면서 자연스럽게 미군 부대 근처에 살게 되었습니다. 시내에 있는 미군들은 어린 저희에게 항상 위협적인 존재였습니다. 한미동맹이 유지되어야 하는가에 대한 논의가 대두하고 있는 현재, 만약 제가 장교/부사관이 된다면 굳이 미군 주둔 없이 자주국방을 이룰 수 있도록 노력하고 싶습니다. ─ 옳지 못한 국가관·안보관

저의 좌우명은 '뭐든지 할 수 있다.'입니다. 이게 언제부터 저의 좌우명이 되었는지는 잘 모르겠지만, 이 좌우명을 바탕으로 장교/부사관이 된다면 멋지게 일해 보고 싶습니다. ─ 좌우명에 따른 구체적인 실천내용 결여

(4) 지원동기 및 비전과 포부

> **작성 Tip**

- 장교/부사관이 되고 싶은 직접적인 계기가 있다면 그 계기를 작성
- 장교/부사관이 되고 싶은 계기가 부족하다면 거짓말보다는 솔직한 지원동기를 작성
  └ 단, 장교/부사관에 대한 관심과 준비, 노력이 철저함을 반드시 함께 밝혀야 함
- 포부·목표 작성 시 '**구체적**'으로 작성
  └ 1) 단순히 '잘하겠다', '열심히 하겠다'는 표현은 삼가
  　　2) 1년, 3년, 5년 등 기간별로 목표를 설정하여 작성하는 것도 좋은 방법

예시답안

장교/부사관에 관한 다큐멘터리를 본 적이 있습니다. 그때 전문가로서의 탁월한 지식과 전문성을 바탕으로 자신감 있게 직무를 수행하면서 국가에 기여하는 모습을 보며, 장교/부사관은 전문 직업인으로서의 자부심과 한 국민으로서의 애국심을 모두 갖추어야 하는 가치 있는 직업이라고 생각했습니다. ─ 지원동기

부사관으로 장기 복무하는 것을 목표로 제가 지원한 정보통신 분야에서 전문가가 되고 싶습니다. 졸업 후 잠시 통신 업체에서 일을 하면서 이 분야의 전문가를 꿈꿨습니다. 제가 지원한 통신병과는 원거리의 상대방과 연락을 할 수 있게 하는 병과로 비상시 부대 간의 소통이 이루어지지 않으면 전투를 벌일 수 없고, 상황을 파악하기 어렵습니다. 통신병과는 승패를 가르는 중요한 역할인 만큼 군을 위해 이 분야의 전문가가 되어 오랫동안 국가를 위해 일하고 싶습니다. ─ 구체적 계획과 포부

피해야 할 답안

아버지가 장교/부사관이십니다. 아버지를 보며 자랐기 때문에 장교/부사관말고 다른 꿈을 생각하지 않았습니다. ─ 진정성이 떨어지는 지원동기

어린 시절부터 머리가 좋아서 많은 노력을 하지 않았지만, 장교/부사관 필기 시험에 가뿐히 합격할 수 있었습니다. ─ 합격을 위한 노력 부족

만약 제가 장교/부사관이 된다면 누구보다 정말 열심히 하겠습니다. 꼭 붙고 싶습니다. ─ 추상적인 목표

(5) 본인의 장점과 단점

> **작성 Tip**
>
> - 장점 → 본인의 성격·성향 등 자랑하고자 하는 이야기를 작성
>   - 1) 장점에 관한 구체적인 근거를 함께 작성해야 함
>   - 2) 장점을 단점처럼 작성하는 것을 피해야 함(예 너무 꼼꼼하다, 완벽주의자)
> - 단점 → 직무에 직접적으로 영향을 미치지 않는 본인의 단점을 작성
>   - 1) 자신의 장점으로 극복할 수 있는 단점을 기술해야 함
>   - 2) 단점을 보완하기 위한 본인의 노력까지 작성

예시답안

저는 강인한 의지를 갖췄습니다. 목표한 일이 있으면 부단한 노력을 기울입니다. 고등학교 기말고사 시험 전날 몸이 매우 아파 시험을 포기하고 싶은 생각이 들었지만, 시험을 잘 보겠다는 의지로 이를 악물고 공부했고, 그 결과 좋은 성적을 거두었습니다. 저의 장점이 발휘된 경험이라고 생각합니다. — **장점**

하지만 목표를 이루기 위해 하나의 일에 몰두하다 보니, 그 일에 대한 걱정이 저의 단점으로 작용할 때가 있습니다. 그래서 저는 '나는 지금 내가 한 일에 자신이 있다.'라는 말을 매일 열 번 이상 되새겼습니다. 이러한 노력의 결과, 약점이 오히려 생활해 나가는 데 긍정적인 힘으로 작용하고 있습니다. — **단점**

피해야 할 답안

저는 꼼꼼한 성격을 가진 완벽주의자인 것이 가장 큰 장점이라고 생각합니다. 어떤 일을 맡으면 그것이 완벽하게 처리될 때까지 끊임없이 확인하는 습관을 지닌 것이 저만의 장점이라고 생각합니다. 저의 이 장점을 살려 장교/부사관이 된다면 맡은 바 최선을 다하고 싶습니다. — **단점과 같은 장점**

감정 조절을 잘하지 못하는 것이 저의 단점이라고 생각합니다. 이 성격이 원인이 되어 부모, 친구들과도 자주 싸웠지만, 현재는 많이 고치려고 노력 중입니다. 장교/부사관이 된다면 이 성격을 최대한 숨기고 업무에 임하겠습니다. — **장점으로 극복할 수 없는 단점**

CHAPTER 04 AI 면접 & 화상면접

01 개요

※ 육군은 2022년 6월부터 장교/부사관 선발 면접평가에 AI면접체계를 전면 시행하고 있습니다. AI면접결과는 면접평가 총 배점의 20%를 차지합니다. 자세한 평가요소 및 배점기준은 육군모집 홈페이지(www.goarmy.mil.kr)에서 확인하실 수 있습니다. (육군 간부의 길>평가요소>면접평가)

1. AI면접이란?

AI면접은 면접관의 역할을 하는 AI가 지원자의 표정·음성·시선처리·어휘(핵심단어) 등을 체크하여 지원자의 직무능력 및 성향, 인성 등을 평가하는 면접을 의미한다. AI면접은 약 30~40분 정도 소요되며 지원자가 원하는 시간과 장소에서 인터넷 PC를 이용하여 자기소개 및 지원동기 등의 질의응답과 주어진 게임을 수행한다.

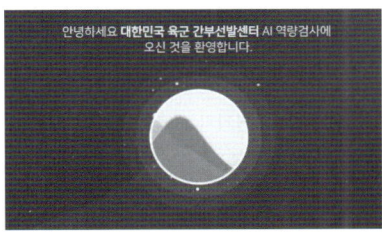
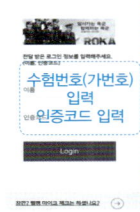

〈육군 AI면접 메인화면〉　　〈면접 실시 화면〉

2. 평가요소

종합 코멘트, 주요 및 세부역량 점수, 응답 신뢰 가능성 등을 분석하여 종합평가 점수로 도출된다.

성과능력지수	스스로 성과를 내고 지속적으로 성장하기 위해 갖춰야 하는 성과 지향적 태도 및 실행력
조직적합지수	조직에 적응하고 구성원들과 시너지를 내기 위해 갖춰야 하는 심리적 안정성
관계역량지수	타인과의 관계를 좋게 유지하기 위해 갖춰야 하는 관계 지향적 태도 및 감정 파악 능력
호감지수	대면 상황에서 자신의 감정과 의사를 적절하게 전달할 수 있는 소통 능력

02 AI면접 준비

1. 면접 환경 점검

AI면접은 Windows 7 이상의 OS에 최적화되어 있다. 웹카메라와 헤드셋(또는 이어폰과 마이크)을 갖춘 데스크탑이나 노트북을 준비해야 하며, 크롬 브라우저도 미리 설치해 놓는 것이 좋다. 또한, 태블릿 pc, 모바일 웹은 응시가 불가능한 경우도 있으니 반드시 사전에 해당 공고를 확인해야 한다. 준비가 끝났다면 면접 시작 전에 주변 상태와 복장을 깔끔하게 정리한다.

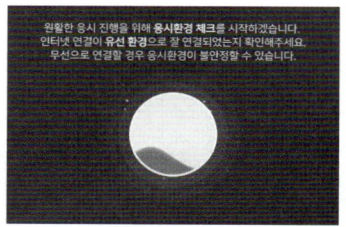

〈화면 전환〉

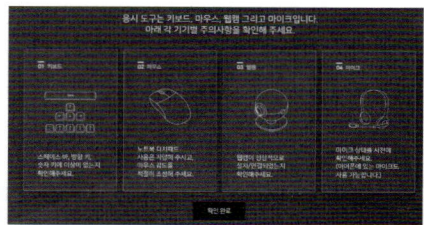

〈주변기기 체크〉

2. 이미지

AI면접은 동영상으로 녹화되므로 지원자의 표정이나 자세, 태도 등에서 나오는 전체적인 이미지가 상당히 중요하다. 특히, '상황 제시형 질문'에서는 실제로 대화하듯이 답변해야 하므로 표정과 제스처의 중요성은 더욱 커진다. 그러므로 자연스럽고 부드러운 표정과 정확한 발음은 면접 시 기본이자 필수 요소다.

(1) 시선 처리

눈동자가 위나 아래로 향하는 것은 피해야 한다. 대면면접의 경우 아이 콘택트(Eye Contact)가 가능하기 때문에 대화의 흐름상 눈동자가 자연스럽게 움직일 수 있지만, AI면접에서는 카메라를 보고 답변하기 때문에 다른 곳을 응시하거나, 시선이 분산되는 경우에는 불안감으로 눈빛이 흔들린다고 평가될 수 있다. 따라서 카메라 렌즈 혹은 모니터를 바라보면서 상대와 대화를 하듯이 면접을 진행하는 것이 가장 좋다. 시선 처리는 연습하는 과정에서 동영상 촬영을 하며 확인하는 것이 좋다.

(2) 입 모양

좋은 인상을 주기 위해서는 입꼬리가 올라가도록 미소를 짓는 것이 좋으며, 이때 입꼬리는 양쪽이 동일하게 올라가는 것이 좋다. 그러나 입만 움직이게 되면 거짓된 웃음으로 보일 수 있기에 눈과 함께 미소 짓는 연습을 해야 한다. 자연스러운 미소 짓기는 쉽지 않기 때문에 매일 재미있는 사진이나 동영상을 보거나 최근 재미있었던 일 등을 떠올리면서 자연스러운 미소를 짓는 연습을 해야 한다.

(3) 발성 · 발음

답변을 할 때 말을 더듬는다거나 '음…', '아…' 하는 소리를 내는 것은 감점 요인이다. 매 질문마다 답변을 생각할 시간이 주어지는데, 지원자가 자신의 의견을 체계적으로 정리하지 못한 채 답변을 시작할 때 발생하는 상황이다. 생각할 시간이 주어진다는 것은 답변에 대한 기대치가 올라간다는 것을 의미하므로 주어진 시간 동안에 빠르게 답변을 구조화하는 연습을 해야 하고, 말끝을 흐리는 습관이나 조사를 흐리는 습관을 교정해야 한다. 이때, 연습 과정을 녹음하여 체크하는 것이 좋고, 답변의 내용 또한 명료하고 체계적으로 답변할 수 있도록 연습해야 한다.

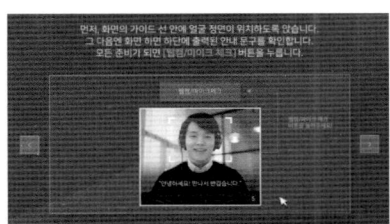

3. 답변 방식

AI면접을 보다 보면, 대부분 비슷한 유형의 질문 패턴이 반복되는 것을 알 수 있다. 따라서 대면 면접 준비방식과 동일하게 질문 리스트를 만들고 연습하는 과정이 필요하다. 특히, AI면접은 질문이 광범위하기 때문에 출제 유형 위주의 연습이 이루어져야 한다. 또한, 답변을 미리 준비해서 읽으면 결과에 부정적인 영향을 줄 수 있으므로 질문에 답변할 키워드를 인지한 채 문장을 만들어 답변한다.

(1) 유형별 답변 방식
① **기본 필수 질문**: 지원자들에게 필수로 질문하는 유형으로 지원자만의 답변이 확실하게 준비되어 있어야 한다.
② **상황 제시형 질문**: AI면접에서 주어지는 상황은 크게 8가지 유형으로 분류된다. 각 유형별로 효과적인 답변을 할 수 있도록 연습해야 한다.
③ **심층 구조화 질문(개인 맞춤형 질문)**: 주로 지원자의 가치관에 따른 선택을 묻는 유형으로, 여러 예시를 통해 유형을 익히고, 그에 맞는 답변을 연습해야 한다.

(2) 유성(有聲) 답변 연습
AI면접을 연습할 때에는 같은 유형의 예시를 연습한다고 해도 실제 면접에서의 세부 소재는 거의 다르다고 할 수 있다. 때문에 새로운 상황이 주어졌을 때 유형을 빠르게 파악하고 답변을 구조화하는 반복 연습이 필요하며, 항상 목소리를 내어 답변하는 연습을 하는 것이 좋다.

(3) 면접에 필요한 연기
면접은 연기가 반이라고 할 수 있다. 물론 가식적이고 거짓된 모습이 아닌, 상황에 맞는 적절한 행동과 답변에 대한 평가를 극대화시킬 수 있는 연기를 말하는 것이다. 때문에 하나의 답변에도 깊은 인상을 심어 주어야 하고, 이때 필요한 것이 연기다. 특히, AI면접에서는 답변 내용에 따른 표정 변화가 필요하며, 답변에 연기를 더하는 부분까지 연습이 되어 있어야 면접 준비가 완벽히 되었다고 말할 수 있다.

03 AI면접 구성

기본 필수 질문 → 탐색질문 (인성검사) → 상황 제시형 질문 → 게임 → 심층 구조화 질문

1. 기본 필수 질문 - 자기소개 및 장단점과 같은 자기PR

모든 지원자가 공통으로 받게 되는 질문으로, 기본적인 자기소개, 지원동기, 성격의 장단점 등을 질문하는 구성으로 되어 있다. 이는 대면면접에서도 높은 확률로 받게 되는 질문 유형이므로, AI면접에서도 답변한 내용을 대면면접에서도 다르지 않게 답변해야 한다.

> Q1. 자기소개를 해보세요.
> Q2. 자신의 장단점에 대해 말씀해주세요.

2. 탐색질문(인성검사) - 지원자의 특성을 파악하기 위한 핵심질문

인적성시험의 인성검사와 일치하는 유형으로, 정해진 시간 내에 해당 문장과 지원자의 가치관이 일치하는 정도를 빠르게 체크해야 하는 단계다.

> Q1. 어떤 일에 실패했어도 반드시 도전하는 편인가요?
> Q2. 사람들 앞에서만 실수할까 많이 불안해 하나요?
> Q3. 본인의 능력이 뛰어나다고 생각하나요?
> Q4. 평소 감정기복이 심한 편인가요?
> Q5. 생활이 매우 규칙적인 편인가요?
> Q6. 당신은 사회 비판적인가요?
> Q7. 다른 사람의 감정을 내 것처럼 느끼나요?

3. 상황 제시형 질문 - 감정전달을 극대화할 수 있는 질문 형식

특정한 상황을 제시하여, 제시된 상황 속에서 어떻게 대응할지에 대한 답변을 묻는 유형이다. 기존의 대면면접에서는 이러한 질문에 대하여 지원자가 어떻게 행동할지에 대한 '설명'에 초점이 맞춰져 있었다면, AI면접에서는 실제로 '행동'하며, 상대방에게 이야기하듯 답변이 이루어져야 한다.

> Q. 1시간 동안 줄을 서고 있는데, 거동이 불편한 노인분이 새치기를 하려고 합니다. 어떻게 이야기하겠습니까?

4. 게임

몇 가지 유형의 게임이 출제되고, 정해진 시간 내에 해결해야 하는 유형이다. 인적성 시험의 새로운 유형으로, AI면접 중에서도 비중이 상당하다.

5. 심층 구조화 질문(개인 맞춤형 질문)

인성검사 과정 중 지원자가 선택한 항목들을 기반으로 한 질문에 답변을 해야 하는 유형이다. 때문에 인성검사 과정에서 인위적으로 접근하지 않는 것이 중요하고 답변에 일관성이 필요하다. 주로 가치관에 대하여 묻는 질문이 많이 출제되는 편이다.

경험 및 상황질문	꼬리질문
더 좋은 성과를 만들기 위해 가장 중요한 것이 무엇이라고 생각합니까?	Q1. 그것을 위해 어떤 태도와 행동을 취하시겠습니까? Q2. 그 행동의 결과에 대체로 만족하시는 편입니까?

경험 및 상황질문	꼬리질문
최근 겪은 일 중에 가장 힘들었던 일이 있었습니까?	Q1. 그 때 어떤 기분이 들었고, 본인은 그 상황에서 어떤 행동을 했습니까? Q2. 그 일을 겪은 후 본인의 행동에서 달라진 점이 있습니까? 있다면 구체적으로 설명해 주십시오.

04 AI면접 게임 유형 예시

도형 옮기기 유형

(1) 기둥에 각기 다른 모양의 도형이 꽂혀져 있다. 왼쪽 기본 형태에서 도형을 한 개씩 이동시켜서 오른쪽의 완성 형태와 동일하게 만들 때 최소한의 이동 횟수를 고르시오.

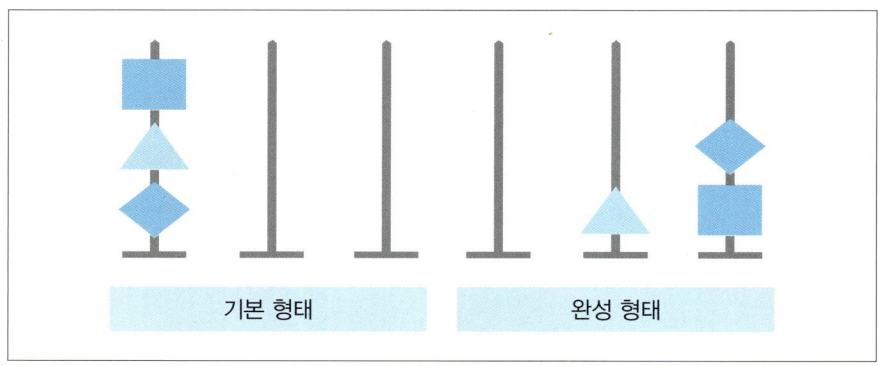

① 1회
② 2회
③ 3회
④ 4회
⑤ 5회

해설
왼쪽 기둥부터 1~3번이라고 칭할 때, 사각형을 3번 기둥으로 먼저 옮기고, 삼각형을 2번 기둥으로 옮긴 뒤 마름모를 3번 기둥으로 옮기면 됩니다. 따라서 정답은 ③입니다.

Solution
온라인으로 진행하게 되는 AI면접에서는 도형 이미지를 드래그하여 실제 이동 작업을 진행하게 됩니다. 문제 해결의 핵심은 '최소한의 이동 횟수'에 있는데, 문제가 주어지면 머릿속으로 도형을 이동시키는 시뮬레이션을 진행해보고 손을 움직여야 합니다. 해당 유형에 익숙해지기 위해서는 다양한 유형을 접해 보고, 가장 효율적인 이동 경로를 찾는 연습을 해야 하고, 도형의 개수가 늘어나면 다소 난이도가 올라가므로 연습을 통해 유형에 익숙해지도록 해야 합니다.

동전 비교 유형

(2) 두 개의 동전이 있다. 왼쪽 동전 위에 쓰인 글씨의 의미와 오른쪽 동전 위에 쓰인 색깔의 일치 여부를 판단하시오.

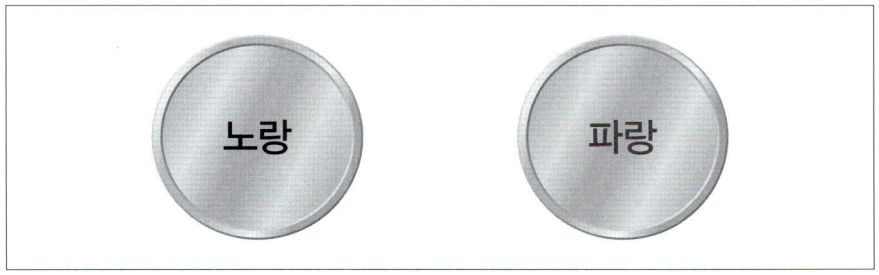

① 일치　　　　　　　　　　② 불일치

해설
왼쪽 동전 글씨의 '의미'와 오른쪽 동전 글씨의 '색깔' 일치 여부를 선택하는 문제입니다. 제시된 문제의 왼쪽 동전 글씨 색깔은 검정이지만 의미 자체는 노랑입니다. 또한, 오른쪽 동전 글씨 색깔은 회색이지만 의미는 파랑입니다. 따라서 노랑과 회색이 일치하지 않으므로 왼쪽 동전 글씨의 의미와 오른쪽 동전의 색깔은 불일치합니다.

Solution
빠른 시간 내에 다수의 문제를 풀어야 하기 때문에 혼란에 빠지기 쉬운 유형입니다. 풀이 방법의 한 예로 오른쪽 글씨만 먼저 보고, 색깔을 소리 내어 읽어보는 것입니다. 입으로 내뱉은 오른쪽 색깔이 왼쪽 글씨에 그대로 쓰여 있는지를 확인하는 등 본인만의 접근법 없이 상황을 판단하다 보면 실수를 할 수밖에 없기 때문에 연습을 통해 유형에 익숙해져야 합니다.
① 오른쪽 글씨만 보고, 색깔을 소리 내어 읽습니다.
② 소리 낸 단어가 왼쪽 글씨의 의미와 일치하는지를 확인합니다.

무게 비교 유형

(3) A, B, C, D 4개의 상자가 있습니다. 시소를 활용하여 무게를 측정하고, 무거운 순서대로 나열하시오(단, 무게 측정은 최소한의 횟수로 진행해야 합니다).

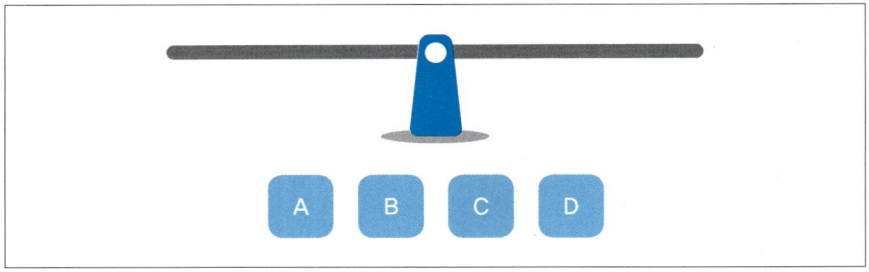

해설
온라인으로 진행하게 되는 AI면접에서는 제시된 물체의 이미지를 드래그하여 계측기 위에 올려놓고, 무게를 측정하게 됩니다. 비교적 쉬운 유형에 속하나 계측은 최소한의 횟수로만 진행해야 좋은 점수를 받을 수 있습니다. 측정의 핵심은 '무거운 물체 찾기'이므로 가장 무거운 물체부터 덜 무거운 순서로 하나씩 찾아야 하며, 이전에 진행한 측정에서 무게 비교가 완료된 물체들이 있다면, 그중 무거운 물체를 기준으로 타 물체와의 비교가 이루어져야 합니다.

Solution
① 임의로 두 개의 물체를 선정하여 무게를 측정합니다.

② · ③ 더 무거운 물체는 그대로 두고, 가벼운 물체를 다른 물체와 교체하여 측정합니다.

④ 가장 무거운 물체가 선정되면, 남은 3가지 물체 중 2개를 측정합니다.

⑤ 남아 있는 물체 중 무게 비교가 안 된 상자를 최종적으로 측정합니다.

따라서 무거운 상자 순서는 'C>B>A>D'입니다.

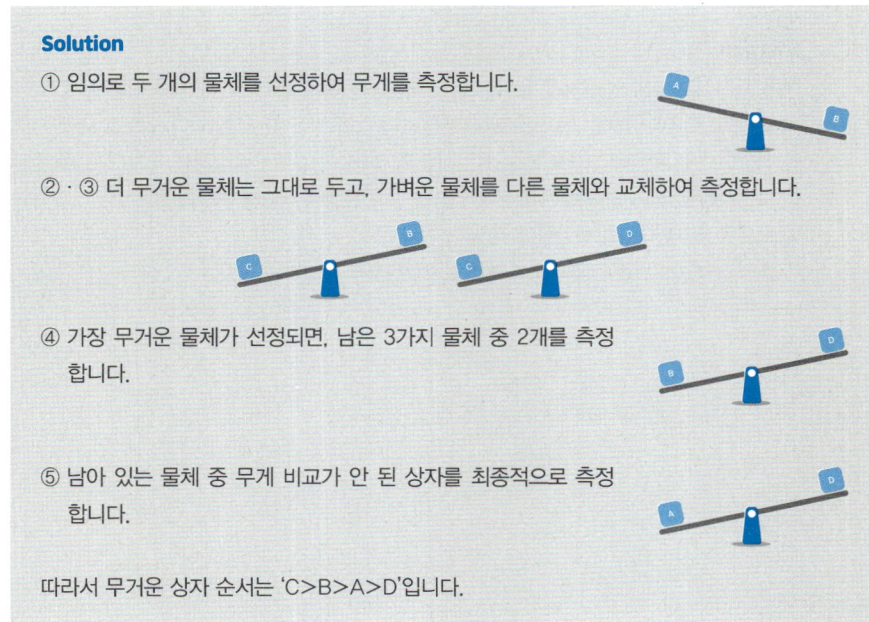

n번째 이전 도형 맞추기 유형

(4) 제시된 도형이 2번째 이전 도형과 모양이 일치하면 Y를, 일치하지 않으면 N을 기입하시오.

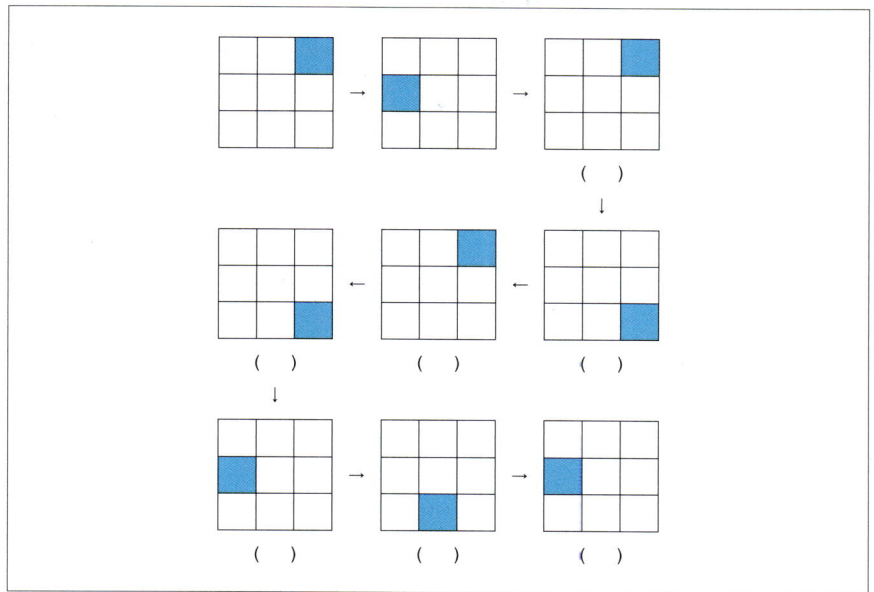

해설

n번째 이전에 나타난 도형과 현재 주어진 도형의 모양이 일치하는지에 대한 여부를 판단하는 유형입니다. 제시된 문제는 세 번째 도형부터 2번째 이전의 도형인 첫 번째 도형과 비교해 나가면 됩니다. 따라서 진행되는 순서를 기준으로 'Y → N → Y → Y → N → N → Y'입니다.

Solution

온라인 AI면접에서는 도형이 하나씩 제시되며, 화면이 넘어갈 때마다 n번째 이전 도형과의 일치 여부를 체크해야 합니다. 만약 '2번째 이전'이라는 조건이 주어졌다면 인지하고 있던 2번째 이전 도형의 모양을 떠올려 현재 도형과의 일치 여부를 판단함과 동시에 현재 주어진 도형의 모양 역시 암기해 두어야 합니다. 이는 판단과 암기가 동시에 이루어져야 하는 문항으로 난이도는 상급에 속합니다. 순발력과 암기력이 동시에 필요한 어려운 유형이기에 접근조차 못하는 지원자들도 많지만, 끊임없는 연습을 통해 유형에 익숙해질 수 있습니다. 문제 풀이의 예로 여분의 종이를 활용하여 문제를 가린 상태에서 도형을 하나씩 순서대로 보면서 문제를 풀어나가는 방법이 있습니다.

분류코드 일치 여부 판단 유형

(5) 도형 안에 쓰인 자음, 모음, 숫자와의 결합이 '분류코드'와 일치하면 Y를, 일치하지 않으면 N을 체크하시오.

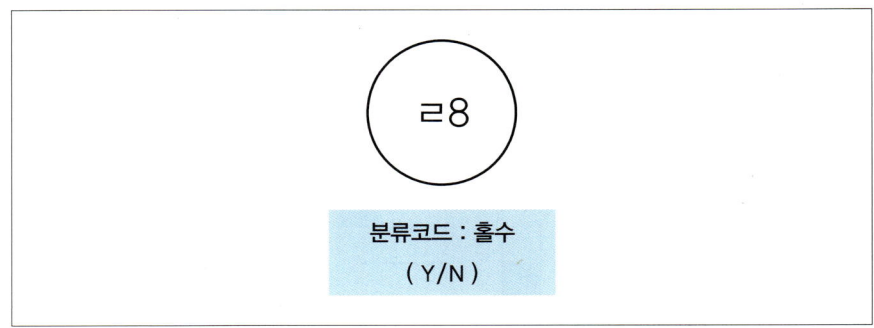

해설
분류코드에는 짝수, 홀수, 자음, 모음 4가지가 존재합니다. 분류코드로 짝수 혹은 홀수가 제시된 경우 도형 안에 있는 자음이나 모음은 신경 쓰지 않아도 되며, 제시된 숫자가 홀수인지 짝수인지만 판단하면 됩니다. 반대로, 분류코드로 자음 혹은 모음이 제시된 경우에는 숫자를 신경 쓰지 않아도 됩니다. 제시된 문제에서 분류코드로 홀수가 제시되었지만, 도형 안에 있는 숫자 8은 짝수이므로 N이 정답입니다.

Solution
개념만 파악한다면 쉬운 유형에 속합니다. 문제는 순발력으로, 정해진 시간 내에 최대한 많은 문제를 풀어야 합니다. 계속해서 진행하다 보면 쉬운 문제도 혼동될 수 있으므로 시간을 정해 빠르게 문제를 해결하는 연습을 반복하고 실전면접에 임해야 합니다.

표정을 통한 감정 판단 유형

(6) 주어지는 인물의 얼굴 표정을 보고 감정 상태를 판단하시오.

① 무표정 ② 기쁨
③ 놀람 ④ 슬픔
⑤ 분노 ⑥ 경멸
⑦ 두려움 ⑧ 역겨움

Solution

제시된 인물의 사진을 보고 어떤 감정 상태인지 판단하는 유형의 문제입니다. AI면접에서 제시되는 표정은 크게 8가지로 '무표정, 기쁨, 놀람, 슬픔, 분노, 경멸, 두려움, 역겨움'입니다. '무표정, 기쁨, 놀람, 슬픔'은 쉽게 인지가 가능하지만, '분노, 경멸, 두려움, 역겨움'에 대한 감정은 비슷한 부분이 많아 혼동될 수 있습니다. 사진을 보고 나서 5초 안에 정답을 선택해야 하므로 깊게 고민할 시간이 없습니다. 사실 해당 유형이 우리에게 완전히 낯설지는 않은데, 우리는 일상생활 속에서 다양한 사람들을 마주하게 되며 이때 무의식적으로 상대방의 얼굴 표정을 통해 감정을 판단하기 때문입니다. 즉, 누구나 어느 정도의 연습이 되어 있는 상태이므로 사진을 보고 즉각적으로 드는 느낌이 정답일 확률이 높습니다. 따라서 해당 유형은 직관적으로 정답을 선택하는 것이 중요합니다. 다만, 대다수의 지원자가 혼동하는 표정에 대한 부분은 어느 정도의 연습이 필요합니다.

카드 조합 패턴 파악 유형

(7) 주어지는 4장의 카드 조합을 통해 대한민국 국가 대표 야구 경기의 승패 예측이 가능하다. 카드 무늬와 앞뒷면의 상태를 바탕으로 승패를 예측하시오(각 문제당 제한 시간 3초).

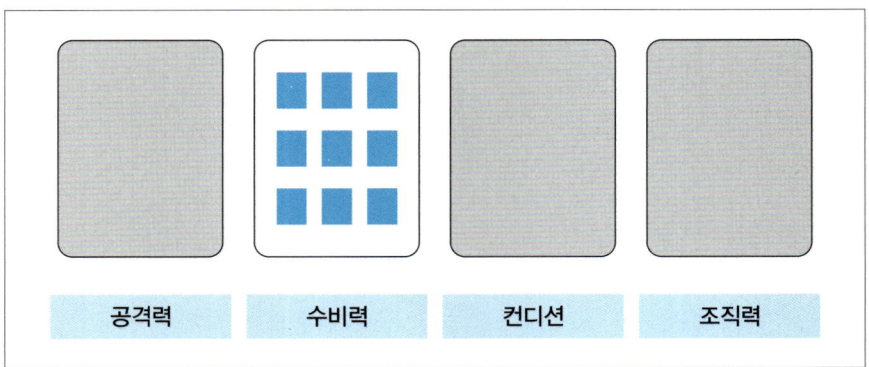

① 승리 ② 패배

Solution

계속해서 제시되는 카드 조합을 통해 정답의 패턴을 파악하는 유형입니다. 온라인으로 진행되는 AI면접에서는 답을 선택하면 곧바로 정답 여부를 확인할 수 있습니다. 이에 따라 하나씩 정답을 확인한 후, 몇 번의 시행착오 과정을 바탕으로 카드에 따른 패턴을 유추해 나갈 수 있게 됩니다. 그렇기 때문에 초반에 제시되는 카드 조합의 정답을 맞히기는 어려우며, 앞서 얻은 정보들을 잘 기억해 두는 것이 핵심입니다. 제시된 문제의 정답은 패배입니다.

05 화상면접

1. 화상면접이란?

화상면접은 PC, 스마트폰 등의 장비를 이용한 영상을 통해 지원자가 원하는 장소에서 일대일 또는 다수의 면접관과 질의응답 방식으로 진행하는 면접을 의미한다. 우리 군은 코로나19 등 감염병 확산을 막기 위해 대면면접의 대안으로 화상면접을 실시하였다. 최근까지도 화상면접으로 진행되는 곳이 있다.

2. 화상면접 준비

면접의 질문 유형이나 평가항목 등은 기존에 진행하던 대면면접과 큰 차이가 없다. 따라서 대면면접과 동일하게 준비하되 집중하기 쉬운 환경 조성 및 PC·카메라·마이크의 상태 점검, 꾸준한 사전 연습으로 화면에 나오는 자신의 모습 확인 등에 신경을 써야 한다.

CHAPTER 05 평가요소 및 배점

01 시험장 별 평가요소 및 배점

1. 1면접장 평가표

수험번호	성명

표현력, 논리성, 사회성, 신체균형/자세

☐ 평가표: 각 항목별로 점수 부여

평가항목	착안점	탁월	우수	보통	미흡	저조	저열자
표현력	• 적절한 어휘를 구사하며 표현은 간결하고 명확한가? • 발음이 분명하며 이해하기 쉽게 표현하는가?						
논리성	• 주제를 정확히 이해하고 있으며 논점을 유지하는가? • 주장 내용이 논리적이며 합당한 근거를 제시하는가? • 타인 주장의 핵심을 이해하고 합당하게 대응하며 순발력 있는 판단을 하는가?						
사회성	• 토론의 진행에 협조하여 분위기를 리드하는가? • 토론에 적극적이며 합리적인 결론을 유도하는가? • 타인의 의견을 진지하게 청취하고 배려하는가?						

신체균형
/자세
	• 심한 신체 불균형
	  − 이목구비 비대칭
	  − 안면 돌출형/주걱턱
	  − 신체/안면 비대칭
	• 기형적 보행/뜀걸음자세
	  * 제자리 뛰기, 앉았다 일어서기, 보행 시 평가						

※ 재고사유

표현력	• 서술형으로 장황하게 늘어놓음 • 발표 시 말을 더듬거나 발음이 매우 불분명함	• 시선이 불안정하고 자신감이 결여됨 • 발표태도가 극히 불성실함
논리성	• 논리성과 일관성이 상당히 부족함 • 표현에 전혀 논리나 일관성이 없음	• 주제와 관련 없는 말을 함 • 문제파악을 전혀 못함
사회성	• 지명 당하는 경우에만 발표함 • 타인의 발언에 관심을 보이지 않음 • 타인의 의견을 전혀 수용하지 않음	• 자신의 의견만 지나치게 고집함 • 토론에 전혀 참여하지 않음 • 타인에 대해 인격 모독적 언행을 함
신체균형 /자세	• 기형적 체형 및 신체 기능성 장애 ① 치유(성형) 불가능한 심한 흉터/사시	② 외부에 쉽게 노출되는 큰 반점 ③ 심한 내반슬(O형 다리)/외반슬(X형 다리)

점수		평가관 성명:	서명:
종합판정	□ 합격　□ 불합격		

특이사항	※ 재고사유 기술(예) 　발음이 부정확하고 주제에 대한 표현을 전혀 하지 못함

2. 2면접장 평가표

수험번호	성명

직무적합성, 국가관/안보관, 발성/발음

□ 평가표: 각 항목별로 점수로 부여

평가항목	탁월	우수	보통	미흡	저조	저열자
직무적합성						
국가관						
안보관						
발성/발음						

※ 평가요소 및 기준

구분	직무적합성			국가관/안보관	발성/발음
	지원동기	성장환경	희생정신		
탁월	• 적성 고려 본인의 자발적 지원 • 부모 및 본인 모두 희망	• 안정적인 환경에서 성장 • 우수한 품성 • 리더직책 유경험 • 모범적인 학교생활 • 대내외 표창 수상	• 희생정신에 대한 이해, 공감, 실천적 의지 정도 우수 • 남다른 봉사활동 경험	• 국가관 및 안보관 탁월 • 질문에 대한 이해 및 답변 내용 우수	평가 감점요소 없음
우수	• 가정형편 및 적성 고려 지원 • 부모 설득/지원	• 원만한 성장 환경 • 환경제한 요소 극복 • 상기 항목 중 보통 수준	• 보통 수준의 희생과 봉사정신 • 교과과정상 통상적인 정도의 봉사활동 경험	• 보통 수준의 국가관 및 안보관 • 답변은 하나 장황하고 비논리적	평가 감점요소는 없으나 탁월하지 않은 경우
미흡	• 교수 등 군인 이외의 진출을 위한 지원 • 대학 졸업 목적 • 부모의 권유로 지원	• 갈등 상황 하 성장 • 평범하고 무난한 품성 • 리더 경험 부재 • 조직활동 동참 미흡	• 개인주의 위주의 사고 • 공명심 보유자 • 낮은 수준 정도의 봉사활동	• 국가관 및 안보관 모호 • 질문에 대한 의견 없음	평가 감점요소 중 2개 요소 경미
저조	• 자신의 적성과 의사에 반하여 지원 • 부모의 강권으로 본인 지원	• 편향된 성격 • 부모 주벽, 폭력, 도벽 보유 • 장기결석, 징계 경험자, 가출경험	• 부정적인 사회 인식 및 희생정신 부족 • 타인을 위한 봉사활동 미경험자	• 부정적인 국가관 및 안보관 보유 • 질문에 대한 이해 부족 • 특이한 사고	• 평가 감점요소 중 3개 요소 경미 • 평가 감점요소 중 1개라도 정도가 매우 심한 경우
저열자	주관 없는 지원 결정 및 지원동기 기술	• 특이 종교, 배타적 종교관 • 폭력적 성향 보유자 • 가스흡입, 동거 등 일탈의 사회문제 경험	극단적 이기주의 등 특이 사고	• 사회주의 동경 • 병역기피에 긍정적 • 주적의식 모호 • 한미동맹의 부정적 견해	발음장애: 발음부전 또는 불능

※ 발성/발음 평가요소 – 발음장애(발언부전/불능), 혀 짧은 소리, 비염, 구강구조 결함으로 인한 발성 불량, 적은 성량, 발음 부정확

점수		평가관 성명:	서명:
종합판정	☐ 합격 ☐ 불합격		

특이사항	※ 재고사유 기술

3. 3면접장 평가표

수험번호	성명

인성 · 품성

☐ 평가표: 각 항목별로 점수부여

평가항목	착안점	탁월	우수	보통	미흡	저조	저열자
검사결과	• 인성검사 결과 부정적 결과가 있는가? • 직무성격검사 결과 부정적 결과가 있는가?						
평가항목	착안점	탁월	우수	보통	미흡	저조	저열자
인성 · 품성	• 긍정적 사고와 올바른 인성·품성을 갖추었는가? • 질문에 대한 답변 시 부정적 요소는 없는가?						
평가항목	착안점	탁월	우수	보통	미흡	저조	저열자
종합판정	전반적으로 우수하게 평가되었는가? *부정적인 평가를 받은 내용은 없는가?						
	장교/부사관으로서 갖추어야할 자질을 골고루 갖추었는가? *종합적 자질 분석						

점수		평가관 성명:	서명:
종합판정	☐ 합격　☐ 불합격		

특이사항	※ 재고사유 기술

4. 최종판정 평가표

수험번호	성명

최종 판정

□ 평가표

시험장	득점					재고	재고사유
	A	B	C	D	평균		
1시험장							
2시험장							
3시험장							
계				가점 (-)		감점 (+)	최종점수

※ 간사(기록관)가 시험장별 평균점수를 기록(소수점 둘째 자리에서 반올림)
※ 가산점 · 감점은 시험장별 평균점수를 합산한 점수에 추가하여 반영됨
※ 재고 불합격자는 최종점수 란에 '0'점 기록

□ 각 시험장 재고자에 대한 최종 합 · 불 판정
  ① 누적 재고 4개 이상 시 불합격
  ② 누적 재고 3개 이하 시 3시험장 위원(3명) 합격 또는 불합격 판정

최종 판정	□ 합격 □ 불합격
	※ 심의결과: 제적위원 (　)명 중 합격 (　)명, 불합격 (　)명 ※ 재고 불합격 판정 시 사유기술: ── 자질 부족 확인관: 면접시험위원장　성명　　　(서명)

※ 육군 기준 장교/부사관 면접은 제1~3면접장에서 진행하고, 면접평가 요소는 유사하며 각 군의 사정에 의해 면접장소는 변경될 수 있습니다.

02 각 군별 평가요소 및 배점

1. 육군 장교/부사관

(1) 평가항목 (2023년 기준)

구 분	1단계 (AI 면접)	2단계 (대면 면접)	
		1면접실	2면접실
중 점	대인관계 기술 행동역량 평가	군인으로서의 가치관 리더십과 품성 평가	인성평가
평가항목	① 확고한 윤리의식 ② 회복탄력성 ③ 솔선수범 ④ 공감적 소통 ⑤ 적극적 임무수행	① 국가관/안보관 ② 표현력/논리성 ③ 리더십/상황판단 ④ 이해력/판단력 ⑤ 군인기본자세	① 인성검사 결과 (MMPI-2)참고 ② 인성 및 자질평가
면접방법	개인별 인터넷 PC 모바일 활용 화상 면접	개인발표/집단토론	개별면접
배점(50점 기준)	10점	40점	합·불

(2) 등급별 환산점수

1단계

구 분	S	A	B	C	D	E
점 수	10점	9.5점	9점	8.5점	8점	0점
비고 (서열순)	~10%	11~30%	31~50%	51~70%	71%~	미응시 부정행위

2단계

구 분	A	B	C	D	E
평가	탁월	우수	보통	미흡	저조
배점(%)	100%	90%	80%	70%	60%

※ 선발과정별 면접평가 배점이 다를 수 있으므로 자세한 사항은 모집요강을 참고하시기 바랍니다.

2. 해군

(1) 장교 평가항목

평가항목	배점	평가중점
군인기본자세	30점	태도(10), 발성발음 · 외적자세(20)
문제해결능력	50점	표현력 · 논리성(40), 창의성(10)
적응력	60점	목적의식(20), 리더십 · 학교생활(25), 해군지식 · 병과 일반지식(15)
국가관, 안보관, 역사관	60점	국가 · 역사관(40), 안보관(20)

(2) 부사관 평가 항목

평가항목	배점	평가중점
군인기본자세	16점	국가 · 안보관 · 해군지식(10), 외적자세 · 발성/발음(6)
적응력	12점	태도/품성(6), 의지력(6)
자기표현력	12점	표현력 · 논리성(6), 순발력 · 창의성(6)

면접관별 평가를 종합한 결과 1개 분야 이상 "가"(0점)로 평가되었거나, 평균 "미"(성적 50%) 미만인 자는 불합격 처리

3. 공군

(1) 장교 평가항목

평가항목	세부평가내용
핵심가치(8점)	도전, 헌신, 전문성, 팀워크
국가관(4점)	안보의식, 역사/시민의식
리더십(3점)	결단/추진력, 솔선수범
품성(3점)	성실성, 도덕성
표현력(3점)	논리성, 자신감
태도 · 예절(2점)	예의 · 바른자세
성장환경(2점)	취미 · 특기활동
계(25점)	

다음 항목에 해당하는 경우 면접관(3명) 모두 상세히 작성
- 평가항목 7개 중 1개 항목이라도 "0"점 부여 시 불합격
- 면접관(3명) 총점 평균 "15점" 미만 시 불합격

(2) 부사관 평가항목

평가항목
국가관, 리더십, 품성, 표현력, 핵심가치 등 평가
25점

① 필기시험과 면접점수를 합산하여 합격자 발표 시 반영
② 부적합 판정 기준
- 평가항목 중 1개 항목이라도 "0"점 부여 시
- 면접관(3명) 총점 평균 "15점"미만 시

4. 해병대 장교/부사관

(1) 평가항목

용모/태도	표현력	품성/성장환경	국가관	잠재역량	계
항목별 [수(12), 우(10), 미(8), 양(6), 가(4)]					60점
평균 '미'(50점) 미만 또는 1개 분야 이상 '가' 폰가 시 불합격					

(2) 평가배점

평가점수에 따른 상대평가 적용

구분	A등급(10%)	B등급(30%)	C등급(30%)	D등급(20%)	E등급(10%)
점수	60점	58점	56점	54점	52점

CHAPTER 06 인성검사

1. 인성검사(MMPI-2)의 개요

2차 시험에서 실시하는 인성검사(MMPI-2)는 군인으로서 자질을 갖추었는지 알아보기 위함으로 각 군이 추구하는 인재상을 선발 및 배치하는 데 활용한다. 검사 방식은 피검사자가 567개의 간단한 진술문에 대해 '매우 그렇다, 그렇다, 보통이다, 그렇지 않다, 매우 그렇지 않다'의 5단계 척도 중 하나를 택하여 대답하는 형식이다. 인성검사(MMPI-2)는 특별한 수검 요령이 없는데, 다시 말하면 모범답안이나 정답이 없다. 국어 문제처럼 말의 뜻을 풀이하는 것도 아니다. 진실하고 솔직한 자신의 모습을 그대로 반영하여 검사에 임하면 된다.

인성검사(MMPI-2)에서 가장 중요한 것은 첫째, 솔직한 답변이다. 경험을 통해서 축적된 자신의 생각과 행동을 거짓 없이 솔직하게 기재하는 것이다. 예를 들어, "나는 타인의 물건을 훔치고 싶은 충동을 느껴본 적이 있다."란 질문에 피검사자들은 많은 생각을 하게 된다. 생각해보라. 유년기에 또는 성인이 되어서도 타인의 물건을 훔친 적은 없더라도, 훔치고 싶은 마음의 충동은 누구나 조금이라도 느껴보았을 것이다. 그런데 이 질문에 고민하는 사람들은 '예'라고 대답하면 담당 검사관들이 나를 사회적으로 문제가 있는 사람으로 여기지는 않을까 하는 생각에 '아니오'라는 답을 기재하게 된다. 이런 솔직하지 않은 답변은 답변의 신뢰도와 솔직함을 나타내는 타당성 척도에 좋지 않은 영향을 주게 된다.

둘째, 일관성 있는 답변이다. 인성검사(MMPI-2)의 수많은 문항 중에는 비슷한 뜻의 질문이 여러 개 숨어 있다. 이 질문들은 피검사자의 솔직함과 심리적인 상태를 알아보기 위한 문항들이다. 가령 "나는 유년시절 타인의 물건을 훔친 적이 있다."라는 질문에 '예'라고 대답했는데, "나는 유년시절 타인의 물건을 훔치고 싶은 충동을 느껴본 적이 있다."라는 질문에는 '아니오'라는 답을 기재한다면 일관성 없이 '대충 기재하자'라는 식의 무성의한 답변이 되거나, 문제가 있는 사람으로 보일 수 있다.

인성검사(MMPI-2)는 567문항이라는 많은 수의 문항을 풀어야 하기 때문에 피검사자들은 지루함과 따분함, 반복된 질문에 의한 인내력 상실 등을 느낄 수 있다. 하지만 인내를 가지고 착실하게 내 생각을 표현하는 것이 무엇보다 중요하다.

2. 인성검사 시 유의사항

(1) 충분한 휴식으로 불안을 없애고 정서적인 안정을 취한다. 심신이 안정되어야 자신의 마음을 제대로 표현할 수 있다.

(2) 생각나는 대로 솔직하게 응답한다. 자신을 너무 과대 포장하지도, 너무 비하하지도 않아야 한다. 답변을 꾸며내면 앞뒤가 맞지 않게끔 구성돼 불리한 평가를 받게 되므로 솔직하게 답하도록 한다.

(3) 평가문항에 대해 지나치게 골똘히 생각해서는 안 된다. 지나치게 몰두하면 오히려 엉뚱한 답변이 나올 수 있으므로 불필요한 생각은 삼간다.

(4) 시간에 너무 신경 쓸 필요는 없다. 인성검사는 시간제한이 없는 경우가 많으며 시간제한이 있다 해도 모든 문항에 답하기에 충분한 시간이다.

(5) 인성검사는 대개 문항 수가 많아 몇몇 문항을 빠뜨리는 경우가 있는데, 가능한 한 모든 문항에 답해야 한다. 응답하지 않은 문항이 많을수록 평가자가 피검사자에 대해 정확한 평가를 할 수 없기 때문이다. 이는 피검사자에게 불리하게 작용할 수 있다.

3. 인성검사 모의 연습

※ 다음 자료는 수험생들의 이해를 돕기 위한 자료입니다. 실제 인성검사의 문항과는 차이가 있을 수 있습니다.

- 자신이 바라는 모습이나 바람직하다고 생각하는 모습으로 꾸며내어 응답하지 마시고, 평소에 자신의 생각대로 솔직하게 응답하는 것이 좋습니다.
- 총 567문항을 응답해야 하기 때문에 지나치게 깊이 고민하지 마시고, 머릿속에 떠오르는 대로 빠르게 응답하시기 바랍니다.
- 본 검사는 귀하의 의견이나 행동을 나타내는 문항으로 구성되어 있습니다. 각각의 문항을 읽고 보기 중에서 자기 자신에게 가장 가까운 것을 고르시기 바랍니다.

번호	문항	전혀 그렇지 않다	그렇지 않다	보통이다	그렇다	매우 그렇다
001	조심스러운 성격이라고 생각한다.	①	②	③	④	⑤
002	신중한 편이라고 생각한다.	①	②	③	④	⑤
003	동작이 날쌘 편이다.	①	②	③	④	⑤
004	포기하지 않고 노력하는 것이 중요하다.	①	②	③	④	⑤
005	계획을 짜는 것을 좋아한다.	①	②	③	④	⑤
006	노력보다 결과가 중요하다.	①	②	③	④	⑤
007	자기주장이 강하다.	①	②	③	④	⑤
008	자신의 의견을 상대에게 피력하기 어렵다.	①	②	③	④	⑤
009	좀처럼 결단하지 못하는 경우가 있다.	①	②	③	④	⑤
010	하나의 취미를 지속하는 편이다.	①	②	③	④	⑤
011	타인에게 간섭받는 것은 싫다.	①	②	③	④	⑤
012	행동으로 옮기기까지 시간이 걸린다.	①	②	③	④	⑤
013	다른 사람들이 하지 못하는 일을 하고 싶다.	①	②	③	④	⑤
014	해야 할 일은 신속하게 처리한다.	①	②	③	④	⑤
015	모르는 사람과 이야기하는 것은 용기가 필요하다.	①	②	③	④	⑤
016	지나치게 고민할 때가 있다.	①	②	③	④	⑤
017	다른 사람에게 항상 분주하다는 말을 듣는다.	①	②	③	④	⑤
018	매사에 얽매인다.	①	②	③	④	⑤
019	잘하지 못하는 게임은 하지 않으려고 한다.	①	②	③	④	⑤
020	어떠한 일이 있어도 출세하고 싶다.	①	②	③	④	⑤
021	막무가내라는 말을 들을 때가 많다.	①	②	③	④	⑤
022	남과 친해지려면 용기가 필요하다.	①	②	③	④	⑤
023	통찰력이 있다고 생각한다.	①	②	③	④	⑤
024	집에서 가만히 있으면 기분이 우울해진다.	①	②	③	④	⑤
025	매사에 느긋하고 차분하다.	①	②	③	④	⑤
026	좋은 생각이 떠올라도 실행하기 전에 여러모로 검토한다.	①	②	③	④	⑤

번호	문항	전혀 그렇지 않다	그렇지 않다	보통이다	그렇다	매우 그렇다
027	누구나 권력자를 동경하고 있다고 생각한다.	①	②	③	④	⑤
028	몸으로 부딪쳐 도전하는 편이다.	①	②	③	④	⑤
029	내성적이라고 생각한다.	①	②	③	④	⑤
030	나는 매사에 신중한 타입이라고 생각한다.	①	②	③	④	⑤
031	굳이 말하자면 성격이 시원시원하다.	①	②	③	④	⑤
032	나는 끈기가 있다.	①	②	③	④	⑤
033	목표를 세우고 행동할 때가 많다.	①	②	③	④	⑤
034	일에는 결과가 중요하다고 생각한다.	①	②	③	④	⑤
035	활력이 있다.	①	②	③	④	⑤
036	인간관계가 폐쇄적이라는 말을 듣는다.	①	②	③	④	⑤
037	매사에 신중한 편이라고 생각한다.	①	②	③	④	⑤
038	눈을 뜨면 바로 일어난다.	①	②	③	④	⑤
039	난관에 봉착해도 포기하지 않고 열심히 한다.	①	②	③	④	⑤
040	실행하기 전에 재확인할 때가 많다.	①	②	③	④	⑤
041	리더로서 인정을 받고 싶다.	①	②	③	④	⑤
042	어떤 일이 있어도 의욕을 가지고 열심히 하는 편이다.	①	②	③	④	⑤
043	그룹 내에서는 누군가의 주도하에 따라가는 경우가 많다.	①	②	③	④	⑤
044	차분하다는 말을 자주 듣는다.	①	②	③	④	⑤
045	스포츠 선수가 되고 싶다고 생각한 적이 있다.	①	②	③	④	⑤
046	모두가 싫증을 내는 일에도 혼자서 열심히 한다.	①	②	③	④	⑤
047	휴일은 세부적인 일정을 세우고 보낸다.	①	②	③	④	⑤
048	완성된 것보다도 미완성인 것에 흥미가 있다.	①	②	③	④	⑤
049	잘하지 못하는 것이라도 자진해서 한다.	①	②	③	④	⑤
050	의견이 다른 사람과는 어울리지 않는다.	①	②	③	④	⑤
051	무슨 일이든 생각을 먼저 해보지 않으면 만족하지 못한다.	①	②	③	④	⑤
052	다소 무리를 하더라도 쉽게 피로해지지 않는다.	①	②	③	④	⑤

번호	문항	전혀 그렇지 않다	그렇지 않다	보통 이다	그렇다	매우 그렇다
053	굳이 말하자면 장거리 주자에 어울린다고 생각한다.	①	②	③	④	⑤
054	여행을 가기 전에는 세세한 계획을 세운다.	①	②	③	④	⑤
055	내 능력을 살릴 수 있는 일을 하고 싶다.	①	②	③	④	⑤
056	주위 환경 변화에 민감하다.	①	②	③	④	⑤
057	다른 사람에게 자신이 소개되는 것을 좋아한다.	①	②	③	④	⑤
058	실행하기 전에 재고하는 경우가 많다.	①	②	③	④	⑤
059	몸을 움직이는 것을 좋아한다.	①	②	③	④	⑤
060	나는 완고한 편이라고 생각한다.	①	②	③	④	⑤
061	신중하게 생각하는 편이다.	①	②	③	④	⑤
062	큰일을 해보고 싶다.	①	②	③	④	⑤
063	계획을 생각하기보다 빨리 실행하고 싶어 한다.	①	②	③	④	⑤
064	어색해지면 입을 다무는 경우가 많다.	①	②	③	④	⑤
065	하루의 행동을 반성하는 경우가 많다.	①	②	③	④	⑤
066	격렬한 운동도 그다지 힘들어하지 않는다.	①	②	③	④	⑤
067	새로운 일에 도전하는 것이 어렵다.	①	②	③	④	⑤
068	항상 앞으로의 일을 생각하지 않으면 진정이 되지 않는다.	①	②	③	④	⑤
069	인생에서 중요한 것은 높은 목표를 갖는 것이다.	①	②	③	④	⑤
070	무슨 일이든 선수를 쳐야 이긴다고 생각한다.	①	②	③	④	⑤
071	타인과의 교제에 소극적인 편이라고 생각한다.	①	②	③	④	⑤
072	복잡한 것을 생각하는 것을 좋아한다.	①	②	③	④	⑤
073	스포츠 활동을 좋아한다.	①	②	③	④	⑤
074	나는 참을성이 강하다.	①	②	③	④	⑤
075	확신이 서지 않으면 행동으로 옮기지 않을 때가 많다.	①	②	③	④	⑤
076	남들보다 높은 위치에서 일을 하고 싶다.	①	②	③	④	⑤
077	지금까지 가 본 적이 없는 곳에 가는 것을 좋아한다.	①	②	③	④	⑤
078	모르는 사람과 만나는 일은 마음이 무겁다.	①	②	③	④	⑤

번호	문항	전혀 그렇지 않다	그렇지 않다	보통 이다	그렇다	매우 그렇다
079	실제로 행동하기보다 생각하는 것을 좋아한다.	①	②	③	④	⑤
080	목소리가 큰 편이라고 생각한다.	①	②	③	④	⑤
081	계획을 중도에 변경하는 것은 싫다.	①	②	③	④	⑤
082	호텔이나 여관에 묵으면 반드시 비상구를 확인한다.	①	②	③	④	⑤
083	목표는 높을수록 좋다.	①	②	③	④	⑤
084	기왕 하는 것이라면 온 힘을 다한다.	①	②	③	④	⑤
085	얌전한 사람이라는 말을 들을 때가 많다.	①	②	③	④	⑤
086	침착하게 행동하는 편이다.	①	②	③	④	⑤
087	활동적이라는 이야기를 자주 듣는다.	①	②	③	④	⑤
088	한 가지 일에 열중하는 것을 좋아한다.	①	②	③	④	⑤
089	쓸데없는 걱정을 할 때가 많다.	①	②	③	④	⑤
090	굳이 말하자면 야심가이다.	①	②	③	④	⑤
091	수비보다 공격하는 것에 자신이 있다.	①	②	③	④	⑤
092	친한 사람하고만 어울리고 싶다.	①	②	③	④	⑤
093	행동하기 전에 먼저 생각한다.	①	②	③	④	⑤
094	굳이 말하자면 활동적인 편이다.	①	②	③	④	⑤
095	불가능해 보이는 일이라도 포기하지 않고 계속한다.	①	②	③	④	⑤
096	일할 때는 꼼꼼하게 계획을 세우고 실행한다.	①	②	③	④	⑤
097	현실에 만족하지 않고 더욱 개선하고 싶다.	①	②	③	④	⑤
098	결심하면 바로 착수한다.	①	②	③	④	⑤
099	처음 만나는 사람과는 잘 이야기하지 못한다.	①	②	③	④	⑤
100	나는 냉정하다.	①	②	③	④	⑤

CHAPTER 07 체력검정

1. 국민체력 100이란?

국민체력 100이란 국민의 체력 및 건강 증진에 목적을 두고 체력상태를 과학적 방법에 의해 측정·평가를 하여 운동 상담 및 처방을 해주는 대국민 스포츠 복지 서비스이다. 국민체력 100에 참가한 모든 국민들에게는 체력 수준 맞춤형 운동 프로그램을 제공하고 운동에 꾸준히 참가할 수 있도록 체계적으로 관리하며, 체력수준에 따라 국가 공인 인증서를 발급한다.

장교/부사관 체력검정은 각 부대에서 진행하였던 것이 문화체육관광부 산하의 "국민체력인증센터 인증"으로 대체되었다. 제출일 기준으로 유효기간 내에 취득한 본인의 인증서를 정해진 일자에 직접 제출하면 된다. 유효기간 및 제출일은 모집 분야마다 조금씩 차이가 있으므로, 해당 모집 공고를 반드시 확인하여 서류를 준비할 수 있도록 한다.

2. 연령별 측정항목

(1) 청소년기(만 13~18세) 체력측정항목

구분	요인	측정항목
체격	신체조성	신체질량지수(신장, 체중)
		체지방률(%, body fat, BIA 활용)
체력	심폐지구력	20m 왕복오래달리기
		스텝검사
		트레드밀 검사

구분	요인	측정항목
체력	근력	상대악력
	근지구력	윗몸말아올리기
		반복점프
	유연성	앉아윗몸앞으로굽히기
	민첩성	일리노이 민첩성 검사
	순발력	체공시간 검사
	협응력	눈 – 손 협응력 검사

(2) 성인기(만 19~64세) 체력측정항목

구분	요인		측정항목
체격	신장		신장(cm)
	체중		체중(kg)
	체질량지수		신체 질량 지수(BMI)
	신체구성		체지방률(%)
체력	건강관련 체력	근력	상대악력
		근지구력	교차윗몸일으키기
		심폐지구력	20m 왕복오래달리기
			스텝검사
			트레드밀 검사
		유연성	앉아윗몸앞으로굽히기(cm)
	민첩성		10m 왕복달리기
			반응시간 검사
	순발력		제자리멀리뛰기
			체공시간 검사

3. 국민체력 100 인증기준

(1) 1등급(신체 조성 제외 모든 건강 체력항목이 70% 이상이며, 운동 체력 항목 중 한 가지가 70% 이상)

성별	연령(만)	건강 체력 항목						운동 체력 항목(택1)		
		심폐지구력(택1)		근력	근지구력(택1)		유연성	민첩성	순발력	협응력
		20m 왕복 오래 달리기 (회)	트레드밀/스텝검사 (최대산소섭취량, ml/kg/min)	상대악력 양손 중 최대값 (%)	윗몸말아 올리기 (회)	반복점프 (회)	앉아윗몸 앞으로 굽히기 (cm)	일리노이 민첩성 검사 (초)	체공시간 검사 (초)	눈-손 협응력 검사 (초)
남	18	61	47.5	61.8	53	52	14.8	18	0.61	47
여	18	40	37.5	48.4	41	36	19.5	20.1	0.506	52.5

성별	연령대	건강체력항목					운동체력항목			
		근력	근지구력	심폐지구력(택1)		유연성	민첩성(택1)		순발력(택1)	
		상대악력 (%)	교차윗몸 일으키기 (회)	20m 왕복 오래 달리기 (회)	트레드밀/스텝검사 (최대산소섭취량, ml/kg/min)	앉아윗몸 앞으로 굽히기 (cm)	왕복 달리기 (초)	반응시간 (초)	제자리 멀리뛰기 (cm)	체공시간 [제자리 높이 뛰기] (초)
남	19~24	62.6	55	62	47.6	16.1	9.9	0.301	229	0.605
	25~29	62.4	51	54	44.8	14.9	10.3	0.302	223	0.591
여	19~24	46.8	36	30	36.8	19.7	12.3	0.332	162	0.479
	25~29	47.0	33	28	36.0	18.5	12.7	0.343	156	0.466

(2) 2등급(신체 조성 제외 모든 건강 체력항목이 50% 이상이며, 운동 체력 항목 중 한 가지가 50% 이상)

성별	연령(만)	건강 체력 항목					운동 체력 항목(택1)		
		심폐지구력(택1)		근력	근지구력(택1)		유연성	민첩성	순발력	협응력
		20m 왕복 오래 달리기 (회)	트레드밀/스텝검사 (최대산소섭취량, ml/kg/min)	상대악력 양손 중 최대값 (%)	윗몸말아 올리기 (회)	반복점프 (회)	앉아윗몸 앞으로 굽히기 (cm)	일리노이 민첩성 검사 (초)	체공시간 검사 (초)	눈-손 협응력 검사 (초)
남	18	49	44.9	56	41	46	9.7	19.6	0.565	50.7
여	18	30	35.8	43.6	29	29	14.1	21.7	0.463	56.5

성별	연령대	건강체력항목					운동체력항목		
		근력	근지구력	심폐지구력(택1)		유연성	민첩성(택1)		순발력(택1)	
		상대악력 (%)	교차윗몸 일으키기 (회)	20m 왕복 오래 달리기 (회)	트레드밀/스텝검사 (최대산소섭취량, ml/kg/min)	앉아윗몸 앞으로 굽히기 (cm)	왕복 달리기 (초)	반응시간 (초)	제자리 멀리뛰기 (cm)	체공시간 [제자리 높이 뛰기] (초)
남	19~24	57.2	48	52	44.8	11.1	10.9	0.330	213	0.568
	25~29	57.0	45	44	42.2	10.1	11.2	0.335	208	0.559
여	19~24	42.4	30	25	34.8	14.9	13.2	0.374	149	0.447
	25~29	42.6	27	23	34.1	13.8	13.6	0.383	144	0.442

(3) 3등급(신체조성이 권장범위에 있으며 나머지 건강관련 4개 체력검사 항목이 모두 30% 이상)

성별	연령 (만)	건강 체력 항목							신체조성(택1)	
		심폐지구력(택1)		근력	근지구력(택1)		유연성			
		20m 왕복 오래 달리기 (회)	트레드밀/ 스텝검사 (최대산소 섭취량, ml/kg/min)	상대악력 양손 중 최대값 (%)	윗몸말아 올리기 (회)	반복점프 (회)	앉아윗몸 앞으로 굽히기(cm)	BMI (Kg/㎡)	체지방률 (%)
남	18	37	42.3	50.2	29	40	4.6	<26.8	<23.6
여	18	21	34.1	38.8	16	23	8.7	<25.2	<36.4

성별	연령대	건강 체력 항목					신체조성(택1)	
		근력	근지구력	심폐지구력(택1)		유연성		
		상대악력 (%)	교차윗몸 일으키기 (회)	20m 왕복 오래 달리기 (회)	트레드밀/ 스텝검사 (최대산소 섭취량, ml/kg/min)	앉아윗몸 앞으로 굽히기 (cm)	BMI (Kg/㎡)	체지방률 (%)
남	19~24	51.8	42	41	42.0	6.1	18 초과 25 미만	7% 초과 25% 미만
	25~29	51.6	38	34	39.6	5.3		
여	19~24	38	23	19	32.8	10.1		16% 초과 32% 미만
	25~29	38.2	21	17	32.2	9.1		

PART 02

최합 프리패스! 합격전략 8가지

CHAPTER 01 대기실부터 면접은 시작된다

1. 면접 당일 지각은 절대 있을 수 없다

어떻게 지각을 하나 싶겠지만, 생각보다 늦는 사람들이 종종 있다. 특히나 요즘은 화상면접 실시로 면접장에 직접 가야 할 일은 줄었으나 이 또한 면접 당일 어플리케이션 설치 등에 시간이 소요되어 촉박한 상태로 면접에 응시하는 경우가 많다. 여유 있는 면접을 위해 조금만 서두르도록 하자.

2. 대기실(대면면접의 경우)

(1) 자기 차례를 기다리는 동안 조용한 태도로 예상되는 질문에 대한 대답을 최종적으로 정리하면서 마음을 가다듬는다.

(2) 차례가 가까워지면 다시 한 번 자기의 복장을 점검해 본다.

(3) 대기하는 동안 옆 사람과 잡담을 하거나 큰소리로 말하는 것, 지나친 흡연, 다리를 꼬고 비스듬히 앉는 것, 다리를 흔드는 것 등은 삼가야 한다.

3. 호명

(1) 담당장교가 자신의 이름을 부르면 "네" 하고 명확하게 대답한다.

(2) 면접실 앞 의자(대기실)에 앉아 벨이 울리고 자신의 차례가 될 때까지 대기한다.

(3) 면접실 입구 앞에서 가벼운 노크를 한 후, 안에서 "들어오세요"라는 응답이 있으면 조용히 문을 열고 실내로 들어간다.

4. 입실(면접)

(1) 면접실에 들어서면 조용히 문을 닫고 의자 옆에 서서 "안녕하십니까"라고 말한 후 정면을 향해 30° 정도 가볍게 허리를 굽혀 인사한다.

(2) "△△번 ○○○입니다" 하고 자기의 수험번호와 성명을 말한 후, 면접관이 "앉으세요"라고 말하면 의자에 앉는다. 남성의 경우 다리는 어깨넓이만큼 벌리며, 여성의 경우 다리를 가지런히 모으고 두 손을 무릎 위에 자연스럽게 올려놓은 자세로 질문을 기다린다.

(3) 시선은 면접관의 눈을 빤히 쳐다보거나 이리저리 굴리지 말고, 면접관의 가슴 부분이나 넥타이 목 부분에 고정시키는 것이 적당한 시선각도이다.

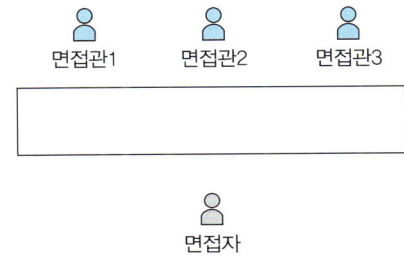

5. 질의응답

(1) 솔직하고 자신 있는 태도로 대답한다.

(2) 대답을 잘 못했다 하더라도 머리를 긁적이거나 혀를 내밀지 않는다.

(3) 대답할 때는 "에-", "저-" 등의 불필요한 말(습관어)이 나오지 않도록 하며, "-하구요"가 아닌 "-하고"라고 정확히 말할 수 있도록 한다.

(4) 음성은 면접관이 분명히 들을 수 있도록 크게, 발음은 정확하게, 자신감을 가지고 임해야 한다.

(5) 만일 모르는 질문일 때는 머뭇거리거나 더듬지 말고, 5~10초 정도 지나 "잘 모르겠습니다"라고 말하는 등의 솔직한 답변을 한다.

6. 퇴실

(1) 종료 벨이 울리고 면접관이 "수고하셨습니다" 등으로 면접이 끝났음을 알리면 "감사합니다"라고 정중히 인사를 한 후, 의자에서 조용히 일어나며 면접관을 향해 다시 한 번 인사하는 것을 잊어서는 안 된다.

(2) 면접시험에서 언짢은 내용이 있었더라도 퇴실할 때는 도망치듯 급히 행동하거나 문을 거칠게 여닫는 일이 없도록 끝까지 세심한 주의가 필요하다.

CHAPTER 02 면접관의 관점에서 준비하자

1. 면접관 질문의 의도를 파악하자

면접관의 모든 질문에는 '숨은' 의도가 있다. 예를 들어, 학창시절의 실패경험에 대한 질문을 받았다고 해보자. 이런 실패, 저런 실패를 경험했다는 식의 열거는 짧은 시간에 면접관이 알고 싶은 내용이 절대 아니다. 실패를 통해 어떤 교훈을 얻었는지, 그 교훈을 통해 어떤 반성과 행동 및 사안에 대한 수정을 했는지가 중요한 것이다. 즉, 피드백이 가능한 인재인지 알고 싶은 것이다.

이렇듯 질문의 요지를 정확히 파악하여, 정확히 답변해야 한다. 그러나 긴장해서 질문의 요지를 파악할 수 없을 때는 주저하지 말고 "지금 하신 질문은 이러한 의미입니까?"라고 물어보고 의미를 정확히 이해한 다음에 대답해야 한다.

또한 면접장에 온 수험생이 면접관의 "A인가요?"라는 질문에 "B입니다"와 같이 단답식으로 답변을 하는 경우도 간혹 있다고 한다. 이런 태도라면 절대 합격을 기대할 수 없다.

2. 결론부터 말하자(두괄식)

면접관의 질문에 의도를 정확히 파악했다면 그 의도에 맞는 답변을 '두괄식'으로 대답한다. 길지 않은 답변시간 동안 면접관이 당신의 답변을 끝까지 모두 들어야 할 의무는 없다. 따라서 같은 내용이라도 높은 점수를 받고 싶다면 당연히 핵심을 먼저 언급하고, 그 근거를 차례대로 제시하는 것이 좋다. 이 두괄식 답변에 대한 언급은 평소에도 많이 들어보았을 것이다. 그러나 미리 준비하지 않으면 현장에서 잘 나오지 않는다.

우리 책에서는 질문에서 면접관의 의도가 무엇인지를 분석하고, 핵심내용이 무엇인지(두괄식 배치), 그 근거가 무엇인지 정리할 수 있도록 준비하였다. 그 순서대로 연습하면 면접관이 선택할 수밖에 없는 지원자가 될 것이다.

3. 면접관은 피곤하다

군에 따라서는 면접관들이 몇 주에 걸쳐 면접에 참여할 수도 있다. 따라서 수많은 지원자를 대상으로 비슷한 질문을 몇 주간 반복하기도 한다. 그런데 수험생들은 비슷한 질문에 비슷한 유형의 A급 답안만을 외우듯 답변한다. 답안 자체에는 문제가 없다. 그러나 면접관이 피곤해진다. 이럴 때 반드시 기회가 온다. 피곤한 면접관에게 비타민과 같은 새콤달콤한 답변을 할 수 있다면 분명 그 지원자에게는 플러스 점수가 가능할 것이다.

이렇게 답변에 차별화를 가져올 수 있는 것은 결국 '개인의 경험을 토대로 한 참신한 답변의 연결'을 통해 가능하다. 그래야 면접관도 지원자에 대한 차별점을 알 수 있고 거기에 가치를 부여할 수 있는 것이다.

CHAPTER 03 자기소개의 중요성

1. 왜 자기소개가 중요한가?

통상적으로 면접은 면접관이 일방적으로 지원자에 대해 궁금한 내용을 질문하고 자질을 평가하는 시간이다. 따라서 지원자 입장에서 하고 싶은 이야기를 할 수 있는 기회는 '자기소개'가 거의 유일하다. 자주 묻는 질문이기에 미리 준비가 가능하며, 대부분 면접 초반에 나오는 질문이기 때문에 지원자 자신에 대한 좋은 인상을 심어줄 수도 있다. 하지만 잘못하면 반대의 경우도 발생할 수 있으므로 주의한다.

2. 자기소개의 내용

보통 자기소개를 내 자신에 대한 이야기, 내 자신의 역사로 생각하는 지원자들도 있다. 그러나 과연 1분간 나의 역사에 대한 기술이 가능할까? 가능하다고 하더라도 절대로 시도하면 안 된다.

자기소개에서는 면접관에게 본인이 '조직에서 요구하는 인자상'임을 집약적으로 표현하는 것이 가장 중요하다. 우선 열정이 있는 사람, 조직에서 화합·단결할 수 있는 사람, 전문성이 있는 사람임을 최대한 어필할 수 있는 성공 경험이 있다면 작성해 볼 것을 권한다.

3. 표현 방법상의 주의사항

(1) 비유기법 사용 지양

보통 면접 초반이기 때문에, 본인을 사물이나 동물에 비유하면서 시작하는 지원자들이 있다. 그러나 이렇게 짧은 시간에 비유기법까지 사용한다면 본인보다 사물이나 동물만 기억에 남는 경우가 많다. 그보다는 직접적이고 구체적으로 본인을 표현하는 것이 좋다.

(2) 추상적인 단어 사용 지양

지원자들은 보통 가치, 비전, 열심, 열정 등과 같은 추상적인 단어를 많이 사용한다. 그러나 가치나 비전, 열정 등의 단어와 관련된 구체적 내용이 뒷받침되지 않는다면 면접관들의 머릿속에 그 단어들이 어떤 내용인지 남는 것이 전혀 없다. 따라서 추상적인 단어들보다는 구체적인 단어와 그를 뒷받침하는 내용이 들어가는 것이 더 좋다. 또한 수치나 지표(예 1일, 50% 등)를 언급하는 것이 효과적이며, 이는 답변에 대한 신뢰도를 높여주므로 면접관들에게 매력적인 지원자로 남을 수 있다.

CHAPTER 04 나온 질문은 또 나온다

1. ○○에 지원한 동기는 무엇인가?

지원동기에 대한 질문으로 어떤 곳을 지원하든 반드시 나오는 질문이다. 특히 군인에게 필요한 사명감, 국가관, 안보관 등을 갖추었는가에 비중을 두고 질문한다.

2. 차별화된 본인의 강점

이 직무를 수행할 사람을 선발할 때 그 근거를 찾기 위한 질문이다. 성공 경험, 성과를 낸 경험 등에서 나온 나만의 특성과 강점이라고 생각하는 경험을 위주로 하여 그에 대한 실행과 결과물부터 제시해야 한다. 이런 결과물을 보여줄 때 추상적인 단어 선택은 안 된다. 반드시 수치나 명칭으로 구체화할 수 있는 내용만 언급한다는 마음으로 준비하는 것이 맞다.

3. 힘들었던 경험 극복 사례

위에서도 언급했듯이 어떻게 극복했는지, 성공했는지를 통해 지원자의 근성과 대처능력 등을 알고자 하는 것이다. 실패로 끝날 수도 있다. 그렇다면 어떤 점을 배웠고 어떻게 개선해 나갈 것인지도 피드백 할 수 있다. 이때 주의할 점이 있다. 수많은 지원자들이 이런 경우 약점보완으로 '교육'이나 '노력' 등을 언급하는데 이런 것들의 언급만으로는 면접관에게 점수를 얻을 수 없다. 이럴 때는 '교육' 자체에 대한 의미만 강조하기보다는 힘들었던 경험을 잘 극복한 사례가 현재의 자신을 만드는 기회가 되었다는 점 정도로 언급하는 것이 좋다. 왜냐하면 교육 자체가 모든 문제를 해결해 줄 수는 없기 때문이다.

4. 상관의 부당한 지시에 대한 대처

이 질문을 통해서 면접관은 지원자가 가지고 있는 부당함을 판단하는 가치기준, 체계 등에 대해 알아보고자 하는 것이다. 우선 이 조직에 들어와 보지 않은 지원자가 장교/부사관이 된 후 상관 지시의 부당함을 판단할 지식과 경험이 부족하다고 가정한 다음, 본인 기준에 부당한 지시라 판단하고 명령에 불응할 수 있는 경우는 비윤리적, 불법적 업무지시뿐이라고 생각하면 질문 의도에 접근하기 수월하다. 윤리적인 문제가 없다면 업무를 지시한 상사가 옳은 지시를 했기 때문에 그 지시에 따르고, 본인의 업무능력이 부족할 수 있다는 전제하에 겸손한 태도로 답변을 준비하는 것이 맞다. 그러나 비윤리적 지시일 경우 상관이나 선배 등에 확인 후 업무수행을 해야 한다. 조직 내에서는 보고체계와 규율이 있음을 잊지 말자.

5. 마지막으로 하고 싶은 말

이 질문은 반드시 포함되는 것은 아니다. 또한 이 질문으로 불합격이 합격으로 변경되는 경우의 수도 많지 않다. 그러나 면접 과정 중 여러 가지의 사정으로 답변이 미흡했다 생각이 든다면 한 번쯤은 시도해 볼 수 있는 마지막 카드와 같은 것이라는 생각으로 정리해 본다.

(1) 면접 중 미흡한 답변이 있는 경우

면접 전 준비된 내용이었지만 답변이 부족했다면, 이 기회를 통해 다시 말씀드리겠다 하고 짧게 정리하여 발표한다. 이때 그 전의 답변시간보다 긴 시간이 주어지는 것이 아니므로 본인의 경험을 통한 핵심내용만 간결하게 정리하여 발표하는 것이 좋다.

(2) 면접 중 답변이 미흡하지 않은 경우

지원자 입장에서는 퇴장 시까지 최선을 다하는 것이 좋다. 따라서 간결하게나마 오늘 면접에 대한 겸손한 소회와 면접관들에 대한 감사를 표하는 것도 좋을 것이다. "더 이상 할 말 없습니다"라고 씩씩하게 답하는 지원자들도 종종 있는데 그런 태도보다는 간단한 인사가 더 좋아 보인다.

CHAPTER 05 면접에서 알고 있으면 좋을 꿀팁

1. 지원자는 모르는 면접관이 좋아하는 표현

(1) 애국심의 표현

지원자들은 이 표현이 얼마나 중요한지 모른다. 하지만 면접관의 입장에서는 매우 중요하다. 대한민국을 대표하는 군 간부를 뽑는 자리인데, 애국심이 없다면 지원 자체를 의심할 것이다. 그러므로 자랑스러운 대한민국이라는 표현과 우리 군이라는 표현을 언급하면 좋다. 반대로 남한이라는 표현을 쓰는 것은 지양해야 한다.

(2) 자신이 적임자라는 표현

자신이 군이 추구하는 인재상에 적임자라고 어필해야 한다. 자신의 전문성을 언급하라. 이에 관련된 사소한 자격증이라도 좋다. 면접관들은 이것을 사소하게 생각하지 않고, 적임자가 되기 위한 노력이라고 생각하기 때문이다. 그러므로 사소한 것일지라도 자신이 적임자가 되기 위해 개인적으로 혹은 단체활동 속에서 어떠한 노력과 경험을 했는지 언급하자.

(3) 소통, 존중, 팀워크, 리더십의 표현

조직 생활에서는 소통과 존중, 팀워크와 리더십 모두 중요하다. 이러한 표현을 사용하면 면접관들에게 지원자가 앞으로 있을 장교/부사관 생활을 훌륭하게 할 것이라는 믿음을 줄 수 있다. 그러므로 질문의 답변에 적절히 이 단어들을 활용한다면 훨씬 좋은 인상을 남기는 데 도움이 될 것이다.

2. 지원자는 모르는 면접관이 싫어하는 표현

(1) 감정에 호소하는 표현

자신의 불우한 가정환경이나 자신이 떨어지면 감정적으로 고통을 받는다는 식의 답변은 지양해야 한다. 어떠한 악조건에서도 감정에 휘둘리지 않고 합리적으로 행동해야 하는 것이 군인의 올바른 자세다. 그렇기에 어떠한 상황을 마주하더라도 냉철하게 생각하여 행동함을 어필하지 못하고 단지 감정에 호소하는 표현은 지원자를 나약하게 평가한다.

(2) 수동태 표현

보통 지원자들은 "~라고 생각하기 때문에 ~하게 되었습니다"라는 표현을 많이 사용한다. 이 문장을 본다면 어떤 행동의 근거는 '지원자의 생각'이 되는 것이다. 그러나 면접관은 보이지 않는 추상적 생각으로 결론에 이르는 답변에 만족할 수 없다. 또한 그 생각의 근거를 묻는 등의 꼬리질문도 가능하게 된다. 이런 경우에는 행동, 결과 등의 근거를 조사에 의한 데이터나 경험을 바탕으로 답변하는 것이 좋다. 조사에 의한 데이터나 경험은 구체적 행동의 근거로 최상이다. 좋은 답변으로는 "제 경험에 의하여 ~해본 결과, ~하게 되었습니다" 이렇게 답변을 한다면 지원자의 경험에 초점을 맞추어 재질문을 할 수 있기 때문에, 범위가 자신의 경험으로 한정되어 답변을 하기에 더 쉬울 것이다.

(3) 추상적 표현

답변의 개념 자체가 불분명하면, 이것은 곧 점수를 부여할 만한 답변이 되지 못함을 의미한다. 보통 답변할 때 많이 나오는 추상적 표현들은 열심, 희망, 가치 등과 같은 단어들이다. 누구나 알지만 무엇인지는 모르고, 구체성이 떨어지는 표현이다. 면접시간은 상당히 짧다. 그래서 이런 답변에 대해 또 묻는다면 정작 내 필살기는 드러내기 어렵게 된다. 그렇다고 그냥 넘어간다면 얻을 점수가 많지 않을 것이다.

CHAPTER 06 최종합격을 부르는 실패 경험

1. 왜 실패를 물어볼까?

왜 실패 경험에 대해 물어보는 것일까? 면접관의 질문에는 항상 의도가 숨어 있다. 지원자가 군 생활에 잘 적응할 수 있는지, 온실 속의 화초처럼 너무 여린 것은 아닌지, 힘들다고 중도에 포기하지는 않을지 등에 대해 알고 싶은 것이다.

2. 언급하면 안 되는 것

실패 경험 시 감정적으로 힘들었던 부분에 대해 회피하거나 포기 등을 언급하는 것은 면접 시 감점이 된다. 동아리에서 어려운 선배와의 갈등을 힘들었던 점으로 언급하면서 갈등을 해결하기 위해 피하거나 탈퇴한 경험을 이야기하는 것은 질문 의도에도 맞지 않는 답변이므로 절대 피해야 한다.
이런 상황에 대한 돌파, 어려움 극복과 관계회복, 새로운 인간관계 형성으로의 경험 등이 있어야 점수를 얻을 수 있다. 극복되지 않았다면 감정적 어려움을 언급하는 순간 극복을 찾아가는 길이 너무나도 험난하다.

3. 꼭 언급해야 하는 것

실패하게 된 원인이 무엇인가, 어떻게 대처하였는가, 그 과정에서 어떠한 교훈을 얻었는가, 그 경험을 바탕으로 성공경험까지 갔는가 등이 면접관이 원하는 답변이다. 이런 지원자는 내 조직, 우리 조직에서도 어려움을 통해 학습하고 단련하면서 어떤 과업이든 성공시켜 나갈 수 있는 인재란 확신을 줄 수 있다. 더 나아가 이런 지원자는 높은 수준의 목표를 늘 염두에 두고 그 달성을 위해 노력하는 사람으로 인지될 수 있다. 실패가 중요한 것이 아니라 이를 극복해 낸 승리자가 장교/부사관으로 적합한가의 문제이다.

CHAPTER 07 최종합격을 위해 다시 태어나자

1. 첫인상

첫인상이 면접 전체를 좌우한다. 상대방에게 좋은 인상을 주지 못하면 어떤 이야기를 해도 전하고자 하는 바가 충분히 전달되지 않을 수 있다. 건강하고 신선한 이미지를 주기 위해서는 청결한 복장을 하고, 바른 자세로 침착하게 임해야 한다.

2. 좋은 표정

거울 앞에 서서 웃는 연습을 해본다. 잘생기고 예쁜 얼굴과는 상관없다. 웃는 얼굴은 상대방을 편안하게 만들고, 긴장된 분위기를 풀어준다. 자기의 이야기를 강하게 전하고 싶을 때는 상대방의 눈을 바라보며 얘기한다. 시선처리는 면접관들을 적절히 배분하여 바라보며 이야기할 수 있도록 한다. 그러나 시선이 너무 빨리 교차하면 불안해 보일 수 있으니 적절한 시선처리에 유념한다.

3. 경어 사용

올바른 경어(敬語)를 사용한다. 경어를 사용하는 법이 쉬운 것 같지만, 실제로는 그렇지가 않다. 경어는 시간·장소·지위 등의 환경이나 조건에 따라 구분해 쓰는 것이 중요하다.

4. 필살기

자신 있는 부분에서 승부를 건다. 자신 있는 이야기는 설득력이 있으므로 질의응답 중 자기가 자신 있는 분야로 이야기를 끌어가야 한다. 또한 화제가 자신 있는 분야로 모아진다면 기회를 놓치지 말아야 한다.

5. 불쾌한 질문

불쾌한 질문에도 성의껏 대답한다. 불쾌한 질문을 받더라도 면접 중임을 명심하고 평정심을 잃지 않고 대답하는 것이 좋다. 또한 사소한 질문이라고 생각되는 경우에도 성의껏 대답한다.

6. 태도

마지막 순간까지 최선을 다한다. 질문에 대답을 못했거나 면접 분위기가 엉망이 됐다 할지라도 결코 도중에 포기해서는 안 된다. 모든 질문에 핵심을 찌르는 대답을 못했다 하더라도 끝까지 포기하지 않는 모습을 보이는 것이 중요하다.

7. 대기 중 자세

답변하지 않을 때의 자세도 중요하다. 대부분의 응시자들은 답변하고 있을 때는 긴장하여 바른 자세를 유지하지만 답변이 끝나고 면접관의 표정이 부정적이면 자세가 흐트러지는 경우가 많다. 항상 면접관의 질문에 경청하면서 바른 자세를 유지하도록 한다.

8. 개성 있는 표현

면접에서 평범한 답변으로는 좋은 점수를 기대하기 힘들기 때문에 자신의 구체적인 경험이나 사실을 바탕으로 내실 있게 표현하여 개성을 드러내는 것이 중요하다. 단, 개성 표현은 좋지만 지나치게 튀는 것은 위험하다. 또한 다른 구성원들과 잘 융화되지 못할 것 같은 인상을 남겨서도 안 된다.

9. 면접 옷차림

면접장에 도착하면 대기실에서부터 현직자를 대면한다. 본인 순서로 면접장에 들어서면 당신이 입을 열기 전에 보이는 당신의 모습으로 당신을 평가하게 되므로 그 찰나의 순간의 이미지를 수정하는 데는 아주 오랜 시간과 노력이 필요할 것이다.

(1) 남성 옷차림
	① **헤어스타일**: 청결하고 깔끔한 인상을 주는 헤어스타일이 바람직하다. 젤이나 헤어스프레이 등을 이용하여 단정하게 마무리한다.
	② **의상**: 정장이나 깔끔한 옷을 추천한다. 남색 또는 회색 계통이 무난하다. 단색의 단조로움을 피하고 싶을 경우에는 가는 줄무늬나 체크무늬도 괜찮다.
	③ **셔츠**: 흰색이 무난하지만 푸른색이나 베이지색 등 산뜻한 느낌을 주는 것도 좋다. 다만 양복보다 밝은 색상을 선택하도록 한다. 그리고 와이셔츠의 칼라, 양복의 깃, 넥타이가 만나는 부분이 산뜻하고 단정한 느낌을 주어야 한다.
	④ **넥타이**: 양복 및 셔츠의 색상과 조화를 이뤄야 하며, 넥타이를 맬 때는 선 자세에서 벨트를 살짝 가리는 정도의 길이가 적당하다.
	⑤ **구두, 양말**: 깔끔하고 입는 옷과 잘 어울린다면 운동화도 상관없다. 만약 정장을 입었을 경우 검정색 구두가 단정하고 어떤 색의 양복과도 잘 어울린다. 그러나 양복의 색상이 갈색 계열인 경우에는 갈색 구두가 잘 어울린다. 양말은 양복과 구두의 중간색이 적당하며, 흰색 양말은 절대 피해야 한다.

(2) 여성 옷차림
	① **헤어스타일**: 커트나 단발 스타일이 활동적인 이미지를 준다. 긴 머리의 경우에는 뒤로 묶는 것이 깔끔한 인상을 준다. 앞머리는 눈을 가리지 않도록 주의하고 짙은 염색이나 강한 웨이브는 삼간다.
	② **화장**: 자신의 분위기에 맞게 자연스럽고 밝은 이미지를 표현하는 것이 중요하다. 피부 톤은 자신의 피부보다는 약간 밝은 톤으로 표현하고 번들거림이 없도록 한다. 눈썹은 자연스러운 곡선미를 살려 부드러운 느낌을 주도록 하고, 립스틱 색상은 너무 진하거나 어두운 색은 피한다. 색조 화장 시 브라운 톤은 이지적인 면을, 핑크 톤은 화사함을 표현하는 데 효과적이지만 진한 톤의 블러셔를 이용한 입체 화장은 피해야 한다.
	③ **의상**: 단정한 스커트 투피스 정장을 추천한다. 슬랙스 정장도 활동적인 이미지에 어울리며 색상은 차분한 무채색이 무난하다. 셔츠는 위와 마찬가지로 입는 것을 추천한다.
	④ **구두, 스타킹**: 깔끔하고 입는 옷과 잘 어울린다면 운동화도 상관없다. 정장을 입는다면 구두, 스타킹은 통일감 있게 연출하는 것이 좋다. 구두는 심플한 디자인으로 굽이 너무 높은 것은 피한다.

(3) 옷차림 체크리스트

구분	남성	여성	체크
헤어	청결한 인상을 주는가?		
	흐트러진 곳 없이 깔끔하게 손질했는가?	헤어 액세서리가 화려하지 않은가?	
얼굴	• 눈은 충혈되지 않았는가? • 치아는 청결한가?		
	수염은 깔끔하게 깎았는가?	화장은 깔끔하게 마무리되었는가?	
상의 /와이셔츠 /블라우스	• 셔츠 깃과 소매는 깨끗한가? • 깔끔하게 다림질되어 있는가? • 얼룩, 주름, 먼지는 없는가? • 자신의 체형에 잘 맞는가?		
손	손과 손톱의 상태는 청결한가?		
바지/ 스커트	• 단정하게 다림질되어 있는가? • 길이는 적당한가?		
넥타이 /스타킹	색상은 적당한가?		
	비뚤게 매지는 않았는가?	올은 나가지 않았는가?	
구두	• 색상과 모양은 조화로운가? • 깨끗하게 닦여 있는가?		

CHAPTER 08 면접 전 반드시 정리해야 할 것

1. 본인의 경험

(1) 이유

앞에서 자주 언급되었던 것들이 '경험'이다. 자기소개서 작성부터 각종 질문의 대답에 대한 근거를 대부분 본인이 직접 경험한 사안들을 중심으로 구성하는 것이 면접관에게 근거에 대한 신뢰감을 줄 수 있을 뿐만 아니라 추가질문 또한 그 경험 범위 내에서 받을 가능성이 크기 때문에 어느 정도는 사전에 준비할 수 있다.

(2) 방법

예상되는 질문리스트에 적당한 경험들을 기입해 보자. 이렇게 적다 보면 경험이 너무 많거나 또는 너무 적은 경우들이 있다. 경험이 너무 많을 때는 자신이 가장 강조하고 싶은 주제로의 연결이 가능한 경험을 위주로 스토리를 정리해 보면 된다. 문제가 되는 것은 반대로 경험이 없다고 생각하는 경우인데, 경험은 극히 개인적이고 그 크기와 가치를 타인이 결정할 수 없는 것으로, 이는 없는 것이 아니라 잘 정리하지 못한 것일 수도 있다. 이럴 때 경험 정리가 더 빛을 발하게 되는 것이다. 또한 면접관들은 성공만 한 경험보다는 실패 경험에서 성공으로 이끈 노력과 근성에 매료된다.

(3) 경험 사례 정리

① **의미 있는 경험**: 나는 경험을 통해 어떤 결과를 얻었나?

② **실패한 경험**: 왜 아무 결과도 못 얻었나? → 진짜 아무것도 못 얻은 게 맞나?(사소한 경험도 다시보기) → 사소한 결과라도 어떻게 얻을 수 있었나?(사소한 경험에서 의미 찾기)

2. 군에 대한 이해

너무나도 당연한데 군에 대한 이해가 부족한 지원자들도 간혹 보인다. 물론 짧은 시간에 전체적인 조직을 모두 이해하는 것은 어려울 수 있다. 그러나 이 책에서 제안하는 정도는 반드시 숙지하는 것이 필요하다. 답변 시에도 군에 대한 이해를 바탕으로 답변을 해야 하는 경우들이 있다. 그런 경우, 조직에 대한 이해를 답변 내용에 녹일 수 있다면 분명 면접관에게는 좋은 점수를 받을 수 있다.

3. 국방 10대 뉴스

국방일보에서는 작년 한 해 동안 있었던 국방 정책, 뉴스 중 주요한 것들만 모아서 연말에 10대 뉴스를 발표한다. 군인을 희망하는 지원자로서, 이 정도는 관심을 갖고 알고 있어야 하는 가장 핵심적인 내용의 주제들이다. 따라서 이 부분은 미리 정리가 되어야 한다. 이 내용도 본서에 수록했다. (2024년 10월 현재 2023년 국방 10대 뉴스 확인 가능)

4. 긍정적인 마음가짐

지원자 간의 실력에는 큰 차이가 없다는 것을 기억하라. 필기전형을 통과했다면 기본적인 능력만큼은 인정을 받은 것이다. 동료 지원자가 학력이나 성적, 답변 실력이 뛰어나다고 해서 위축될 필요는 없다. 자신감을 가지고 당당하게 대응하는 것이 무엇보다 중요하다.

우리 인생의 가장 큰 영광은
결코 넘어지지 않는 데 있는 것이 아니라
넘어질 때마다 일어서는 데 있다.

– 넬슨 만델라 –

PART 03

면접 필살기

CHAPTER 01 면접 이론편

01 구술면접이란?

1. 정의

지원자의 학습능력을 평가하는 1차 시험과는 달리, 2차 시험 중 면접은 지원자에게 전문적인 지식이나 설명을 요구하지 않는다. 다만 지원자의 논리적인 사고력과 효율적인 의사소통 능력을 평가하며, 장차 국가의 안보를 책임지는 장교/부사관에 부합하는 인성과 자유민주주의 국가의 시민으로서 기본적인 소양을 갖추고 있는지에 대해 평가한다.

2. 개요

지원자의 역사관·국가관·안보관·대적관·동맹관 등에 관한 지문을 읽고 구술을 통해 지원자의 의견을 들어보는 형태로 진행된다. 지원자들이 지문을 읽고 요약한 내용을 면접관이 듣고 이에 직접적으로 관련된 질문 혹은 연관된 내용까지도 질문할 수 있다. 그러나 제시되는 지문 및 질문들은 사전 학습이나 선지식이 필요한 내용이 아니라, 지원자가 성장과정을 통해 자연스럽게 습득할 수 있는 가치관을 묻는 내용이 대부분이다. 설사 그 지시문에 대한 아는 바가 전혀 없다 하더라도 지원자의 지식체계 안에서 이를 전개해 나가는 과정에서의 논리성을 판단하여 평가에 반영한다. 다시 말해 지원자의 선지식이 아닌, 자신의 가치관에 얼마나 확신이 있고 자신감이 있는가를 묻는 면접단계이다.

3. 주요 평가요소

(1) 지원자가 지문의 의견을 이해하고, 자신의 의견을 얼마나 논리적이고 이해하기 쉽게 설명하는지에 대해 평가한다.

(2) 평화유지와 국가수호라는 국군의 임무에 대해 어떻게 생각하고 있는지를 묻고, 민주시민이자 장교/부사관으로의 성장을 저해할 수 있는 편협한 가치관을 가지고 있지 않은지를 주의 깊게 관찰 및 평가한다.

(3) 면접관이 제시하는 돌발 질문에 얼마나 능동적으로 대처하는지, 얼마나 지혜롭게 자신의 논리로 답변하는지에 대해 평가한다.

02 면접 출제 형태(예시)

> 다음에 주어진 지문을 읽고 지문의 의견을 요약하여 지문에 대한 지원자의 의견을 간략히 설명하시오.
> 2021년, 전 세계는 코로나19 팬데믹으로 인해 보건·의료 분야의 위기, 더 나아가 정치·경제·사회적 위기를 경험하고 있다. 포괄적 안보개념에 따라 정부가 국가적 위협에 준비하고 대응하더라도 …(중략)… 이러한 상황에서 군의 역할을 더 확대하기 위한 노력이 필요한데, 중요하다고 생각되는 몇 가지 사항을 제안한다.

03 집단토론이란?

1. 정의

집단토론이란 일정한 주제가 제시되면 지원자들은 자유로운 토론 방식을 통해 본인의 의견을 피력한다. 보통 사회자, 찬성 측 그리고 반대 측으로 나누어 토론을 진행하는데 면접관은 토론 과정에서 지원자들의 발표 자세와 내용을 보며 사고력·발표력·커뮤니케이션 능력 등을 평가한다.

2. 찬·반 논리 질의 주요 평가요소

(1) 사회적으로 찬성과 반대 의견이 뚜렷하게 구분되고 있으나, 여전히 많은 담론을 형성하고 있는 이슈에 대해 지원자가 자신의 의견을 얼마나 설득력 있게 논리적으로 설명하는지를 평가한다.

(2) 자신의 입장과 반대되는 의견에 대해 적극적으로 이해하려는 포용적 자세에 대해 평가한다.

(3) 자신의 입장과 반대되는 의견에 대해 논리적인 근거나 사례를 가지고 의견을 개진하는지를 평가한다.

04 집단토론 출제 형태(예시)

사회적으로 예체능 병역특례제도에 대한 찬성과 반대의 의견이 팽팽히 맞서고 있다. 일부 시민들은 병역이행의 형평성 차원에서 예체능 병역특례제도의 폐지를 주장하고 있고, 일부 시민들은 국위 선양을 독려하는 차원에서 유지되어야 한다고 주장하고 있다. 관련 문제에 대한 지원자의 의견을 제시하시오.

자율주행 자동차란 운전자의 개입 없이 주변 상황을 인식하고 스스로 판단해 차량을 제어, 목적지까지 주행하는 자동차를 의미한다. 이를 실질적으로 적용하기 위한 기술 개발과 법적인 문제에 대한 논의가 끊임없이 진행되고 있는 가운데, 아직 좁혀지지 않은 문제도 있다. 자율주행 차량의 사고 발생 시 책임은 운전자와 자동차 제조사 중 어느 쪽에 있는지에 대한 것이다. 관련 문제에 대한 지원자의 의견을 제시하시오.

CHAPTER 02 면접 실전편

01 자기소개

인성

1. 자기소개를 해보시오.

면접관의 의도

자기소개는 면접 질문 중 기본이라 할 수 있다. 자신을 소개하게 하는 이유는, 자기 자신에 대한 지속적인 관리와 객관적인 평가를 유지해 왔는지를 파악하기 위함이다. 따라서 자기소개에는 제출한 자기소개서를 바탕으로 본인의 지원동기와 준비된 사항들을 핵심적으로 담아낼 수 있어야 한다.

핵심 키워드

자신의 경험, 가치관, 좌우명, 자신만의 개성

도입

제 좌우명은 '항상 가족과 국가를 위해 최선을 다하자'입니다. 제가 장교/부사관에 적합한 인재인 근거를 몇 가지로 말씀드리겠습니다.

직접작성

부연설명

- 국가관이 투철합니다. 일주일에 한 번씩 국방뉴스를 찾아보며, 국기를 게양하는 날인 5대 국경일과 현충일(6월 6일), 국군의 날(10월 1일)이면 새벽에 일어나 태극기를 게양합니다.
- 봉사정신이 투철합니다. 매달 말에 독거 노인분들의 집안을 청소하는 봉사활동을 하면서 타인을 배려하는 자세를 배우고 있습니다.

직접작성

맺음말

이러한 저의 신념과 실천의지는 국가관과 봉사정신이 투철해야 하는 육 · 해 · 공군 · 해병대 장교/부사관 인재상에 부합한다고 생각합니다.

직접작성

❗ 이런 말은 안 돼요

지원하고자 하는 군이 목표하는 가치 등을 강조해도 도움이 될 수 있으나 추상적인 단어와 비유의 열거는 오히려 감점 요인이다. 자신의 장점을 장황하게 나열하는 것은 오히려 진정성이 떨어지고, 이에 대한 근거가 없는 경우 꼬리질문으로 이어지므로 간결하게 말하는 편이 좋다.

2. 육·해·공군·해병대에 지원한 동기는 무엇입니까?

비슷한 유형의 질문
- 언제부터 군인이라는 꿈을 꾸었는가?
- 대학을 졸업하고 나서 지원한 이유가 무엇인가?(부사관)

면접관의 의도
일반적으로 면접에서 많이 묻는 질문이다. 과거의 유의미한 경험과 지원동기를 연결 짓는 것이 중요하다.

핵심 키워드
지원동기와 관련한 지원자의 유의미한 과거 경험

도입
제가 육·해·공군·해병대 장교/부사관에 지원한 이유는 제가 생각하는 성공한 삶과 일치했기 때문입니다.

직접작성

부연설명
제가 생각하는 성공한 삶이란, 국가와 국민을 위해 헌신하며, 신체적으로나 정신적으로 건강하고, 조국에 대한 자부심을 갖는 삶입니다.

직접작성

> **맺음말**
>
> 그 삶에 가장 부합하는 것이 바로 자랑스러운 대한민국의 장교/부사관이 되는 것이라고 생각하기 때문에 장교/부사관에 임관하여 그 목표를 이루고 싶습니다.

직접작성

❗ 이런 말은 안 돼요

안정적이어서라든가, 막연하게 동경해 왔다든가 하는 식의 틀에 박힌 답변은 하지 않는 것이 좋다.

3. 자신을 뽑아야 하는 이유를 말해보시오.

면접관의 의도

군인이 되고자 하는 지원자의 의지와 각오를 알아보기 위한 질문이다.

핵심 키워드

지원자의 전문성, 준비성에 대해 어필하기

도입

저는 다양한 경험과 저의 전공을 활용하여 전문성과 리더십을 동시에 갖춘 장교/부사관이 되고 싶습니다.

직접작성

부연설명

꾸준히 봉사활동을 하며 누군가에게 도움이 되는 일이 얼마나 값진 것인지 알게 되었고, 대학시절에 배운 전공을 바탕으로 전기기능사를 취득하게 되었습니다.
이러한 저의 경험이 제가 지원한 ㅇㅇ병과에 큰 도움이 되리라 생각합니다.

직접작성

맺음말

국가와 국민을 위해 헌신과 봉사라는 사명 아래 명예롭고 자랑스러운 군인이 될 수 있는 소중한 기회를 놓치고 싶지 않습니다.

```
직접작성
```

❗ 이런 말은 안 돼요

자신을 뽑아달라는 답변의 내용과 상반되는 태도로 답변해서는 안 되며, 군인이 되려는 의지가 눈빛이나 목소리에서도 드러나야 한다.

4. 직무상의 적성과 많은 보수 중 어느 것을 택하겠습니까?

면접관의 의도

지원자의 가치관을 간접적으로 알아보는 질문이며, 군대에 잘 적응할 수 있는지를 알아보는 질문이다.

핵심 키워드

지원자의 만족도, 업무 기여, 합당한 대가, 능력

도입

월급은 노력의 대가로서 주어지는 것이므로 중요합니다. 하지만 일을 한다는 것이 단지 보수를 받기 위해서만은 아니라고 생각합니다.

직접작성

부연설명

사회초년생으로서 먼저 고려해야 할 것은 일의 내용과 만족도입니다. 즉, 보수보다는 제가 하게 될 일이 적성에 얼마나 맞고, 제 실력을 발휘하여 조직에도 도움이 되느냐 하는 것입니다.

직접작성

맺음말

그 다음 그에 합당한 대가를 받을 수 있다면 더욱 좋겠습니다.

직접작성

❗ 이런 말은 안 돼요

어느 한쪽을 지나치게 강조하거나 경시하는 태도는 좋지 않다. 되도록 일의 내용에 대한 만족도가 더 우선한다는 점을 보여주는 것이 좋다.

5. 자격증은 어떤 것을 가지고 있습니까?

면접관의 의도
지원자가 전문성을 가진 준비된 인재인지를 묻는 질문이다.

핵심 키워드
군대 내에서 활용 가능한 자격증(전문성 어필)

도입
저는 철도운송 자격증을 가지고 있습니다.

직접작성

부연설명
철도운송산업기사는 열차 취급규칙, 수송 관련 제반 절차, 여객운송절차, 화물취급절차에 따라 열차를 운전 조작하거나 환호응답, 역 구내에서 선로를 변경하는 입환작업 및 각종 보안장치를 취급하는 것을 말합니다.

직접작성

맺음말

해당 자격증을 공부하며 기본 지식을 습득했고, 수송직종을 꿈꾸고 있는 저에게 큰 도움이 될 것이라 생각합니다.

직접작성

❗ 이런 말은 안 돼요

본인이 지원한 직렬과 관계가 없는 자격증은 말하지 않는 것이 좋다. 질문의 내용과 무관한 내용을 말하며 답변 시간을 사용하는 것보다 앞으로 자격증을 준비하겠다 또는 준비하고 있다고 말하는 것이 좋다.

6. 재입대 과정에서 왜 병과를 바꿔서 지원하셨나요?(재입대자)

면접관의 의도

지원자의 병과 선택에 대한 의도와 진실성을 알기 위한 질문이다.

핵심 키워드

개인 역량, 전공, 적합한 직무

도입

보병 병과가 저의 활동적인 역량을 더욱 뽐낼 수 있는 직무라고 판단했기 때문입니다.

직접작성

부연설명

고등학교 졸업 직후 고등학교 전공에 맞춰 통신병과 부사관으로 입대하였습니다. 하지만 군 생활 도중 보병병과를 가까이에서 지켜보며 간접적으로 경험할 수 있는 기회가 있었습니다.
당시 경험들로 저는 보병병과가 제게 적합한 직무라 확신이 들었습니다.

직접작성

맺음말

평생을 함께하고 싶은 군대로 다시 돌아오지 못할 수도 있다는 불안감이 있었지만, 더 큰 내일을 위해서 보병병과로 전환하여 재입대하게 되었습니다.

직접작성

❗ 이런 말은 안 돼요

재입대를 하는 과정에서 병과가 변경되었더라도 이전 병과에 대한 부정적인 답변은 하지 않는 것이 좋다.

7. 자신의 좌우명은 무엇입니까?

비슷한 유형의 질문
- 자신의 생활신조는 무엇입니까?
- 자신이 살아가면서 가장 중요하게 생각하는 덕목은 무엇입니까?
- 자신을 나타내는 사자성어는 무엇입니까?

면접관의 의도
지원자의 평소 가치관, 인생관을 알아보기 위해 생활신조, 좌우명, 가치로 여기는 덕목 등을 다양한 방향으로 질문할 수 있다.

핵심 키워드
지원자의 가치관을 진솔하게 밝히기

도입
저의 좌우명은 오늘 해야 할 일을 내일로 미루지 말자입니다.

직접작성

부연설명
- 일을 자꾸만 뒤로 미루다 보면 나중에는 일이 커져서 힘이 배로 듭니다.
- 내일 할 일의 부담을 줄일 수 있도록 조금 힘이 들더라도 그때그때 일처리를 하려고 노력하고 있습니다.

직접작성

> **맺음말**
>
> 이러한 저의 좌우명은 군 생활에서 주어진 일정이 밀리지 않도록 업무를 처리하는 데 큰 도움이 될 것입니다.

```
직접작성
```

❗ 이런 말은 안 돼요

어느 면접에서나 물을 수 있는 가장 기본적이고 전형적인 질문이다. 따라서 거짓으로 꾸며낼 필요 없이 구체적이고 진솔하게 답변하면 된다. 더 나아가 자신의 가치관을 장교/부사관 생활에 도움이 되는 방향으로 연결하여 답변하면 좋다.

서술 내용을 바탕으로 한 질문과 답변 예시

자신의 생활신조는 무엇입니까?

저의 생활신조는 '약속을 잘 지키자'입니다.

바쁜 생활 속에서 가볍게 생각할 수 있는 것을 포함한, 우리 생활의 전반적인 것이 약속을 기반으로 한다고 생각하기 때문입니다. 약속을 잘 지키는 것은 그 사람의 신용도, 책임감 등과 직결되는 것이기 때문에 대단히 중요합니다.

군인에게 있어 시간 준수는 매우 중요합니다. 저의 생활신조인 약속을 잘 지키자는 군 생활에 있어 큰 도움이 될 것입니다.

```
직접작성
```

자신이 살아가면서 가장 중요하게 생각하는 덕목은 무엇입니까?

인생에서 가장 중요한 덕목은 상대에 대한 '배려'라고 생각합니다.

남을 위해 배려한다고 생각할 수 있지만, 배려를 통해 자신이 행복해질 수 있고, 더 나아가 자신의 삶이 건강해질 수 있습니다.

배려 깃든 언행으로 이해관계가 충돌하는 대인관계, 조직 활동에서 파생된 여러 문제들을 쉽게 풀 수 있을 것입니다.

> 직접작성

자신을 나타내는 사자성어는 무엇입니까?

제 자신을 나타내는 사자성어는 '고진감래'입니다. 고진감래란 '쓴 것이 다하면 단 것이 온다'는 뜻으로, 제 꿈을 이루기 위해 비록 힘들고 어려운 시간들을 보내더라도 목표를 달성한 이후에 느끼게 될 보람과 긍지를 기대하며 노력하는 사람의 모습을 가졌기 때문입니다. 앞으로도 고진감래의 뜻을 생각하며 늘 긍정적으로 맡은 임무를 위해 노력할 것입니다.

> 직접작성

8. 자신의 장점과 단점에 대하여 말해보시오.

비슷한 유형의 질문
장점 개발과 단점 보완 중 자기 발전을 위해 도움이 되는 것은 무엇입니까?

면접관의 의도
자기 객관화를 하고 있는지, 자기 개선의 노력을 시도하고 있는지 등에 대한 질문이다.

핵심 키워드
지원자의 솔직함, 조직에 이익이 되는 장점과 단점에 대한 적극적인 개선 노력

도입

저의 장점은 '하면 된다'라는 긍정적인 사고와 모든 일에 적극적으로 참여하는 성격입니다. 단점은 성급해서 서두르다가 실수를 자주 하는 것입니다.

직접작성

부연설명

- 장점을 더욱 잘 발휘하기 위해 사전준비를 철저히 하려고 합니다.
- 단점을 극복하기 위해 요즘에는 여유와 냉철함을 배울 수 있는 바둑을 즐기고 있습니다.

직접작성

맺음말

이러한 저의 장점을 잘 활용하고 단점을 극복하여 군 간부로서의 역할을 긍정적이고 적극적인 자세로 훌륭히 해내는 장교/부사관이 되고 싶습니다.

직접작성

❗ 이런 말은 안 돼요

장점을 거짓으로 꾸미거나 단점을 감추려고 거짓말을 해서는 안 된다. 단점까지 솔직하게 밝히되 이를 개선·보완하기 위한 구체적인 노력을 덧붙여야 한다.

9. 자신이 존경하는 인물과 그 이유는 무엇입니까?

면접관의 의도

존경하는 인물을 통해 지원자의 평소 생각을 알아보고, 지원자가 미래에 어떤 사람이 되고자 하는지 알기 위한 질문이다.

핵심 키워드

존경하는 인물과 자신의 포부를 연결

도입

제가 존경하는 인물은 이순신 장군입니다.

직접작성

부연설명

- 그 이유는 수적 열세에도 불구하고 국가와 국민을 사랑하는 마음으로 목숨을 바쳐 나라에 헌신한 결과 일본군과의 전쟁을 승리로 이끌었기 때문입니다.
- 뛰어난 무예와 탁월한 지휘 통솔력을 발휘하여 적은 수의 군으로도 큰 승리를 이루었기 때문입니다.

직접작성

> **맺음말**
> 저도 이순신 장군을 본받아서 어떠한 역경이 있더라도 포기하지 않고 국가와 국민을 위해 헌신하는 장교/부사관이 되고 싶습니다.

직접작성

❗ 이런 말은 안 돼요

대다수의 지원자들이 언급하는 인물은 지양하는 것이 좋지만, 그 인물이 자신이 정말 존경하는 인물이라면 그 이유와 자신이 어떻게 행동할 것인지 구체적으로 연관시켜 말한다.

10. 학창시절 가장 인상 깊게 남았던 일은 무엇입니까?

> **면접관의 의도**
> 학창시절 인상적인 경험이 지원자에게 미친 영향을 알아보기 위한 질문이다.

> **핵심 키워드**
> 지원자가 학창시절 경험을 통해 느꼈던 점

도입

개인적으로 소설 '토지'의 배경이 되는 경남 하동으로 농촌체험활동을 갔던 일이 가장 기억에 남습니다.

직접작성

부연설명

- 낮에는 들에서 일한 후 다음 날 새벽 일찍 산 정상까지 오르기도 했습니다.
- 훌륭한 문학작품은 문학으로 그치지 않고 실생활 속에 살아 숨 쉰다는 것을 느꼈던 귀중한 경험이었습니다.

직접작성

> **맺음말**
>
> 꿈꾸던 곳에 직접 가볼 수 있었던 경험이었고, 산 정상에 오른 성취감을 통해 다른 일에도 과감히 도전할 수 있는 자신감을 얻었습니다.

```
직접작성
```

❗ 이런 말은 안 돼요

다른 사람들도 다 흔하게 경험할 수 있는 일은 답변하지 않는 것이 좋다. 경험한 것이 많지 않아서 흔하게 경험한 내용으로 답변할 수밖에 없다면, 그 경험을 통해 느꼈던 점이나 교훈을 함께 설명하는 것이 좋다.

11. 살면서 열정을 다해 노력한 경험에 대해 말해보시오.

면접관의 의도

지원자가 어떤 일에 최선을 다했는지 확인해 보는 내용이다.

핵심 키워드

지원자의 구체적 노력 사례

도입

진부할 수 있지만 육 · 해 · 공군 · 해병대 장교/부사관 시험을 준비한 수험생 시절이 제가 살면서 가장 노력한 순간이라고 생각합니다.

직접작성

부연설명

아르바이트와 수험생활을 병행하다 보니 주어진 시간이 부족했지만, 장교/부사관 합격이라는 목표 아래 주어진 시간에는 시험 준비에 온 힘을 쏟아 부었고 필기시험에 합격한 다음에도 면접시험을 준비하기 위해 스터디 등 다양한 모임에 참여했습니다.

직접작성

> **맺음말**
>
> 이처럼 다른 생각하지 않고 하나의 목표만 바라보고 노력해 온 수험생활은 앞으로 제게 큰 도움이 될 것입니다.

```
직접작성
```

❗ 이런 말은 안 돼요

본인의 경험을 바탕으로 노력한 사례를 설명해야 한다. 특별한 사례 없이 노력한 일만 나열한다면 면접관은 지원자가 어떤 부분을 어떠한 방식으로 노력했다고 말한 것인지 파악하기 힘들 수 있다.

12. 살면서 좌절했던 경험을 말해보시오.

면접관의 의도

지원자가 좌절을 어떤 방법으로 극복했는지 알아보기 위한 질문이다.

핵심 키워드

구체적인 극복 방안, 현실적인 노력, 교훈

도입

고등학교 2학년 때 학급임원이 되면서 처음으로 좌절했던 경험이 있습니다.

직접작성

부연설명

- 교외행사의 참가자를 모집하는 것이 쉽지 않았지만, 그대로 포기할 수 없어서 이번 행사의 취지와 목적에 대해 다시 설명했고 이에 뜻을 같이 하는 친구들이 8명이나 모여서 함께 행사를 잘 마무리할 수 있었습니다.
- 학교 수업을 들으며 교외행사에 참여하는 것이 쉽지 않았지만, 함께 틈틈이 공부도 했기 때문에 행사를 무사히 잘 마무리했을 뿐 아니라 성적관리도 잘 할 수 있었습니다.

직접작성

맺음말

처음에는 힘들었지만 설득과 협력의 과정을 통해 원하는 목적을 달성하고, 리더란 무엇인가에 대해 생각해 볼 수 있었던 값진 경험이었습니다.

직접작성

❗ 이런 말은 안 돼요

좌절한 경험에서 끝나지 않고 이를 극복한 방법이나 교훈을 같이 말해야 한다.

13. 최근에 가장 기뻤던 일은 무엇입니까?

면접관의 의도
지원자의 가치관을 알기 위한 질문이다.

핵심 키워드
지원자의 진솔한 경험

도입
장교/부사관 필기시험에서 합격한 것을 꼽고 싶습니다.

직접작성

부연설명
장교/부사관을 꿈꾼 후 오로지 장교/부사관이 되기 위해 모든 힘을 쏟았습니다. 전문성을 갖춘 군인이 되고자 ㅇㅇ자격증을 취득했고, 필기시험에 합격하고자 시중에 판매하는 모든 문제집을 여러 번 풀었습니다. 필기시험 합격을 통보받았을 때 그동안의 저의 노력이 인정받는다는 느낌이 들어 기뻤습니다.

직접작성

> **맺음말**
>
> 노력은 결코 배신하지 않으며, 우직하게 준비해 나갈 때 좋은 결실을 맺을 수 있다는 사실을 다시 한 번 깨달았습니다.

직접작성

❗ 이런 말은 안 돼요

단순히 경험에서 그치는 것이 아니라, 그 경험으로 어떤 기쁨과 가치관을 얻었는가를 말할 수 있어야 한다. 경험에서 얻은 교훈을 잘 설명하는 것이 중요하다.

14. 최근에 가장 화가 났던 일은 무엇입니까?

면접관의 의도

지원자가 부정적인 감정에 어떻게 반응하는지를 알아보기 위한 질문이다.

핵심 키워드

지원자가 부정적인 감정에 대처하는 방법

도입

장교/부사관 면접 스터디를 마치고 귀가하는데 버스에서 잠이 들어 종점까지 가게 된 것입니다.

> 직접작성

부연설명

- 집에 돌아올 교통편을 찾지 못하던 중 결국 지나가는 차를 잡아타고 다행히 귀가할 수 있었습니다.
- 늦은 시간이었지만 친한 친구에게 전화를 걸어 전후 사정을 이야기했고, 데리러 와준 친구의 도움으로 안전하게 귀가할 수 있었습니다.

> 직접작성

맺음말

그 경험을 통해 누군가에게 부탁하는 것을 어려워하던 제가 무언가를 부탁하는 요령과 배짱을 얻었습니다. 더불어 누군가의 친절함과 도움에 마음이 따뜻해졌던 기억으로 남아 있습니다.

직접작성

❗ 이런 말은 안 돼요

문제가 발생했지만 그 안에서 극복할 수 있는 내용을 설명해야 한다. 사례에서 다른 사람의 탓으로 돌려 화가 났다거나, 욱하는 성격처럼 보이는 내용이 있는지 확인하고 답변을 잘 정리해야 한다.

15. 자신이 최근에 한 봉사활동은 무엇입니까?

비슷한 유형의 질문

자신이 희생한 경험을 말해보시오.

면접관의 의도

지원자의 봉사정신을 알아보기 위한 질문이다.

핵심 키워드

봉사활동 빈도, 봉사활동 이유, 배운 점, 희생정신, 협동정신

도입

저는 지난달에 유기견 센터에 방문하였습니다.

직접작성

부연설명

- 그곳에서 유기견들에게 먹이를 주고 씻겨준 뒤에 산책을 시켜주기도 했습니다.
- 다른 봉사자들과 함께 이야기하며 생명의 소중함과 봉사의 즐거움을 배웠으며 더 많은 사람들이 함께 참여하면 좋겠다는 생각을 했습니다.

직접작성

> **맺음말**
>
> 지금도 주기적으로 참여하고 있으며, 이렇게 배운 봉사정신은 장교/부사관 생활에서도 큰 도움이 될 것이라고 생각합니다.

```
직접작성
```

ⓘ 이런 말은 안 돼요

공부하느라 봉사활동 할 시간이 없었다는 답변은 봉사정신을 중요하게 생각하지 않는다는 느낌을 줄 수 있으므로 피해야 한다.

16. 일을 할 때 주도하는 편입니까, 아니면 따라가는 편입니까?

비슷한 유형의 질문
자신은 리더형, 팔로워형 중 어느 쪽 입니까?

면접관의 의도
지원자가 일을 주도하는 성향인지, 주변에 휩쓸려 따라가는 성향인지 알아보는 질문이다.

핵심 키워드
리더십, 협동심, 자기 주도, 책임감

도입
저는 일을 주도하는 편입니다.

직접작성

부연설명
공동체의 조화를 깨트리지 않는 선에서 주도적으로 업무를 이끄는 편입니다.

직접작성

맺음말

이런 제 성격이 군 간부로서 업무를 수행하는 데 장점이 될 것이라고 생각합니다.

```
직접작성
```

❗ 이런 말은 안 돼요

하는 일에 대한 의욕이 없다거나, 일을 주도하지 못하고 따라한다는 식의 답변은 지원자를 무기력해 보이게 만든다. 따라서 자신이 맡은 일은 자신이 주도해서 끝낸다는 인상을 줘야 한다.

17. 자신이 스트레스를 쉽게 받는 상황과 그 극복 방법은 무엇입니까?

면접관의 의도
자기관리 차원에서 지원자가 스트레스를 어떻게 관리하는지 알아보는 질문이다.

핵심 키워드
적극적인 자기관리 차원의 건강한 스트레스 해소 방법 제시(운동, 숙면, 노래, 춤, 수다, 취미생활 등)

도입
저는 해야 할 일을 제때에 하지 않고 미루어 두면 스트레스를 많이 받는 편이라서, 늘 계획성 있게 시간을 보내려고 합니다.

직접작성

부연설명
스트레스를 받을 경우에는 온몸이 땀에 흠뻑 젖을 정도로 운동하고 숙면을 취함으로써 스트레스를 이겨내려고 합니다.

직접작성

> **맺음말**
> - 지금도 스트레스로 인해 힘들 때 오히려 격렬하게 운동하고 숙면을 취하면 다음 날 몸도 마음도 개운해짐을 느낍니다.
> - 적당한 운동과 숙면으로 스트레스를 해소하고 건강한 신체와 정신으로 모든 일에 임할 수 있도록 하겠습니다.

직접작성

❗ 이런 말은 안 돼요

스트레스를 풀기 위해 폭식을 하는 등의 건강에 좋지 않은 스트레스 해소 방안을 제시하는 것은 피해야 한다.

18. 자기 자신과 사회적 관점에서 가장 이상적이고 바람직한 삶은 무엇입니까?

면접관의 의도

이상적 삶의 모습을 통해 지원자의 평소 가치관을 알아보는 질문이다.

핵심 키워드

평소 지원자가 생각하는 이상적인 삶의 모습 제시(더불어 사는 삶, 배려하는 삶, 희생하는 삶, 존경받는 삶, 봉사하는 삶 등)

도입

가장 이상적인 삶은 남에게 손해를 끼치지 않고, 자신으로 인해 다른 사람에게 이익을 주는 삶이라고 생각합니다.

직접작성

부연설명

- 삶을 사는 동안 자신뿐 아니라 다른 사람도 함께 배려하는 자세를 지녀야 한다고 생각합니다.
- 삶을 살아가면서 자신뿐 아니라 다른 사람도 함께 배려하는 자세를 지녀야 하는 이유는 자신이 보람 있고 의미 있다고 생각하는 삶이 남에게 고통을 주어서는 안 되기 때문입니다.

직접작성

맺음말

우리가 삶을 살아가면서 내리는 결정과 선택은 스스로의 삶에는 물론 다른 사람에게도 중요한 영향을 끼치므로 매사 다른 사람을 배려하는 삶이 이상적인 삶이라고 생각합니다.

직접작성

❗ 이런 말은 안 돼요

이런 질문은 답이 정해져 있는 것이 아니므로 평소에 자신이 생각하고 있는 것들을 잘 정리해볼 필요가 있다. 정리되지 않은 내용을 두서없이 말하다 보면 답변 내용의 앞뒤가 맞지 않을 수 있기 때문이다.

19. 자신을 사물에 비유한다면 무엇이라고 생각합니까? 그리고 그 이유는 무엇입니까?

비슷한 유형의 질문
- 자신을 동물에 비유한다면 무엇이라고 생각합니까? 그리고 그 이유는 무엇입니까?
- 자신을 색깔에 비유한다면 무엇이라고 생각합니까? 그리고 그 이유는 무엇입니까?

면접관의 의도
지원자 자신에 대한 분석과 성격을 묻는 질문이다.

핵심 키워드
지원자를 잘 표현할 수 있는 참신한 비유

도입
지금 제가 신고 있는 이 신발에 저를 비유하고 싶습니다.

직접작성

부연설명
- 더위나 추위에도 꿈쩍 않고, 비와 흙먼지를 막아 주며, 앞을 향해 힘차게 나아갈 수 있도록 도와주기 때문입니다.
- 신발은 발을 보호하는 역할을 하는 동시에 제가 가고자 하는 방향으로 전진할 수 있도록 도와주는 매개체라고 생각합니다.

직접작성

> **맺음말**
>
> 저는 신발과 같이 우리나라와 우리 국군이 어떠한 상황에서도 전진할 수 있도록 도와주는 장교/부사관이 되고 싶습니다.

직접작성

❗ 이런 말은 안 돼요

너무 진부하거나 구태의연한 답변은 좋은 인상을 남기기 어렵다. 가능하다면 참신한 물건에 비유하는 것이 좋다.

20. 면접 5분 전 면접장 앞에서 신호대기에 걸렸을 경우 신호를 위반할 것인지 말해보시오.

> **면접관의 의도**

지원자의 공직자로서의 준법정신을 알아보기 위한 질문이다.

> **핵심 키워드**

준법, 계획, 노력, 결과, 성과, 장기적 관점, 발전

도입

면접에 늦더라도 신호를 지킬 것입니다.

직접작성

부연설명

- 순간의 위기를 모면하기 위해 위법행위를 저지르기보다는 공직자로서의 준법정신을 지키는 것이 더 좋을 것이라고 생각합니다.
- 면접 날에는 교통 정체나 사고 등 예측 불가능한 일이 발생할 수 있으므로 30분 전에 면접 장소에 도착하겠습니다.

직접작성

> **맺음말**
>
> 면접에 조금 늦더라도 신호를 지키는 것이 설령 신호를 어겨 일찍 도착하는 것보다 더 의미 있는 일이라고 생각합니다. 비록 좋은 결과를 얻지 못한다고 해도 과정에서의 노력이 있었으므로 다음 기회에 좋은 결과를 기대할 수 있다고 생각하기 때문입니다.

직접작성

❗ 이런 말은 안 돼요

막연하게 법이니까 지켜야 한다고 말하는 것은 너무 추상적이다. 답변은 구체적으로, '과정'의 정당성이 담보되지 않는 '결과'는 장기적으로 조직의 발전에 도움이 되지 않는다는 식으로 말하는 것이 좋다.

21. 모든 세대는 자신들의 세대가 희생양이라고 하는데, 지원자의 경우 자신들의 세대에 대해 어떻게 생각합니까?

면접관의 의도

조직에는 다양한 세대가 공존한다. 지원자가 세대 간의 차이를 극복할 능력이 있는지, 사회성, 희생정신, 대인관계 및 사회적응력이 있는지 등을 평가하는 질문이다.

핵심 키워드

세대 간의 이해, 배려, 협력, 발전, 책임

도입

저희 세대는 이전 세대의 희생 덕분에 물질적으로 풍요로운 생활을 하며 사상의 자유를 보장받고 있습니다. 그러나 저희 세대도 이와 같은 긍정적인 면만을 지니고 있는 것은 아닙니다.

직접작성

부연설명

- 한층 여유로워진 생활에 비해 사람들의 정서는 메말라 있고 삶의 목표가 확고하게 세워져 있지 않으며, 가치관 또한 정립되어 있지 않기 때문입니다.
- 인구문제, 식량문제, 자원문제, 환경문제 등과 같이 이전 세대는 상상할 수 없던 여러 가지 어려움을 겪고 있습니다.

직접작성

> **맺음말**
>
> 저희 세대가 이전 세대의 희생 덕분에 얻은 여유로움만을 누릴 수 없는 것은, 다음 세대를 배려하여야 하기 때문입니다. 따라서 저희 세대도 이전 세대와 마찬가지로 다음 세대를 위해, 사회를 좀 더 나은 방향으로 발전시켜야 할 책임을 지고 있다는 사실을 명심해야 합니다.

직접작성

❗ 이런 말은 안 돼요

자신의 세대가 가장 힘들다는 답변은 하지 않는 것이 좋다. 자신의 견해와 세대 차를 극복할 수 있는 방법에 대해 구체적으로 답변하는 것이 좋다.

22. 개인주의는 사회적으로 바람직한 것인지 의견을 말해보시오.

면접관의 의도

지원자의 가치관을 알아보기 위한 질문이다.

핵심 키워드

이기주의 · 이기적 집단주의 · 이타적 개인주의의 구분, 공생

도입

개인주의를 사회적 관점에서 본다면 분명 바람직한 면이 있습니다. 문제는 개인주의의 개념을 잘못 인식하는 경우입니다.

직접작성

부연설명

- 건강한 개인주의와 이기적 개인주의를 혼동하지 않는 것이 중요합니다.
- 건강한 개인주의는 한 개인으로서 인정 · 존중받고 싶은 만큼, 상대에 대한 이해와 배려가 깃든 언행을 통해 타인과 공동체를 이롭게 할 수 있습니다.

직접작성

맺음말

개인주의는 사회적으로 바람직한 면이 있지만, 개인주의의 탈을 쓴 이기주의는 하루 빨리 이 땅에서 소멸되도록 국가·사회·개인이 다각도로 노력해야 할 것입니다.

직접작성

❗ 이런 말은 안 돼요

이기주의와 개인주의를 혼동하여 이기주의나 이기적 집단주의를 옹호하는 답변을 해서는 안 된다.

23. 대인관계에서 중요하다고 생각하는 것은 무엇인지 말해보시오.

면접관의 의도

지원자의 대인관계, 가치관을 묻는 질문이다.

핵심 키워드

진정성, 긍정성, 개방성, 진솔함

도입

상대방의 장점을 보기 위해 노력하며, 진심에서 우러나오는 칭찬을 아끼지 않는 것이 가장 중요하다고 생각합니다.

직접작성

부연설명

- 칭찬을 통해 서로의 긍정적인 모습을 확인할 수 있을 것입니다.
- 서로의 다양한 모습을 인정하며, 함께 발전하여 더욱 친밀한 관계를 유지할 수 있을 것입니다.

직접작성

맺음말

함께 성장하는 과정 속에서 본인과 상대방의 장점을 더욱 발전시키는 동시에, 이를 통해 소속된 조직 내에서의 긍정적 기여도 기대할 수 있을 것입니다.

직접작성

❗ 이런 말은 안 돼요

물질적인 것을 중요하게 본다는 말은 삼간다. 사람의 됨됨이가 아닌 외적이고 물질적인 것을 본다는 답변은 면접관에게 부정적인 이미지를 심어줄 수 있다.

24. 첫인상이 중요하다고 봅니까, 아니면 그 다음이 중요하다고 봅니까?

면접관의 의도
지원자의 대인관계 태도에 대해 알아보는 질문이다.

핵심 키워드
첫인상에 대한 지원자의 소견

도입
사람관계에서 첫인상은 무척 중요한 부분을 차지하지만, 그보다는 그 다음의 모습이 더 중요하다고 생각합니다.

직접작성

부연설명
- 첫인상이 좋은 경우 설령 그 사람이 실수를 하더라도 선의로 받아넘기는 경우가 많습니다.
- 첫인상이 좋지 못한 경우 괜한 오해가 생기기도 합니다.

직접작성

> **맺음말**
>
> 하지만 진실한 인간관계는 첫인상보다 그 이후 그 사람의 진솔한 모습에서 형성되는 것이라고 봅니다. 흔히 겉만 번지르르한 사람이라는 말처럼 첫인상은 좋았으나 그 뒤의 행동에 실망하는 경우도 많기 때문입니다.

직접작성

❗ 이런 말은 안 돼요

지원자는 첫인상의 중요성을 잘 알고 있다는 것을 전달하는 동시에 첫 만남 이후의 태도의 중요성을 역설해야 한다. 또한 그에 대한 자신의 대처 방안을 구체적으로 설명하도록 해야 한다.

25. 평소 처음 만난 사람과 잘 어울립니까?

면접관의 의도
대인관계를 어떤 식으로 하는지를 알아보기 위한 질문이다.

핵심 키워드
지원자의 사교 성향

도입
저는 쾌활한 성격이라 그런지 처음 만난 사람과도 스스럼없이 금방 친해지는 편입니다. 사람들도 저를 편하게 생각하는 것 같습니다.

직접작성

부연설명
- 제가 사람을 사로잡을 수 있는 특별한 화술이나 매력을 가지고 있는 것은 아니지만 상대방과의 공통된 화제를 찾으려고 노력합니다.
- 스포츠나 영화, 컴퓨터 등 다양한 분야에 관심이 있는 것도 대인관계에 있어서 큰 도움이 되었습니다.

직접작성

> **맺음말**
>
> 사회생활에서는 학창시절보다 훨씬 다양한 부류의 사람들을 만나게 되므로 그에 걸맞게 사람을 만나는 데도 다양한 방식이 필요하다고 생각합니다. 따라서 저는 더욱 적극적이고 다양한 방식으로 사람들을 만날 준비를 하고 있습니다.

직접작성

❗ 이런 말은 안 돼요

사람들과 친해지지 못해 대화를 나누지 않는다거나, 말을 걸어줄 때까지 기다린다는 식의 답변은 면접관에게 수동적인 이미지를 남길 수 있기 때문에 적절하지 않다.

26. 친구관계에 대하여 말해보시오.

비슷한 유형의 질문

가장 친한 친구에 대해서 말해보시오.

면접관의 의도

지원자의 교우관계를 통해 대인관계를 어떤 방식으로 하는지 확인하는 질문이다.

핵심 키워드

지원자의 교우관계

도입

저는 활달하고 원만한 성격의 소유자로 주위에 많은 친구가 있습니다.

직접작성

부연설명

- 남의 얘기를 잘 들어주는 편이기 때문에 친구들이 고민을 털어놓고 같이 상의하는 편입니다.
- 함께 보내는 시간을 소중히 여기고 많은 친구들과 친하게 지내며 우정을 유지하고 있습니다.

직접작성

맺음말
저는 형제처럼 마음을 터놓을 수 있는 친구가 많다는 것이 무척 행복하고 자랑스럽습니다.

```
직접작성
```

⚠ 이런 말은 안 돼요
친한 친구와 싸워서 더 이상 만나지 않는다거나 친구가 한 명도 없다는 답변은 주의해야 한다. 지원자의 원만한 대인관계를 알아보기 위한 질문이므로 대인관계가 나쁘다는 인상을 줄 수 있는 답변은 피해야 한다.

서술 내용을 바탕으로 한 질문과 답변 예시

가장 친한 친구에 대해서 말해보시오.
저는 어려서부터 한 동네에서 자라 온 친구 한 명과 아주 친합니다.
그 친구와는 오랜 세월을 친하게 지내왔기 때문에 서로 속마음도 터놓는 사이입니다. 그 친구는 이공계 전공이고, 저는 순수 인문학 전공이라 성향은 조금 다릅니다. 그 친구는 항상 탐구하는 자세로 사건의 흐름을 본질부터 파악해내는 데 비해, 저는 성격이 급한 편이라 행동하면서 생각하는 경향이 있습니다. 이런 성격 때문에 예상치 못한 실수를 저지르기도 하는데, 자주 그 친구에게서 제 행동의 절충점을 찾습니다. 저의 모자란 점을 잘 보완해주는 장점이 많은 친구입니다. 그 친구를 통해 저는 친구란 나 자신을 모두 비춰줄 수 있는, 속까지 보여주는 거울과도 같은 존재임을 깨달았습니다.

```
직접작성
```

27. 주변사람들이 본인을 어떻게 생각하는지 말해보시오.

면접관의 의도

지원자에 대한 주변사람들의 평가를 묻는 질문이다.

핵심 키워드

주변사람들의 평가와 그 근거, 개선을 위한 노력

도입

저는 자라면서 밝고 진취적이라는 말을 많이 들었습니다.

직접작성

부연설명

- 중학교 시절에는 핸드볼 선수로 활동했는데 팀이 지고 있을 때도 항상 파이팅을 외치며 친구들을 독려했습니다.
- 고등학교 시절 디자인 동아리를 결성하여 수차례 우수 디자인 공모전에 도전한 끝에 결국 수상할 수 있었습니다.

직접작성

맺음말

이러한 성격 덕분에 많은 친구를 사귈 수 있었으며, 원만한 대인관계를 유지할 수 있었습니다.

직접작성

❗ 이런 말은 안 돼요

주변사람들에게 들었던 부정적인 단어들을 직접적으로 나열하면 안 된다. 부정적인 말을 들을 수 있겠지만 들었던 내용을 면접관에게 전달하는 것이 아니라 이를 극복할 수 있는 방안이나 극복했던 경험을 설명하는 데 초점을 맞춰야 한다.

28. 친구와 후배들이 상담을 많이 해오는 편입니까, 아니면 본인이 상담을 많이 요청하는 편입니까?

면접관의 의도

지원자의 평소의 성격을 알아볼 수 있는 질문이다.

핵심 키워드

조언, 대안 제시, 진솔함, 친근함, 문제해결, 공감

도입

저는 후배들에게 상담을 많이 해주는 선배였던 것 같습니다.

직접작성

부연설명

- 평소 후배들에게 진학이나 진로문제에 대한 상담을 곧잘 해주었습니다.
- 상담할 때에는 당사자가 생각하지 못했던 부분을 한 번 더 생각할 수 있는 조언을 하는 정도로 상담하였습니다.

직접작성

맺음말

상담을 통해서 저 역시도 새로운 것들을 배울 수 있는 계기가 되었습니다.

직접작성

❗ 이런 말은 안 돼요

단순히 상담을 많이 해준다고 하는 것보다는 구체적으로 어떤 대안을 마련해 주었는지 답변하는 것이 좋다.

29. 창의력을 발휘한 경험이 있습니까?

> **면접관의 의도**

면접자의 업무처리 태도를 알아보기 위한 질문이다.

> **핵심 키워드**

창의력을 통해 무언가를 개선했던 구체적 경험

> **도입**

대학교 2학년 여름방학 때, 국회의원 사무실에서 의원님의 명함을 지역구민들께 나눠드리며 의원님을 알리는 일을 한 적이 있습니다.

직접작성

> **부연설명**

- 명함 앞면에 작은 글씨로 빼곡하게 차 있는 의원님과 관련된 정보 및 약력사항들을 친근감 있는 사진으로 대체하여 주목성을 높였습니다.
- 의원님의 인간적인 면모가 돋보일 수 있는 활동과 관련된 사진으로 교체하여 시민들에게 친근한 이미지를 전해드렸습니다.

직접작성

> **맺음말**
> 지역 구민들이 후보자를 좀 더 친근하게 느끼고, 쉽게 기억할 수 있을 것 같아서 제안을 했던 것이 이미지 개선의 좋은 결과로 이어졌습니다.

```
직접작성
```

❗ 이런 말은 안 돼요

면접관이 기대하는 대답은 거창한 독창성이 아닌 기존의 것을 개선하는 업무수행 과정에서의 창의성이다. 군(軍)의 업무는 동일한 업무가 반복되는 경우가 많기 때문에 문제되는 부분을 효율적으로 개선하여 시간과 인력, 비용 낭비를 줄이는 인재가 필요하므로 이는 중요한 평가요소이다.

장교/부사관

1. 장교/부사관이란 무엇이라고 생각합니까?

면접관의 의도

가장 기본적인 질문으로 장교/부사관에 대한 이해가 있는지 판단하고자 하는 질문이다.

핵심 키워드

군대 소속, 군인 신분, 군형법의 적용, 군사 재판, 국가안보, 국민 보호

도입

- **장교**: 작전권을 가지고 있는 소위 이상 계급의 군 간부를 말합니다.
- **부사관**: 군대에서 병사와 장교 사이에 있는 중견 간부로 하사, 중사, 상사, 원사 계급의 군 간부를 말합니다.

직접작성

부연설명

- **장교**: 부사관과 병사들 지휘나 운영을 수행하며 작전 권한을 부여받아 막중한 책임감이 필요한 자리로 대한민국 군의 간부로서 중요한 위치에 있습니다.
- **부사관**: 전투 전문가로서 전문성을 기반으로 병사들의 교육훈련을 책임지고 군대의 전투력 향상과 발전에 기여하는 자리로 실질적인 전투 지휘자입니다.

직접작성

> **맺음말**
>
> **장교/부사관**: 일반 군인보다 국가 방위의 중요성을 더욱 인식하고 국가안보와 국민 보호에 만전을 기해야 하는 직업적 소양이 필요한 직업이라고 생각합니다.

직접작성

❗ 이런 말은 안 돼요

막연하게 군인에 관한 기본적인 내용을 설명하면 안 된다. 직업으로 장교/부사관을 꿈꾸는 만큼 전문적이고 깊이 있는 내용을 알고 있다고 말하는 것이 중요하다.

2. 우리 군의 4대 가치 중 중요한 것과 그 이유를 말해보세요. (공군)

면접관의 의도

지원자가 우리 군을 얼마나 잘 이해하고 관심 있는지 더불어 가치관을 알아보기 위한 질문이다.

핵심 키워드

육·해·공군·해병대 각 군이 추구하는 핵심가치에 관한 질문으로 본책 Part4와 홈페이지에 나오는 각 군별 비전과 핵심가치를 반드시 숙지해야 함

도입

공군의 4대 핵심가치인 도전, 헌신, 전문성, 팀워크 중 저는 헌신(獻身)이 제일 중요하다고 생각합니다.

직접작성

부연설명

'헌신(獻身)'은 윤리(倫理)의 바탕입니다. 또한 국가와 국민, 동료에 대한 헌신이 전제되지 않는 '도전'은 개인적 욕망으로 변이될 수 있고, 헌신 없는 '전문성'은 비양심적 기술인으로 전이될 수 있을 것이며, '팀워크'는 구성원 개인의 '헌신(獻身)'을 토대로만 형성될 수 있는 것이기 때문입니다.

직접작성

맺음말

이런 이유로 헌신(獻身)이 제일 중요하다고 생각합니다.

직접작성

> ⚠️ **이런 말은 안 돼요**

각 군별로 중요하게 생각하고 있는 가치는 필수적으로 숙지해야 한다. 군의 가치에 대해서는 알 필요가 없다는 식의 답변이나 특정 가치에 비해 다른 가치는 덜 중요하다는 식의 답변은 안 된다.

3. 조직 생활에서 필요한 것은 무엇이라고 생각합니까?

면접관의 의도

조직 구성원으로서 지원자가 사회생활을 잘할 수 있는 역량이 있는지를 알아보는 질문이다.

핵심 키워드

의사소통 능력, 화합, 조화, 시너지, 문제해결 능력, 공통의 목표, 성실, 신뢰, 배려

도입

조직 구성원 간의 원활한 의사소통과 화합이라고 생각합니다.

직접작성

부연설명

- 조직의 목표달성을 위한 가장 좋은 방법은 의사소통을 통해 문제점을 하나씩 차근차근 해결해 나가는 것이라고 생각합니다.
- 다양한 신분과 계급, 직책이 유기적으로 결합될 때 최고의 조직이 유지될 수 있습니다.

직접작성

> **맺음말**
>
> 다양한 신분과 계급, 직책을 가진 구성원들과 업무수행을 하다 보면 많은 의견이 나올 수 있습니다. 자신에게만 유리한 방향으로 의견을 개진하기보다는 의사소통과 화합을 통해 조직의 이익에 부합되는 방향으로 문제를 해결하여 조직의 목표 달성에 집중하여야 한다고 생각합니다.

직접작성

❗ 이런 말은 안 돼요

조직 생활에 필요하다고 생각하는 요소를 타당한 근거를 가지고 답변하되, 지나치게 개인주의적인 답변은 피해야 한다.

4. 리더십이 무엇이라 생각합니까?

면접관의 의도

군 생활을 하면서 리더의 역할이 주어질 수도 있고, 상관의 리더십을 경험할 수도 있다. 이때 지원자의 리더관을 알아보는 질문이다.

핵심 키워드

지원자가 평소 생각하는 리더의 역량(업무능력, 경험, 존경, 올바른 방향, 추진력, 신뢰, 열정 등)

도입

'리더십은 능력과 경험에서 나오는 것'이라고 생각합니다.

직접작성

부연설명

- 공동체 내의 구성원들을 아우르고 협업을 통해 시너지를 낼 수 있는 방향으로 이끄는 것이 리더십의 중요한 요건인데, 이를 위해서는 능력과 경험이 필수적이라고 생각합니다.
- 뛰어난 논리력과 추진력으로 많은 후배들의 존경을 받고 있는 선배에게서 깊은 인상을 받았습니다.

직접작성

맺음말

결국 능력과 경험으로 일을 올바른 방향으로 추진해나갈 힘이 있다면, 아랫사람은 믿고 따라가기 마련이라 생각합니다.

직접작성

➕ 면접 플러스

자신이 생각하는 리더십이란 어떤 것인지 평소 자신의 경험을 바탕으로 구체적인 답변을 준비해야한다.

5. 군인의 가치관에 대하여 말해보시오.

면접관의 의도

지원자가 군인의 가치관을 알고 있는지에 대한 질문이다.

핵심 키워드

국가 방위, 국민의 생명과 재산, 자유민주주의 수호, 충성심, 용기, 신념, 임전무퇴, 애국애족

도입

군인의 가치관은 국가를 방위하고 국민의 생명과 재산, 자유민주주의를 수호하는 임무와 연관이 있습니다.

직접작성

부연설명

- 임무를 완수하기 위해 명예와 투철한 충성심, 진정한 용기, 필승의 신념, 임전무퇴의 정신과 애국애족의 정신이 필요합니다.
- 국가와 국민의 안전을 지키고 전쟁 억제에 기여하는 평화 수호 정신이 필요하다고 생각합니다.

직접작성

맺음말

그리고 군인의 가치관을 지키기 위해 지휘체계를 존중하고 법규와 규정을 준수하는 습관을 가져야 하며, 공사의 명확한 구분과 상호이해를 바탕으로 공동의 목표를 달성하기 위해 굳게 단결해야 합니다.

직접작성

❗ 이런 말은 안 돼요

의무 복무 기간을 채우는 시간을 낭비라거나, 위계질서에 의한 창의적 말살이라는 부정적인 표현은 절대 쓰면 안 된다.

6. 군인에게 충성심이란 무엇이라고 생각합니까?

면접관의 의도

군인에 대한 이해도를 파악하기 위한 질문이다.

핵심 키워드

충성심에 대한 개념, 마음가짐, 국가와 국민에 대한 충성

도입

충성심이란 '나라에 대해 마음속에서 진정으로 우러나오는 정성스러운 마음'을 의미합니다.

직접작성

부연설명

- 군인에게 충성심이란 가장 중요한 마음가짐이라고 생각합니다.
- 진정한 용기와 필승의 신념으로 숭고한 애국애족의 정신을 굳게 지니는 것이 국가와 국민에 대한 충성심이라고 생각합니다.

직접작성

맺음말

상관에 충성할뿐 아니라 국가와 국민에 대한 충성까지 이루어져야 한다고 생각합니다.

직접작성

❗ 이런 말은 안 돼요

어쩔 수 없이 하는 것이라는 표현이나, 충성심에 대한 개념 자체를 너무 축소하는 표현은 사용해서는 안 된다.

7. 군인에게 희생정신이란 무엇인지 말해보시오.

면접관의 의도

지원자의 희생정신에 대한 가치관을 알 수 있는 질문이다.

핵심 키워드

이타심, 자신의 것 포기하기, 양보, 협동, 이익 포기

도입

희생정신이란 자신의 목숨, 재산, 명예, 이익 따위를 바치거나 버리는 정신을 말합니다.

직접작성

부연설명

- 군은 국민의 생명과 재산을 보호함을 임무로 하고 있으므로 이를 수행하는 군인은 군인정신을 바탕으로 위협이나 어려움에 처한 국가와 국민을 위해 희생정신을 발휘해야 합니다.
- 국가와 국민의 안전을 수호하는 동시에 국제 평화 유지에 기여하는 군인정신이야말로 진정한 군인의 희생정신이라고 생각합니다.

직접작성

맺음말

희생정신은 군인과 동떨어져 생각할 수 없는 중요한 정신으로 반드시 필요하다고 생각합니다.

직접작성

❗ 이런 말은 안 돼요

희생정신의 가치를 폄하하거나, 개인주의적인 표현은 지양하는 것이 좋다.

8. 군내 집단행동에 대한 본인의 생각을 말해보시오.

> **면접관의 의도**

조직생활에서 집단행동에 대한 지원자의 가치관을 알기 위한 질문이다.

> **핵심 키워드**

질서, 순응, 해결, 책임감, 정의

> **도입**

군내 집단행동은 절대 용납될 수 없습니다.

직접작성

> **부연설명**

- 「군인복무기본법」에도 집단으로 상관에게 항의하는 행위나 집단으로 정당한 지시를 거부하거나 위반하는 행위를 금지하고 있습니다.
- 명령과 유사시 일사 분란한 행동이 요구되는 군에 있어서 군내 질서를 저해하는 군내 집단행동은 군의 전투력을 저하시킬 수 있기 때문입니다.

직접작성

> **맺음말**
>
> 그러므로 군인이라면 조직 생활의 질서에 순응하고, 만약 부당하다고 생각되는 것은 합리적인 방법과 절차를 통해 건의하는 것이 옳다고 생각합니다.

직접작성

⚠ 이런 말은 안 돼요

상관에게 항의, 하극상, 명령 불복종이 정당하다는 식의 의견은 지양하는 것이 좋다.

📘 더 알아보기

군 장교의 집단행동 금지 조항은 헌법에 어긋나지 않는다는 판결이 나왔다. 헌법재판소 다수의견은 해당 조항이 국가 안전보장을 위한 정당한 조항이라고 봤다(헌재 2024.4.25. 2021헌마1258 전결 참조).

9. 간부와 병사들과의 관계는 무엇이라고 생각합니까?

면접관의 의도

군인에 대한 지원자의 태도를 알아보기 위한 질문이다.

핵심 키워드

상호 존중과 배려, 존경, 신뢰, 조직 구성원

도입

간부는 병사를 상호 존중과 배려로, 병사는 간부를 존경과 신뢰로 대하며, 서로 어우러져 근무해 나가야 한다고 생각합니다.

직접작성

부연설명

- 병사, 간부 모두 군 조직의 중요한 구성원이며, 각 구성원들은 임무와 직책에 따라 유기적으로 결합되어 목표를 달성하도록 되어 있습니다.
- 간부는 리더 또는 관리자로서의 역할을 담당하고, 병사는 행동으로 실행하는 사람입니다.

직접작성

> **맺음말**
>
> 역할은 다르지만 병사와 간부 모두 군대에서 유기적 협동하에 꼭 필요한 존재라는 것을 잊지 말아야 합니다.

직접작성

❗ 이런 말은 안 돼요

간부와 병사 간의 계급체계를 인정하되, 상급자의 지나친 계급의식이나 무조건적인 복종 요구에 긍정해서는 안 된다.

10. 업무 수행 중 실수를 하게 될 경우 어떻게 하겠습니까?

면접관의 의도

지원자의 업무처리 능력을 확인하기 위한 질문이다.

핵심 키워드

시정, 인정, 해결방법 모색, 조언, 대안 제시, 책임감

도입

우선 빨리 그리고 효과적으로 제가 한 실수를 시정하겠습니다.

직접작성

부연설명

- 실수의 심각성 정도를 파악하여 해결 방법을 찾아 상사나 동료에게 조언을 구하겠습니다.
- 여러 가지 해결책을 제시할 수 있도록 대안을 마련하여 이 문제를 해결하고, 향후 재발하지 않도록 주의하겠습니다.

직접작성

> **맺음말**
> 자신의 잘못을 인정하고, 그 잘못을 바로잡기 위해 노력하는 것이야말로 어떤 경우에 있어서든 가장 책임 있는 행동이라고 생각하기 때문입니다.

직접작성

❗ 이런 말은 안 돼요

사람이라면 누구나 실수를 할 수 있다. 다만, 실수에 대처하는 태도가 중요하다. 자신의 실수를 아무도 모른다면 실수를 숨기겠다는 답변은 지양해야 한다.

11. 해야 할 직무에 강인한 체력이 요구되는데, 체력에는 자신 있습니까?

면접관의 의도

군인은 정신력 못지않게 중요한 것이 체력이다. 지원자의 준비, 의지, 평소 체력 등을 묻는 질문이다.

핵심 키워드

강인한 체력, 자신감, 의지, 구체적 일화

도입

어릴 때부터 운동을 습관화하여 걷고 뛰는 것은 누구보다 자신 있습니다.

직접작성

부연설명

- 고등학교 때는 반대표 계주선수에 발탁되기도 하였고, 마라톤 시합에 나가기도 하였습니다.
- 아르바이트로 처음으로 서서 근무하는 일을 했을 때, 초반에는 체력적으로 버거웠지만 차츰 체력이 향상되었던 경험이 있습니다.

직접작성

맺음말

이처럼 저는 체력에 자신이 있으며, 더 나아가 인내심을 갖고 하는 일에도 자신이 있습니다.

직접작성

❗ 이런 말은 안 돼요

쉽게 지치는 편이며 운동에는 별로 소질이 없다고 말하는 것은 면접관의 기대와는 다른 답변을 하는 것이다. 체력에 자신이 없는 경우, 체력을 키우겠다는 말을 함께 하는 것이 효과적이다.

12. 장교/부사관으로 임관한다면 어떻게 병사를 통솔할 것입니까?

비슷한 유형의 질문
MZ세대 병사들과의 소통은 어떻게 할 것입니까?

면접관의 의도
군 간부가 된 후의 리더십과 관련하며 알아보기 위한 질문이다. 어떤 방식으로 리더십을 발휘할 것인지 설명하는 것이 중요하다.

핵심 키워드
솔선수범, 이해, 리더십, 말보다는 행동, 자발적 행동, 존경심, 호흡, 소통

도입
계급에 의존하거나 권위적인 모습이 아니라 소통하며 병사들이 저를 믿고 의지할 수 있는 장교/부사관이 되겠습니다.

직접작성

부연설명
- 병사들과 동고동락하며, 솔선수범하고, 군 생활에 대한 애로사항을 적극적으로 해결하기 위해 노력하겠습니다.
- 적극적으로 병사들과 소통하고 그들을 누구보다도 이해하려고 노력하며 말보다 행동이 앞서는 리더십을 발휘하겠습니다.

직접작성

맺음말

장교/부사관으로 임관하여 말보다 행동이 앞서는 리더십을 발휘할 기회를 갖게 되면 좋겠습니다.

직접작성

❗ 이런 말은 안 돼요

무조건적인 명령을 강요한다거나, 하급자가 상급자의 명령을 따르는 것이 너무나도 당연하다는 식으로 말하는 것은 위계에 의한 복종 강요이므로 지양하는 것이 좋다.

13. 나이 어린 상급자와의 생활을 어떻게 하겠습니까?

면접관의 의도

지원자의 사회성과 조직관계 적합성을 알아보는 질문이다. 실제로 조직에서 많이 일어나는 일이기 때문에 지원자가 사회생활을 원만하게 할 수 있는지를 확인하는 질문이다.

핵심 키워드

상하관계, 위계질서, 공적 업무, 배려, 존중

도입

나이 어린 상급자와 생활하는 것은 저에게 전혀 문제가 되지 않습니다.

직접작성

부연설명

- 나이의 많고 적음과 직장에서의 상하관계는 별개의 것이라고 생각합니다.
- 사적인 요소와 공적인 업무는 구분되어야 한다고 생각합니다.

직접작성

맺음말

업무상 상급자의 지시를 충실히 따를 것이며, 오히려 나이 어린 상급자가 연장자인 저와의 관계를 불편해 하지 않도록 더욱 조심하고 배려하도록 하겠습니다.

직접작성

❗ 이런 말은 안 돼요

직급보다 나이를 중요하게 생각한다는 답변은 하지 않는 것이 좋다.

14. 장교/부사관이 지향해야 할 덕목에는 무엇이 있다고 생각합니까?

면접관의 의도

군인의 일원으로서 지원자의 가치관, 철학을 알아보기 위한 질문이다.

핵심 키워드

군인의 덕목인 봉사정신, 희생정신, 청렴, 섬김

도입

장교/부사관의 가장 중요한 덕목은 봉사정신이라고 생각합니다.

직접작성

부연설명

- 장교/부사관은 특정한 이익단체를 대변하기 위해 존재하는 것이 아니라고 생각합니다.
- 장교/부사관은 전체 국민에 대해 봉사하는 직업이라고 생각합니다.

직접작성

> **맺음말**
> 장교/부사관은 국민을 섬기는 자세로 봉사할 때 인정받고 진정한 보람을 느낄 수 있으리라 생각합니다.

```
직접작성
```

❗ 이런 말은 안 돼요
장교/부사관이 지향해야 할 덕목이 아닌 개인의 이윤추구나 명예욕이 드러나는 답변은 하지 말아야 한다.

15. 10년 후 군 간부로서 자신의 모습을 말해보시오.

비슷한 유형의 질문
본인 군생활의 최종 목표는?

면접관의 의도
지원자의 구체적인 비전을 알아보기 위한 질문이다.

핵심 키워드
군 간부가 된 자신의 이상적인 미래상

도입
제 전공분야 최고 실력자 또는 고위직책을 수행하는 간부가 되어 있을 것이라고 생각합니다.

직접작성

부연설명
- 단계별 계획을 수립하고, 매년 스스로의 성과 및 성취 여부를 확인하여 수정·보완하겠습니다.
- 미흡한 분야는 관련 전문지식을 익히고, 달성한 부분에 있어서도 더 좋은 발전 방향을 찾아 반영할 수 있도록 노력하겠습니다.

직접작성

맺음말

직무능력 향상을 위해 꾸준히 자기개발을 함으로써 제 분야에서 최고의 군 간부가 되겠습니다.

```
직접작성
```

❗ 이런 말은 안 돼요

구체적인 미래를 생각하고 있다는 인상을 주는 것이 중요하므로 추상적인 내용으로 답변하는 것은 좋지 않다. 지원한 직무의 전문성 등 특징과 군의 미래의 목표를 참고하여, 이것과 자신의 10년 후 모습을 연결 지어 구체적으로 제시하는 것이 좋다.

16. 공적업무와 개인업무가 겹칠 때 어떻게 대처할 것인지 말해보시오.

비슷한 유형의 질문

공적생활과 개인생활 중 어느 것이 더 중요하다고 생각합니까?

면접관의 의도

개인주의적 성향이 강한 신세대들에게 심심찮게 제시되는 질문이다. 일에 대한 열의와 직업관, 사고방식, 생활자세 등이 복합적으로 평가될 수 있다는 점을 감안해 신중하게 답변해야 한다.

핵심 키워드

공적업무의 선행, 부득이한 경우 사전 허가를 받고 개인 업무수행, 업무 인계, 공적생활과 개인생활의 균형과 조화

도입

조직생활이 중요한 군인에게 공적업무보다 개인업무가 선행될 수 없다고 생각합니다.

직접작성

부연설명

- 개인적인 업무가 부득이하거나 긴박할 때에는 사전 허락을 받고 수행하겠습니다.
- 상급자에게 보고하고 승인을 얻은 후 대리자에게 업무처리 절차를 인계하고 부탁할 것입니다. 개인적 업무처리가 끝나면 즉시 대리자로부터 업무를 인계받아 수행하겠습니다.

직접작성

> **맺음말**
>
> 부득이한 경우를 제외한다면 당연히 공적업무가 우선입니다. 또한 바로 처리하지 않으면 많은 피해가 우려될 경우 개인적 피해를 감수하고서라도 공적업무를 수행하겠습니다.

직접작성

❗ 이런 말은 안 돼요

보통 공적업무에 우선순위를 두겠다고 말하지만 이때도 타당한 이유를 제시할 수 있어야 한다. 개인업무를 무조건 후순위로 둔채 공무에 충실할 수는 없기 때문이다.

17. 알아듣게 말을 해도 지시에 따르지 않고, 똑같은 잘못을 하는 하급자(간부, 병사)가 있다면 어떻게 조치하겠습니까?

면접관의 의도

지원자의 리더십을 알아보는 질문이다.

핵심 키워드

하급자(간부, 병사)의 성향 파악, 칭찬, 자신감 부여, 면담, 조언, 교육, 동참, 동기부여

도입

하급자(간부, 병사)의 성향을 파악하고 어떤 방법으로 일을 지시해야 하는지 생각해 볼 것입니다.

직접작성

부연설명

- 하급자가 일을 원래 잘 못하는지, 성격에 어떤 특징이 있는지 등을 먼저 확인해 보겠습니다.
- 개인면담을 통해 하급자가 잘할 수 있는 일을 찾아 자신감을 가질 수 있도록 도와주겠습니다.

직접작성

> **맺음말**
>
> 모든 문제가 하급자(간부, 병사)에게만 있다고 생각하지 않고 저도 함께 돌아보며 잘 이끌어 나가야 할 것입니다.

직접작성

❗ 이런 말은 안 돼요

강압적인 태도로 하급자를 압박해 지시를 따르도록 하겠다는 답변은 좋지 않다. 리더십 있는 모습으로 통솔해야 하지만, 강하게 나가는 것보다 부드러운 리더의 모습을 보여주는 것 또한 중요하다.

18. 상급자가 부당한 지시나 명령을 내린다면 어떻게 하겠습니까?

> 비슷한 유형의 질문

상사가 부당한 정치적 활동을 요구한다면 어떻게 하겠습니까?

> 면접관의 의도

일종의 딜레마 면접으로, 지원자의 도덕성과 문제해결 능력을 평가하기 위한 질문이다.

> 핵심 키워드

합리적 수용, 타당한 의견 제시, 무조건적인 복종 지양

도입

법적으로나 내규에 문제가 없는지 판단하여 제 의견을 논리적이고 예의에 어긋나지 않게 말씀드린 후 다시 상급자의 의견을 경청하겠습니다.

직접작성

부연설명

- 먼저 상급자의 명령에 복종해야 할 의무가 있으므로 경청 후 지시에 따르려고 노력하겠습니다.
- 도무지 납득이 안 되는 의견인 경우에는 무조건 상급자의 의견을 따르는 것이 바람직한 일은 아니라고 생각하며, 양해를 구하고 의견 차이를 좁히기 위한 저의 견해를 조심스럽게 말씀드리겠습니다.

직접작성

맺음말

따라서 상급자와 시간을 갖고 심도 있게 이야기를 나누어 청렴한 대안을 찾아 보겠습니다.

```
직접작성
```

❗ 이런 말은 안 돼요

계급상의 문제로 상급자의 지시에 무조건 복종하겠다는 답변은 위험하다. 그러나 상급자와의 관계도 중요하기 때문에 어떻게 해결할 것인지 합리적인 해결방안을 제시하는 것이 중요하다.

서술 내용을 바탕으로 한 질문과 답변 예시

상사가 부당한 정치적 활동을 요구한다면 어떻게 하겠습니까?

상급자의 의견을 긍정적으로 받아들이는 자세가 필요하지만, 그 지시가 부당할 경우 혹은 상급자의 판단이 잘못되었다고 생각될 경우에는 정중하게 제 의견을 말씀드리겠습니다.

기사에서 본 내용입니다. 어떤 분이 군 생활 중 대통령 선거가 있었는데 특정 후보 진영에서 대대장님을 통해 만남의 자리를 주선했고, 지지 의사를 표명해 줄 것을 우회적으로 요청한 적이 있었다고 합니다. 하지만 정치적 견해도 다르고, 방법 또한 적절치 못하다고 생각해서 근무가 끝난 후 개인 면담을 통해 조심스럽게 말씀드렸더니 흔쾌히 참석하지 않아도 좋다고 말씀해 주셨다고 합니다.

따라서 상급자의 부당한 지시나 명령이 있을 때는 공개적인 장소가 아닌, 적당한 시간과 장소를 물색하여 상급자의 지시에 대한 저의 생각을 말씀드리고 상급자에게 이해를 구하거나, 상급자를 설득하는 것이 좋다고 생각합니다.

```
직접작성
```

19. 업무 중 의견 충돌이 생길 경우 어떻게 해결하겠습니까?

면접관의 의도

지원자가 타인의 의견을 얼마나 받아들일 수 있는지 확인하는 질문이다.

핵심 키워드

대화, 경청, 의사소통, 유연한 태도, 상호이해, 존중, 배려, 융통성

도입

업무를 처리하다 보면 여러 가지 현안에 대해 서로 의견 충돌이 있을 수 있습니다.

직접작성

부연설명

자신의 의견만이 유일한 해법이라는 생각을 버리고 다양한 견해를 경청하는 습관을 기르겠습니다. 다양한 가치를 가진 문제에 대한 정답은 없으므로 더 나은 대안을 찾기 위한 조율과 모색이 필요하다고 생각합니다.

직접작성

맺음말

서로의 다름을 이해하고 존중하며 더 나은 해결방안을 찾아가는 노력이 필요하다고 생각합니다.

직접작성

❗ 이런 말은 안 돼요

자신의 의견이 항상 맞지 않을 수도 있다는 사실을 인정하고, 본인의 의견만 내세우거나 고집부리는 태도를 보이지 않도록 한다. 이러한 모습은 면접관에게 다른 동료들과 어울리기 힘든 사람이라는 인상을 심어줄 수 있다.

20. 구타 및 가혹행위 등 병영 부조리 해결 방안은 있습니까?

면접관의 의도

군대에서 빠지지 않는 문제 중 하나로 지원자가 문제와 해결방안에 대해 어떻게 생각하는지 알아보는 질문이다.

핵심 키워드

소통, 정신 교육, 사고 예방 교육, 사전 차단

도입

구타 및 가혹행위 등 병영 부조리는 방치할 경우 독버섯처럼 퍼질 수 있으므로, 반드시 확실하게 해결해야 합니다. 그 해결 방안은 다음과 같습니다.

직접작성

부연설명

- 우선 군 내 구타 및 가혹행위에 관한 부단한 색출 활동을 멈추지 말아야 합니다.
- 정신 교육 및 사고 예방 교육을 강화하여 병영 부조리를 사전에 차단할 수 있도록 해야 합니다.

직접작성

맺음말

제가 장교/부사관으로 임관하게 된다면 군에 다양한 관심을 가지고 주시하여 소통해 나가겠습니다.

직접작성

❗ 이런 말은 안 돼요

생각해본 적이 없다던가, 요즘은 그러면 신고 당한다는 식의 답변은 질문의 요지를 파악하지 못한 것이므로 피해야 한다.

21. 장교/부사관이 비리에 연루되는 이유가 무엇이라고 생각합니까?

비슷한 유형의 질문
- 방산비리에 대한 생각을 말해보시오.
- 외부인이 본인이 하는 업무와 관련하여 고위공무원과의 친분관계를 언급하면서 요구사항을 말하면 어떻게 하겠습니까?

면접관의 의도
지원자의 직업관과 더불어 청렴도를 알아보는 질문이다.

핵심 키워드
물질만능주의, 부정부패, 부도덕, 불신, 거절, 거부, 청렴, 사적 이익과 거리두기

도입

군대의 특성상 언제나 존재할 가능성이 있고, 개선과 재발 방지의 의지와 제도가 존재하지 않으면 고쳐지지 않는 고질병이 될 수 있습니다.

직접작성

부연설명
- '돈이면 다 된다.'라는 잘못된 인식과 뇌물수수의 관행과 같이 우리 사회에 만연해 있는 물질만능주의가 가장 큰 문제점이라고 생각합니다.
- 군인을 불신하는 사회적 분위기도 비리 유발에 한몫한다고 생각합니다.

직접작성

> **맺음말**
>
> 비리를 근절하기 위해서는 개개인의 도덕성과 투명성 고취를 위한 노력과 동시에 이를 뒷받침할 수 있는 사회적·제도적인 개선이 필요합니다. 특히 군인으로서 자긍심을 가질 수 있는 사회적 분위기 조성과 현실적 임금체계 및 업적에 따른 보상체제, 업무의 투명성을 높일 수 있는 시스템 등이 무엇보다 선행되어야 할 것입니다.

```
직접작성
```

❗ 이런 말은 안 돼요

비리에 연루되는 것을 대수롭지 않게 여기거나, 보수가 적기 때문에 어쩔 수 없다는 식의 말은 삼간다. 누구보다 청렴하게 업무를 수행하겠다는 소신을 밝혀야 한다.

서술 내용을 바탕으로 한 질문과 답변 예시

방산비리에 대한 생각을 말해보시오.

방산비리란 군대가 나라를 지키는 데 필요한 사업을 하는 와중에 개인 혹은 특정 집단이 자신들의 이익을 위해 부당한 행동을 하는 모든 행위를 말합니다.

방산비리를 저지르는 것은 국가안보를 위협하는 이적행위나 마찬가지이고, 군대에 대한 국민의 신뢰를 저버리는 동시에 군의 명예를 훼손하는 행위로 절대 있어서는 안 됩니다.

제가 만약 부적절한 요구를 받았을 경우 근무 규정에 따라 업무처리를 할 것이며, 이러한 사실을 관련 기관이나 상급자에게 보고하고, 군인으로서 부끄러운 행동은 절대 하지 않을 것입니다.

```
직접작성
```

외부인이 본인이 하는 업무와 관련하여 고위공무원과의 친분관계를 언급하면서 요구사항을 말하면 어떻게 하겠습니까?

만일 저에게 이러한 청탁이 들어오면 정중하게 거절하면서 업무의 절차와 방법을 알려주어 업무가 정상적으로 진행되어야 함을 외부인에게 잘 설명하도록 하겠습니다.

군인의 기본요건 중의 하나는 바로 청렴이기 때문입니다.

제가 수행할 일이 개인적인 업무가 아니라 국가안보를 위한 일이므로 개인의 이익이나 감정에 사로잡혀 업무를 수행하면 안 된다고 생각합니다. 또한 업무수행은 어디까지나 절차와 방법에 의해 이루어져야 합니다.

직접작성

22. 군인과 민간인의 관계가 적대적인 면이 있는데, 이에 대한 본인의 생각과 해결 방안에 대해서 말해보시오.

비슷한 유형의 질문

주한미군 사드배치, 제주해군기지 및 평택미군기지 건설 등과 같은 국책사업에 지역주민들의 반대가 심했는데, 이에 대한 본인의 견해는?

면접관의 의도

정부와 민간의 대립에 대해 어떻게 생각하고 있는지 확인하는 질문이다.

핵심 키워드

상호이해, 의사소통, 공감대 형성, 협의, 대화, 진실된 태도, 협력

도입

이런 사례는 성주 사드기지 건설, 군 공항 이전 등에서 찾아볼 수 있으며 상호 이해관계에서 오는 갈등이라 생각됩니다.

직접작성

부연설명

- 군인의 입장에는 사드기지와 군 공항의 경우 대한민국 영공방위를 위해서는 반드시 필요한 시설이고, 북한의 공격에 대해서는 충분히 대비하고 있기 때문에 문제가 없다고 생각합니다.
- 주민의 입장에서는 불안감을 떨칠 수 없고 개인의 재산권까지 문제가 될 우려가 있기 때문에 반대한다고 생각합니다.

직접작성

> **맺음말**
>
> 이러한 문제를 해결하기 위해서는 사전에 충분한 의사소통과 공감대가 형성되어야 할 것입니다. 군이 지속적으로 인내심을 갖고 진실된 모습으로 행동한다면 주민들은 기꺼이 찬성할 것이라 생각합니다.

직접작성

❗ 이런 말은 안 돼요
군의 일이기 때문에 민간에서 무조건 따라야 한다는 식의 답변은 위험하다. 함께 살아가는 사회이기 때문에 서로 협력하고 소통해야 한다는 방향으로 답변을 하는 것이 좋다.

➕ 면접 플러스
수원 군 공항 이전, 광주 민간·군 공항 이전 문제 등에 대한 꼬리질문이 나올 수 있으니 관련 사안을 정리해두는 것도 좋다.

23. 과거에 육군 대위가 SNS에서 대통령을 비방한 사건이 있었는데, 이에 관한 본인의 생각에 대해 말해보시오.

면접관의 의도

상급자에 대해 어떤 자세를 가지고 있는지 알아보는 질문이다.

핵심 키워드

위계질서, 상관에 대한 예의, 존경, 지휘체계

도입

장교/부사관 지망생으로서 이러한 사건은 있을 수 없는 일이라고 생각합니다.

직접작성

부연설명

- 대통령은 국군통수권자이기 때문에 대통령을 비방하는 것은 곧 상급자를 비방하는 행위일 수 있습니다.
- 「군인복무기본법」에 저촉되는 사건으로, 해당 대위는 군법에 회부되어 처벌받은 것으로 알고 있습니다.

직접작성

맺음말

따라서 군인은 국가에 소속된 신분임을 잊지 않고 업무를 하는 것이 중요하며, 국민을 대신하여 국가를 지킨다는 자부심을 가져야 할 것입니다.

직접작성

! 이런 말은 안 돼요

SNS는 개인의 자유이므로 어떤 게시물을 올리는지 확인받을 필요가 없으며, 어떤 게시물을 올려도 상관없다는 식의 답변은 피해야 한다.

24. 다음 제시문을 검토하여 장교의 반말 논란에 대한 자신의 입장을 찬성 혹은 반대로 밝히시오.

> 면접관의 의도

계급과 나이에 따른 서열 문제에 대한 지원자의 가치관과 논리적 사고력을 알 수 있는 질문이다.

2020년 12월 24일 군부대 최선임 부사관인 주임원사 일부가 육군참모총장이 장교들 반말 지시가 당연하다는 취지로 발언해 인격권을 침해했다며 국가인권위원회(인권위)에 진정을 제기했다. 남영신 육군참모총장이 12월 21일 주임원사들과의 화상회의에서 "나이 어린 장교가 나이 많은 부사관에게 반말로 명령을 지시했을 때 군대문화에서는 왜 반말로 하느냐고 접근해선 안 된다."라고 발언한 것을 문제 삼은 것이다.

이에 육군은 입장을 통해 "참모총장이 회의 때 강조한 전체 내용과 발언의 전후 맥락을 보지 않고 발언의 취지와 진의가 왜곡된 것"이라며 "진정 내용은 사실이 아니며, 진정인의 주장과 같은 취지의 발언은 없었다."라고 밝혔다. 반말을 당연하게 여기라는 것이 아니라 계급을 존중하고 서로 배려하자는 취지로 말한 것이라는 설명이다. 당시 회의에서 남 참모총장은 "나이로 생활하는 군대는 아무 데도 없습니다.", "나이 어린 장교가 나이 많은 부사관에게 반말로 명령을 지시했을 때 왜 반말로 하느냐고 접근하는 것은 군대문화에 있어서는 안 됩니다. 장교가 부사관에게 존칭을 쓰는 문화, 그것은 감사하게 생각해야 합니다."라고 발언했다고 육군은 전했다. 그러나 해당 진정을 넣은 주임원사들을 엄중히 징계하라는 청와대 국민청원이 올라오면서 군대 내부의 갈등이 외부로 확대되었다.

나이 어린 장교와 고령의 부사관은 상명하복과 지휘계통이 생명인 군 조직의 특수성과 장유유서를 중시하는 한국인 정서와 부딪치며 오랫동안 부대 내 갈등요소였다. 장교는 소속부대가 자주 바뀌는 반면 부사관은 대부분 한 번 배치받은 부대에 10년 이상 머무는 군의 구조도 부사관의 장교 길들이기, 텃세 등 알력이 일어나기 쉽게 했다.

한편 인권위는 침해구제 제1위원회 심의 결과 육군 내 최선임 부사관인 주임원사를 피해자로 하는 제삼자 진정을 기각하기로 결정했다. 해당 발언은 부사관들의 인격권 침해에 해당하지 않는다고 판단한 것이다. 인권위는 "육군참모총장의 발언은 군인 상호 간 책임과 예의를 강조하고 계급을 존중하는 군 문화를 만들어야 한다는 취지의 발언이지 부사관들의 인격권을 침해하는 것이라고 보긴 어렵다."의 취지로 기각결정을 내린 것으로 전해졌다.

찬성

핵심 키워드

상명하복, 계급사회, 군기, 질서, 규정, 군 기강, 의무, 책임

도입

저는 군대의 특수성을 고려하여 장교가 나이 많은 부사관에게 반말하는 것에 찬성합니다.

```
직접작성
```

부연설명

- 군대는 상명하복을 기본으로 하는 계급사회이며 엄정한 군기가 생명이고 법리보다 엄중한 질서가 우선인 조직입니다.
- 「부대관리훈령」 '상급자에게는 높임말을 사용하여야 하며, 존경하는 마음가짐과 겸손한 태도로써 대하여야 한다(31조 1항)'에 근거하면 상급자인 장교가 하급자인 주임원사에게 하는 반말 명령은 전달의 방식이나 태도에 문제가 없는 이상 군 규정과 어긋나지 않습니다.

```
직접작성
```

맺음말

최근 각급 부대에서 부사관들이 장교를 집단 성추행하거나 명령 불복종하는 등의 하극상이 잇따르고 있습니다. 따라서 논란이 된 발언은 상명하복과 군 기강 확립을 강조한 것일 뿐 부사관들의 인격권을 훼손했다고 보기 어렵습니다.

직접작성

반대

핵심 키워드

연륜 존중, 상호 존중, 존경, 배려, 예의, 태도

도입

저는 연륜도 존중해야 한다고 생각하기 때문에 장교의 반발지시에 반대합니다.

직접작성

부연설명

보통 장교들이 짧게는 1년마다 부대를 바꾸는 것과 달리 부사관은 한 부대에서 보통 10년 이상을 복무하며, 부사관들이 가진 경험은 사관학교나 대학에서 배운 이론을 지닌 신임 장교들에게서는 찾을 수 없는 소중한 군의 자산입니다. 신임 장교들이 간혹 이론만으로 현실과 괴리된 명령을 내리거나 계급으로 누르려고 하는 경우가 있는데, 연륜과 경험을 인정하지 않고는 부대를 통솔할 수 없다고 생각합니다.

직접작성

맺음말

매 순간 긴박한 전투상황에서까지 존댓말을 해야 하는 것은 아니라고 생각합니다. 일상생활에서는 서로를 존중하고 각 분야의 전문가로서 대우해 주어야 합니다.

직접작성

02 역사관 · 국가관 · 안보관 · 대적관 · 동맹관

역사관

1. 6·25 전쟁에 대하여 아는 대로 설명해 보시오.

면접관의 의도

6·25 전쟁에 대한 질문은 군 간부 등의 채용 시 빠지지 않는 질문이다. 우리나라가 분단된 과정과 결과, 앞으로의 대처 방향에 대해 꼭 숙지해야 한다.

핵심 키워드

김일성, 북한군의 남침, 인천상륙작전, 중공군의 참전, 정전협정, 분단, 자유 수호 전쟁

도입

6·25 전쟁은 김일성이 일으킨 명백한 남침전쟁으로 약 3년간 지속되었습니다. 우리가 자유와 평화를 위해 공산주의 세력에 맞서 싸운 자유 수호 전쟁이라 할 수 있습니다.

직접작성

부연설명

- 1950년 6월 25일 새벽 4시 북한군의 기습 남침으로 시작되어 3일 만에 서울이 함락되고 7월에는 북한군이 낙동강까지 진출하였습니다.
- 6·25 전쟁 중 인천상륙작전으로 전세가 역전되어 서울이 탈환되고 압록강 선까지 진출하였으나 중공군의 참전으로 후퇴, 전선 고착 그리고 1953년 7월 27일 정전협정으로 남북이 분단되었습니다.

직접작성

맺음말

자유는 결코 거저 주어지는 것이 아니므로 선조들의 고귀한 희생이 헛되지 않도록 각오를 다져야 합니다. 또한 6·25 전쟁을 북침이라고 주장하는 거짓세력들을 경계하고 북한이 또 다시 도발해 온다면 즉각적이고 단호하게 응징하겠다는 일전불사의 의지로 싸워 이겨야 할 것입니다.

직접작성

❗ 이런 말은 안 돼요

북침과 남침을 헷갈려 6·25 전쟁이 북침전쟁이라고 주장해서는 절대 안 된다.

➕ 참조

PART 4 > CHAPTER 05 최신 이슈&상식: 군사분계선

2. 독도영유권 주장 및 위안부 문제 등 일본의 역사 왜곡에 대한 본인의 생각을 말해보시오.

비슷한 유형의 질문
동해 표기 문제에 관한 자신의 입장을 말해보시오.

면접관의 의도
자신이 국토 방위와 국가안보의 주축임을 인지하고 있는지를 알아보기 위한 질문이다.

핵심 키워드
독도 수호, 역사적 사실(삼국사기, 동국여지승람, 일본총독부 공식 문서, 위안부 할머니 증언), 단호한 대응

도입

독도는 우리 영토라는 사실이 명백히 밝혀졌으며, 위안부 문제 역시 명백하게 밝혀져 있는 역사적 사실입니다.

직접작성

부연설명

- 독도는 삼국사기, 동국여지승람, 일본총독부 공식 문서 등에서 우리 영토라는 사실을 확인할 수 있습니다.
- 일본군이 조선여성을 강제로 동원하여 성적 노리개로 삼았다는 것은 생존해 계시는 위안부 할머니들의 생생한 증언, 당시 일본의 전쟁문서 등에서 확인할 수 있습니다.

직접작성

맺음말

일본의 역사왜곡에 대해 단호하게 대응해야 하며 군대에 복무하는 젊은 층에는 이러한 사실에 대해 잘 모르거나 일본 측의 왜곡된 주장에 동조할 수 있는 병사가 존재할 수도 있으므로 임관이 된다면 병영생활 동안 대화와 교육을 통해 올바른 생각을 갖도록 지원해야 한다고 생각합니다.

직접작성

❗ 이런 말은 안 돼요

일본의 역사왜곡에 대해 인지하지 못하고 있다고 판단될 수 있는 답변이나, 일본 측 주장에 동조하는 답변을 해서는 안 된다.

3. 다음 제시문을 검토하여 군함도 논란에 대한 자신의 입장을 밝히시오.

제44차 유네스코 세계유산위원회가 일본이 근대산업시설 세계유산 등재 당시 권고한 후속 조치를 이행하지 않은 데 대해 강한 유감을 표명하고 충실한 이행을 촉구하는 결정문을 채택했다. 국제기구인 유네스코가 일제강점기 때 강제동원 피해 사실을 일본 정부가 왜곡하고 있다며 사실상 경고장을 날린 셈이다.

이 문제는 지난 2015년 7월로 거슬러 올라간다. 유네스코는 '메이지일본의 산업혁명유산' 23곳이 세계유산으로 등재될 당시 일본 정부에게 각 시설의 '전체 역사'를 이해할 수 있는 '해석 전략'을 마련하라고 권고했다. 23곳 중 7곳에서 조선인 강제노동 등이 있었던 만큼, 이런 역사적 사실도 제대로 알려야 한다고 전제 조건을 달았다. 대표적인 곳이 '군함도'라는 불리는 일본 나가사키 앞바다에 있는 섬 하시마다. 태평양전쟁 시기 강제 동원된 조선인들이 탄광에서 가혹한 노동에 시달리다가 많은 사람들이 숨진 곳이다.

지난 2015년 7월 5일 당시 주유네스코 일본 대사 사토 구니가 독일 본에서 열린 제39회 유네스코 세계유산위원회에서 일본 정부가 강제동원을 인정하고 이를 제대로 알리겠다고 국제 사회에 공식적으로 약속했다. 일본 정부는 또 정보센터 설치 등 희생자를 기리기 위해 필요한 조치를 유네스코가 권고한 '해석 전략'에 포함시키겠다고 밝혔다. 이를 근거로 하시마를 포함해 23곳 모두 세계유산으로 등재됐다.

일본이 역사적 사실을 알리겠다고 만든 곳이 일본 도쿄 신주쿠에 있는 '산업유산정보센터'다. 세계유산 등재 이후 유명한 관광지로 사람들이 많이 찾는 하시마가 아니라 1,200km 떨어진 도쿄에 센터를 짓는 것도 논란이 있었다. 이에 더해 일반인에 공개된 센터는 노골적으로 역사를 왜곡한 내용들로 채워져 있었다. 센터에는 사토 구니 일본대사의 발언 말고는 강제동원의 역사와 희생자를 기리기 위한 조처를 찾아보기 힘든 상태였다. 조선인에 대한 전시는 좋은 환경에서 생활했다는 왜곡 전시가 대부분이었다. 한국 외교부는 주한일본대사를 초치하는 등 강하게 반발했다. 유네스코도 공동조사단을 구성해 산업유산정보센터를 점검했다. "2021년 6월 7~9일 유네스코가 파견한 독일인 전문가가 센터를 방문했다."며 "현지를 방문한 것은 1명이지만 다른 2명의 전문가도 온라인 형식으로 시찰했다."고 보도했다. 이들은 현장점검 등을 거쳐 60페이지 분량의 보고서를 통해 각 시설에 관한 전체 역사 기술이 불충분하다는 결론을 내렸다. 그동안 한국 등에서 제기한 문제점을 유네스코가 대부분 인정한 것이다.

국제기구의 공개적인 경고인 만큼, 일본 정부도 고심이 깊을 수밖에 없다. 일본 정부가 센터 전시에 보완은 하겠다는 입장인 듯 보이지만 조선인 강제동원을 제대로 설명할 가능성은 낮아 보인다. 일본 정부는 유네스코 결의문 채택에 대해 "지금까지 세계유산위원회의 결의·권고를 진지하게 받아들여 약속한 조치를 포함해 성실하게 이행해 오고 있다."고 밝혔다.

> **서술 내용을 바탕으로 한 질문과 답변 예시**

유네스코 세계유산위원회가 일본이 근대산업시설 세계유산 등재 당시 권고를 이행하지 않은 데 대해 강한 유감을 표명하고 충실한 이행을 촉구하였다. 일본은 군함도 등 23곳을 세계유산으로 등재시키려 했고 등재에 대한 조건으로 강제동원을 인정하고 이를 알리겠다는 공식적인 약속을 했다. 그러나 세계유산으로 등재 후 약속이 이행되지 않았고, 오히려 노골적으로 역사를 왜곡하는 내용들을 전시하였다. 한국은 이에 대해 반발했고, 유네스코는 공동조사단을 구성해 일본의 산업유산정보센터를 점검하였다. 그 결과 공식적인 약속이행으로 부족하다는 결론을 내렸다. 이에 일본은 보완하겠다는 뜻을 밝혔지만, 구체적인 계획은 밝히지 않고 있어 이행할 가능성은 낮아보인다.

4. 다음 제시문을 검토하여 일제 강제동원유적 보존에 대한 자신의 입장을 찬성 혹은 반대로 밝히시오.

면접관의 의도

일제 강제동원유적지를 보존할 것인지 찬성과 반대 의견을 물어봄으로써 지원자의 가치관과 논리적 사고력을 알아보기 위한 질문이다.

> 2020년 10월 14일, 81년 만에 반환되어 시민의 품으로 돌아온 부평미군기지(캠프마켓)는 일제강점기였던 1939년부터 광복 때까지 일제의 대규모 군수기지 인천육군조병창으로 이용된 곳이다. 조병창은 소총·탄약·포탄 등을 만드는 곳으로서 부평사편찬위원회가 발행한 책 '부평사(富平史)'를 보면 1944년에만 소형선박 250척, 무전기 200조, 소총 4,000정, 포탄 30,000발, 차량 200대를 생산했다. 이때 미쓰비시 등 전범기업들은 조병창 인근에 공장을 세워 전쟁무기 부품을 납품했고, 강제징용노동자들과 돈을 벌기 위해 고향을 떠나온 도시의 빈민노동자들을 노동력으로 이용했다. 그리고 현재의 부평2동에 부엌과 쪽방 하나씩을 갖춘 열 칸의 집이 있는 건물들을 세워 1,000여 명에 달하는 조선인 노동자들을 수용했다. 줄을 세우듯 나란히 건물들이 들어서 있었기 때문에 줄사택으로 불렀다.
>
> 현재 미쓰비시 줄사택은 지난 2017년부터 취약지역 생활여건을 개선하는 새뜰마을사업이 본격화하면서 일부가 주민공동이용시설, 부평2동 행정복지센터 등으로 잇따라 교체됐다. 현재는 주거 잔여 줄사택이 환경과 도시민원을 해친다는 이유로 민원이 잇따르고 있는 상태다. 이에 인천시와 부평구는 2020년 5월 남아 있는 6개동 중 4개동을 35억 원에 매입해 철거·이전한 뒤 해당 부지에 50면 규모의 주차장을 조성할 계획을 세웠다.
>
> 그러자 이번에는 문화재청이 제동을 걸었다. 10월 25일 인천시와 부평시에 '부평 미쓰비시 줄사택 보존 협조요청(보존 권고)' 공문을 보내 "시대적 아픔을 잊지 않기 위한 공간으로 보존 및 활용해 후대에 전할 수 있도록 협조해달라"고 요청한 것이다. 앞서 2019년 11월에도 인천고 학생 519명이 줄사택 철거를 막고 기념관을 조성해달라는 서명부를 준비해 부평구에 전달한 바 있다. 또 한국내셔널트러스트 등이 주최한 '제17회 이곳만은 꼭 지키자' 시민공모전에서 '소중한 문화유산상'에 선정되기도 했다.
>
> 결국 박물관으로의 이전계획을 세웠던 인천시와 부평구는 문화재청의 요청에 따라 일제강점기 미쓰비시 줄사택을 보존하기로 최종 결정했다. 이에 따라 오래되어 붕괴 직전인 미쓰비시 줄사택 6개 동 중 4개 동이 보존되고, 나머지 2개 동은 주차장으로 활용될 것으로 보인다.

찬성

핵심 키워드

시대상황, 역사적 의미, 교육적 가치, 보존, 관리 의무

도입

저는 일제 강제동원유적 보존에 찬성합니다. 무엇보다 역사는 정신뿐만 아니라 기록과 보존이 함께 진행되는 것이 가장 중요합니다.

직접작성

부연설명

- 줄사택은 일제가 한반도를 병참기지화하면서 건축재료를 제한한 흔적과 당시 시대상을 반영하고 있습니다.
- 최근 문화유산의 개념에 비추어도 줄사택은 강제동원의 역사뿐만 아니라 일제 강점기 이후 부평의 역사적 시간을 고스란히 담고 있어 교육적 가치가 있는 건축물입니다.

직접작성

맺음말

근현대 건축물은 도시의 정체성을 구성하고 지역 구성원 간 공감대를 형성하는 중요한 요소이며 후대에게는 지역 내 근현대 건축물을 파악해 보존할 가치가 있는 건물은 적극적으로 관리해야 하는 의무가 있습니다. 무조건적인 철거보다는 도시·공간 디자인으로 해결할 수 있는 부분이 있다고 생각합니다.

직접작성

반대

핵심 키워드

보수의 어려움, 변형, 악취와 위험, 개선지역 선정, 개발, 일자리 창출, 지역 고충 해결

도입

저는 일제 강제동원유적 보존에 반대합니다.

직접작성

부연설명

- 현재 줄사택은 콘크리트 벽의 칠이 벗겨진 채 일부 허물어져 있고, 상당수의 지붕은 내려앉은 데다가 어른 한 명이 들어가기에도 비좁아서 개보수도 어렵기 때문에 현재 상태로 보아 인명사고의 위험요소를 배제할 수 없습니다.
- 누가 봐도 사람이 도저히 살 수 없는 환경이며, 사람이 살지 않다 보니 노숙자나 청소년들이 드나들면서 쓰레기와 인화물질이 쌓여 악취와 위험도를 높이고 있습니다.

직접작성

맺음말

이미 줄사택 부지는 지역민들의 고충을 받아들여 주거취약지역의 생활여건 개선지역으로 선정되었으며, 아울러 반환된 부평미군기지 부지 일부에 일제 강점기 강제징용의 역사를 담은 평화박물관을 지어서 일부 건물을 이전한다면 지역의 고충도 해결하고 역사적 의미도 잊지 않는 방법이 될 수 있습니다.

직접작성

5. 다음 제시문을 검토하여 친일행위자 현충원 이장에 대한 자신의 입장을 찬성 혹은 반대로 밝히시오.

비슷한 유형의 질문

친일파 후손이 정당한 법적 절차에 따라 조상의 재산을 물려받는 것에 대한 자신의 생각을 말해보시오.

면접관의 의도

친일행위자 현충원 이장에 대한 찬성과 반대 의견을 물어봄으로써 지원자의 가치관과 논리적 사고력을 알아보기 위한 질문이다.

> 군인권센터는 "현충원에는 대한민국이 아닌 일본제국의 식민통치와 침략전쟁에 부역한 군인들이 57명이나 묻혀 있다. 국립서울현충원에 32명, 국립대전현충원에 25명이 있다. 이들은 광기어린 일본제국의 침략전쟁에 자발적으로 뛰어들었다는 점에서 전쟁범죄에 가담한 것이나 다름없다."며 파묘를 요청했다. 이에 앞서 국립서울현충원에서 열린 운암 김성숙 선생 기념사업회 주최 행사에서 이수진 더불어민주당 국회의원이 "역사를 바로 세우기 위해서 친일파를 현충원에서 파묘하는 것은 마땅한 일"이라며 "현충원에 와서 보니 친일파 묘역을 파묘하는 법률안도 만들어야겠다는 생각을 했다."고 밝힌 바 있다. 그동안 논란이 되어 왔던 현충원 안장 친일행위자는 대부분 독립군 토벌에 활동한 이력이 있는 인물들로서 비록 광복 전에는 일본군·만주군으로 활동했지만 광복 후에는 대한민국 국군 창설에 핵심인물로 참여했다.
>
> 국가보훈처에 따르면 2009년 대통령 소속 친일반민족행위진상규명위원회가 친일·반민족행위를 했다고 지명한 '친일반민족행위자' 1,006명 가운데 12명이 현충원에 안장되어 있다. 국립서울현충원의 김백일, 김홍준, 백낙준, 신응균, 신태영, 이응준, 이종찬 등 7명과 국립대전현충원의 김석범, 백홍석, 송석하, 신현준, 백선엽 등 5명이 그들이다. 그러나 친일파의 범위를 민족문제연구소가 발간한 〈친일인명사전〉 수록자 총 4,390명으로 확대할 경우 친일파 김창룡 등 총 68명이 현충원에 안장되어 있다.
>
> 그러나 현충원 묘역 이장을 강제할 수 있는 근거는 없는 상황이다. 때문에 「국립묘지의 설치 및 운영에 관한 법률(국립묘지법)」을 개정해야 한다는 주장이 꾸준히 제기되고 있다. 제20대 국회에서도 국가보훈처장 또는 국방부 장관에게 '이장 요구' 권한을 부여하는 국립묘지법 개정안이 제출되었지만 상임위원회 문턱을 넘지 못했다.
>
> 제21대 국회에서는 김홍걸 등이 친일반민족행위자와 서훈 취소자에 대해 국가보훈처장이 이장을 명령하거나 친일행위를 알리는 별도 표식을 설치하도록 하는 국립묘지법 개정안을 발의한 상태이다.

찬성

핵심 키워드

일본제국주의, 민족 억압, 유린, 친일파, 훈장, 독립운동가 탄압, 양민 학살

도입

저는 친일행위자 현충원 이장에 찬성합니다.

직접작성

부연설명

- 친일파들은 일제의 잔인한 폭거와 살인행위에 동조한 자들이며, 일본과 만주국에서 받은 훈장·기장을 고려할 때, 이들은 출세를 위해 자발적·적극적으로 일본에서 복무했다는 것을 알 수 있습니다.
- 친일파들이 후에 공을 세웠다고 해서 독립운동가와 똑같은 평가를 받는 것은 '3·1 운동 정신과 대한민국 임시정부 법통을 계승한다.'라는 대한민국 헌법 전문에 위배되는 일입니다.

직접작성

맺음말

우리나라 독립에 헌신한 독립운동가들에게 총칼을 들이댔던 친일파들이 차후 국가적 공로가 있다고 해서 그 죄가 상쇄될 수 없습니다. 이들이 충성했던 대상은 조국이나 국민이 아니었으므로 일부의 공이 있다고 해서 나라를 위해 모든 것을 바친 선열과 동일시해서는 안 된다고 생각합니다.

직접작성

반대

핵심 키워드

국민적 합의, 사회갈등, 편향된 시각, 시대적 배경 고려, 공적 인정

도입

저는 친일행위자 현충원 이장에 반대합니다.

직접작성

부연설명

- 친일청산 문제가 아직 국민적 합의로 이루어지지 않아 사회 곳곳에서 갈등현상이 일어나고 있는 상황에서, 친일행위자 현충원 이장은 편향된 시각의 역사를 기정사실화해 무책임하게 국민을 선동하는 행위입니다.
- 이들은 국군 창설과정에서 핵심역할을 맡으며 북한의 기습남침에 맞서 대한민국을 수호한 공적이 크고, 실제로 이들 광복군·중국군·만주군 등 다양한 출신의 군 경력 소유자들이 한국전쟁에서 국군을 이끌었기 때문에 공산주의로부터 자유주의를 지킬 수 있었습니다.

직접작성

맺음말

- 이런 이들에 대한 '파묘' 및 '이장'을 주장하는 것은 대한민국 국군의 역사를 부정하는 것과 다르지 않습니다.
- 과거의 과(過)보다는 현충원에 안장될 수 있었던 공(功)에 주목해야 하는 이유가 바로 여기에 있습니다.

직접작성

국가관 · 안보관

1. 국가관이란 무엇이며 이를 실천하기 위한 덕목은 무엇입니까?

비슷한 유형의 질문
국가의 주된 역할은 무엇입니까?

면접관의 의도
지원자의 국가관은 무엇이며 이를 실천할 방안을 생각해본 적이 있는지 묻는 질문이다.

핵심 키워드
대한민국의 역사와 전통, 계승, 사명감, 애국심, 충성심, 국민 안전보장 및 삶의 질 향상, 역할, 안보

도입
국가관이란 국가에 대한 가치관이나 태도를 말하며, 제가 생각하는 국가관은 우리의 선조들이 물려주신 자랑스러운 대한민국 역사와 전통을 우리 후손들에게 물려줄 수 있는 것입니다.

직접작성

부연설명
- 이를 실천하기 위해 자랑스러운 대한민국을 사랑하는 애국심을 갖는 것이 매우 중요하다고 생각합니다.
- 국가의 기초질서와 법규를 준수하며, 국가와 국민이 위험에 처하지 않고 안전할 수 있도록 역할을 수행해야 한다고 생각합니다.

직접작성

맺음말

장교/부사관으로서의 책임완수와 희생정신으로 선열과 조상들로부터 이어져 내려온 나라와 업적을 잘 지키고 보존하겠습니다.

직접작성

❗ 이런 말은 안 돼요

국가의 역할을 축소시키거나, 우리나라의 역사와 전통에 대해 부정적으로 답변해서는 안 된다. 또한, 개인주의적인 답변은 피하는 것이 좋다.

📘 더 알아보기

2022년 공군 국가관 함양교육

공군은 체험형 집중 정신전력교육을 전개해 군인정신과 국가관을 고취하고 있다. 공군은 각급 부대 간부를 대상으로 선현들의 국난극복 현장 탐방, 전·사적지 및 산업시설 답사 등으로 참가자들의 투철한 군인정신과 올바른 국가관을 높이기 위해 '2022년 국가관 함양교육'을 운영하였다. 공군은 지난 2014년부터 매년 국가관 함양 교육을 이어오고 있으며 올해는 6월 25일부터 10월 21일까지 진행하였다. 이 기간 동안 장교·부사관·군무원 등 간부 224명을 신분별 8개 차수로 구분해 각각 2박 3일 일정으로 교육하였다.

2. 안보관이란 무엇입니까?

비슷한 유형의 질문

국가안보가 무엇이라고 생각하며 안보에 어떻게 기여하겠습니까?

면접관의 의도

장교/부사관 지원자로서 국가의 안보에 대한 중요성을 인지하고 있는지 알아보는 질문이다.

핵심 키워드

국가와 국민의 생명을 지키고 안전을 확보하는 일, 희생정신, 헌신, 사명감

도입

안보란 외부의 침략으로부터 국가와 국민의 생명을 지키는 것이며, 나아가 평상시 또는 유사시 국가와 국민의 안전을 확보하는 것이라 생각합니다.

직접작성

부연설명

- 올바른 안보관을 갖추기 위해 군대의 존재 이유를 명확히 인식해야 한다고 생각합니다.
- 군대와 군인은 국가와 국민을 안전하게 지켜야 할 소명이 있다고 생각합니다.

직접작성

> **맺음말**
>
> 군인정신과 같은 충성심과 희생정신, 제가 맡은 일에 대한 근면성실, 사명감 그리고 전문성 발휘 등 역할을 충실히 수행하는 것이 국가와 국민을 위한 길이라고 생각합니다. 저는 유사시 제가 소속된 부대원들과 함께 적과 싸워 반드시 이길 수 있는 강력한 전투력이 유지될 수 있도록 개인정비와 훈련에 전력을 다하겠습니다.

직접작성

❗ 이런 말은 안 돼요
국가의 안보를 등한시하는 태도를 보여서는 안 된다.

서술 내용을 바탕으로 한 질문과 답변 예시

국가안보가 무엇이라고 생각하며 안보에 어떻게 기여하겠습니까?

국가안보란 국내외 각종 군사, 비군사적 위협으로부터 국가목표를 달성하기 위하여 정치, 외교, 문화, 군사, 과학기술 등의 제 수단을 종합적으로 운영함으로써 당면하고 있는 위협을 효과적으로 배제하고 또한 일어날 수 있는 위협을 미연에 방지하며 나아가 불의의 사태에 적절히 대처하는 것이라 할 수 있습니다.

여러 요소 중 현실적으로 가장 중요하다고 생각되는 부분이 북한의 위협이라 생각합니다. 북한군은 우리 군과 실질적으로 대치하고 있으며, 과거로부터 최근에 이르기까지 다수 도발 사례가 있었으며 우리 국민의 생존권에 직접적으로 위협을 주었습니다.

제가 장교/부사관이 된다면 투철한 안보관을 가지고 직무를 충실히 수행함으로써 군 전투력 향상에 기여하고 싶고 제 주변 사람들에게 군의 대비태세를 신뢰할 수 있도록 적극 홍보해 나가겠습니다.

직접작성

3. 애국심을 발휘한 경험을 말해보시오.

> **면접관의 의도**

지원자가 애국심을 가지고 있는지, 애국심을 실천한 경험이 있는지를 알아보기 위한 질문이다.

> **핵심 키워드**

국가에 대한 헌신, 공공의 이익, 자부심, 애국심, 실천, 경험, 신념

> **도입**

애국심이란 나라를 사랑하고 그 사랑을 바탕으로 국가에 대하여 헌신하려는 의식, 신념을 말합니다. 따라서 자신의 하는 일에 자부심을 가지고 임하며 동시에 공공의 이익에 부합되는 일이라면 이 또한 애국심이라 할 수 있습니다.

직접작성

> **부연설명**

- 제가 거주하고 있는 아파트의 가로등에 국기를 꽂을 수 있는 장치를 마련할 것을 건의하여, 국경일마다 국기를 게양할 수 있게 했습니다.
- 대한민국의 아름다운 문화유산인 한글을 알리기 위해 한글 관련 캠페인에 동참했습니다.

직접작성

> **맺음말**
> 우리 주변에는 큰일이 아니더라도 나라를 사랑하는 마음을 표현할 수 있는 것이 많습니다. 저는 주변에서 애국심을 표현할 만한 일을 계속 찾으면서 많은 사람들에게 공유하겠습니다. 만일 장교/부사관이 된다면 조직 내에서도 애국심을 고취할 수 있도록 최선의 노력을 다하겠습니다.

직접작성

❗ 이런 말은 안 돼요

남의 경험을 인용하여 거짓으로 꾸미거나 애국심과 무관한 사례를 말해서는 안 된다.

4. 국기에 대한 경례를 하는 이유에 대해서 말해보시오.

면접관의 의도

국가에 대한 충성심과 애국심을 알아보는 질문이다.

핵심 키워드

애국심, 의식, 국가의 상징, 충성심

도입

국기에 대한 경례는 나라를 사랑하는 마음을 나타내기 위한 경건한 의식이라고 생각하며, 대한민국 국민이면 누구나 경례를 해야 합니다.

직접작성

부연설명

- 국기는 국가를 상징하는 깃발인 동시에 애국심을 고양할 수 있는 매개체입니다.
- 애국심을 바탕으로 국기에 예를 갖출 필요가 있다고 생각합니다.

직접작성

맺음말

군인은 국가에 충성해야 하는 마음을 갖는 것이 필수적입니다. 따라서 경례를 하는 것은 당연한 것이며, 일반 국민들도 대한민국에서 태어났음을 자랑스럽게 여기면서 나라를 사랑하는 마음과 고마움의 표시로 반드시 경례를 해야 한다고 생각합니다.

직접작성

❗ 이런 말은 안 돼요
국기에 대한 경례 의식이 불필요한 절차라거나 인습이라는 입장을 표해서는 안 된다.

➕ 참조
PART 4 > CHAPTER 02 대한민국 국가관: 태극기

5. 군대가 필요한 이유에 대하여 말해보시오.

면접관의 의도

군대의 역할에 대해 인지하고 있는지 알아보기 위한 질문이다.

핵심 키워드

국가안보, 국민 안전, 국토 분단, 휴전 상황

도입

군대는 국가에 있어 매우 소중한 조직입니다. 국가의 안보가 굳건해야 국민의 안전과 자유를 지킬 수 있고 국민 또한 권리를 보장받으면서 살 수 있습니다.

직접작성

부연설명

일제 강점기 때 우리는 나라와 군대가 없는 설움을 겪었습니다. 국가가 없는 국민은 불평등한 대우를 받으면서 굴욕적인 삶을 살아가야 합니다. 우리나라는 현재 분단 상태의 휴전 국가이기에 군대의 필요성이 더욱 크다고 할 수 있습니다.

직접작성

맺음말

군대가 강한 힘과 정신력으로 적의 도발을 억제하고 적들과 싸워 이길 수 있다는 믿음을 줄 때 진정으로 국민들에게 신뢰를 줄 수 있으며 장교/부사관 역시 군의 한 구성원으로서 우리 군에 중요한 역할을 할 수 있다고 생각합니다.

직접작성

❗ 이런 말은 안 돼요

군대의 필요성에 대해 회의적인 태도를 보이거나, 군대에서 장교/부사관의 역할을 축소시키는 내용의 답변을 해서는 안 된다.

➕ 참조

PART 3 > CHAPTER 05 최신 이슈&상식: 을지 자유의 방패(UFS)

6. 국가적 재난사태에서 군의 역할은 무엇이라고 생각하는가?

면접관의 의도

지원자가 생각하는 군대의 역할과 국가관을 묻는 질문이다.

핵심 키워드

군의 역할, 국가관, 국민, 안전, 삶의 질, 가족

도입

재난상태에서 군의 역할은 국가의 역할과 같습니다. 그것은 국민의 안전보장과 삶의 질을 향상시키는 것입니다.

직접작성

부연설명

- 재난상태에서 국민이 의지할 곳은 국가이며 국가의 역할을 대신하는 군대는 국가에 의지하는 국민을 지키기 위해 노력해야 합니다.
- 산사태나 팬데믹 상황에서 군의 인력을 투입하여 사회적 혼란을 막고 질서를 유지해 국민의 안전을 지키는 것도 군의 중요한 역할이라 생각합니다.

직접작성

맺음말

국가는 어떠한 경우에도 국민을 버리지 않으므로 저 또한 부모 같은 존재인 국가를 위해 군 간부로서 부여된 임무와 책임을 다하겠습니다.

직접작성

⚠ 이런 말은 안 돼요

군의 역할에 대해 잘 모른다는 식의 답변이나, 군인이 국가적 재난사태에서 국민을 지킬 수 없다는 부정적인 의견은 반드시 피하도록 한다.

7. 우리나라 국방비 규모는 어느 정도입니까?

면접관의 의도

군 간부를 준비하면서 국방에 대해 얼마나 관심을 가지고 있는지 알아보는 질문이다.

핵심 키워드

국방예산, 2024년 국방비, 작년 대비 국방비, 총 예산에 대한 국방비의 비율

도입

우리나라 국방비는 국민총생산(GDP)의 2.6% 수준으로, 군사비 지출에서 세계 10위권 내외 인 것으로 알고있습니다.

직접작성

부연설명

- 2024년 우리나라의 국방비는 59조 4,244억 원으로 2023년 57조 143억 원 대비 약 4.2% 증가했습니다.
- 2024년 우리나라의 국방비 중 전력건설을 위한 방위력 개선비는 17조 6,532억 원으로 총 국방예산의 약 29%를 차지합니다.

직접작성

맺음말

국방 예산은 우리나라뿐만 아니라 세계 각국에서 점차 증가하고 있는 추세이며, 우리나라는 그 중 유일한 분단국가로서 국방에 대한 지원은 꾸준하게 증가하는 것이 옳다고 생각합니다.

직접작성

❗ 이런 말은 안 돼요

최신 국방비 규모에 대해 알고 있으면 좋지만 그렇지 않을 경우, 단순히 모른다고 답변하기보다는 몇 년도 기준 어느 정도의 규모라고 대답하는 것이 좋다.

8. 최근 군 관련 이슈에 관해 말해보시오.

면접관의 의도

국방과 군에 대한 관심을 알아보는 질문이다. 이슈에 대한 설명에 덧붙여 자신의 의견을 밝힌다면 좋은 인상을 남길 수 있다.

핵심 키워드

한미 핵협의 그룹, 북한의 오물풍선 살포, 북한 미사일 도발 등

도입

한미 핵협의 그룹, 북한의 오물풍선 살포, 북한 미사일 도발 등이 최근 군 이슈라고 생각합니다.

직접작성

부연설명

- 워싱턴 선언에 따라 출범한 핵협의그룹(NGC)는 대북확장 억제 강화를 논의하는 협의체입니다.
- 북한은 탄도미사일 두 발을 발사했으나 그 중 한 발은 실패로 추정됩니다. 그러나 의도적으로 내륙으로 발사한 것은 처음이라 주의깊에 볼 필요가 있습니다.

직접작성

맺음말

군에서도 각종 사회 현안 및 국제 정세에 관심을 기울이고, 민감하게 대응·대비해야 한다고 생각합니다.

직접작성

❗ 이런 말은 안 돼요

최신 이슈가 아니거나 군과 관련이 없는 사례를 답변해서는 안 된다.

9. 왜 우리 국군을 '국가안보의 최후의 보루'라 표현한다고 생각합니까?

면접관의 의도

지원자가 생각하는 국가안보에 대한 국군의 역할과 책임을 묻는 질문이다.

핵심 키워드

국가안보, 필수, 국군의 역할, 군사대비태세, 도발, 응징, 최후의 보루

도입

국방이 흔들리면 나라가 망한다는 말이 있습니다.

직접작성

부연설명

- 국가안보는 선택이 아닌 필수이며, 여기에는 국군의 역할이 중요합니다. 실제로 우리에게는 이순신 장군이 임진왜란 당시 각종 전투에서 승리를 하면서 나라를 지켜온 역사가 있습니다.
- 북한의 위협에 대비하여 확고한 군사대비태세를 갖추는 것만이 북한의 도발을 억제할 수 있으며, 만약 북한이 도발한다면 강력하고 단호한 응징을 통하여 물리쳐야 합니다.

직접작성

맺음말

이러한 역할을 군이 담당해야 한다는 측면에서 국가안보의 최후의 보루라고 생각합니다.

직접작성

❗ 이런 말은 안 돼요

국가안보의 최후의 보루라는 뜻은 그만큼 국군의 책임과 역할이 막중하다는 말이다. 이 책임과 역할을 등한시하거나, 필수가 아닌 선택이라는 표현은 지양한다.

10. 전시작전통제권이란 무엇이며, 전환에 대한 본인의 견해를 말해보시오.

면접관의 의도

지원자가 전시작전통제권에 대해 아는지, 또 어떻게 생각하는지 물어보는 질문이다.

핵심 키워드

작전, 통제, 대응 능력, 안정

도입

전시작전통제권이란 연합사령관이 갖고 있는, 한반도 유사시 우리 군의 작전을 통제할 수 있는 권한을 말합니다.

직접작성

부연설명

- 현재 평시작전통제권한은 한국의 합참의장이, 전시작전통제권한은 연합사령관이 통제합니다.
- 대북정보태세인 '데프콘'이 적의 도발 징후가 포착되는 상황인 3단계로 발령되면 한미연합사령관에게 통제권이 넘어가도록 되어 있습니다.

직접작성

> **맺음말**
>
> 핵과 미사일 등 북한의 위협에 독자적인 대응체제를 구축하는 등 우리의 대응 능력이 현저하게 향상되고 안정적인 안보환경이 조성되는 시기에 전시작전통제권 전환을 추진하는 것이 바람직할 것으로 생각합니다.

직접작성

❗ 이런 말은 안 돼요

전문적인 질문이라 생소할 수 있다. 잘 모르면서 지어내는 듯한 답변보다는 차라리 솔직하게 모른다고 답변하고 다음에 만회할 기회를 가졌으면 좋겠다고 답변하는 것이 낫다.

11. 징집제 및 모병제에 대한 본인의 생각을 말해보시오.

> **면접관의 의도**

평소 군과 관련된 이슈들에 대해 관심을 갖고 고민하고 있는지를 알아보는 질문이다.

> **핵심 키워드**

- 징집제 – 평등, 병역의무 이행, 공정, 국방비 절감 / 자유권 제약, 국민부담 가중, 숙련병 확보의 어려움
- 모병제 – 자유, 숙련병 확보에 용이, 군 조직력 및 사기 강화, 병역문화 개선 / 국가재정 부담 증가, 소규모 병력

> **도입**

어떠한 제도가 더 좋다고 말할 수는 없지만 현재 우리나라의 상황을 분석하여 더 좋은 쪽의 제도를 선택하는 것이 중요합니다.

직접작성

> **부연설명**

- 징집제의 장점으로는 평등한 병역의무 이행, 국민적 일체감 형성, 국방비 절감이 있으며, 단점으로는 자유권 제약, 국민부담 가중 등이 있습니다.
- 모병제의 장점으로는 개인의 자유의사 반영, 숙련병 확보의 용이성, 병영문화 개선 등이 있으며, 단점으로는 국가재정 부담 증가와 대규모의 병력 유지가 어렵다는 점 등이 있습니다.

직접작성

> **맺음말**
>
> 징집제와 모병제는 군대에 관한 중요한 제도이기 때문에 두 제도에 대한 장단점을 모두 알고 사회 현황에 따라 적절한 제도를 적용해야 한다고 생각합니다.

직접작성

❗ 이런 말은 안 돼요

두 제도에 대한 기본적인 내용을 숙지하고 있는 것이 중요하다. 기본적인 질문에 '잘 모르겠다'는 답변이 나오지 않도록 준비해야 한다.

▌ 더 알아보기

모병제

- 선진국의 모병제 도입
  - 미국(1973): 베트남전 이후 정예화된 소규모 군대 보유가 효율적이라는 주장을 배경으로 닉슨 대통령이 도입하였다.
  - 프랑스(2001): 냉전 종식 이후 1996년 자크 시라크 대통령이 국방개혁법을 공포하였고, 병역 불공정 문제가 군에 대한 여론을 악화시킴으로써 국민의 72%가 모병제에 찬성하였다.
  - 독일(2010): 병역기피 사례가 급증하여 입대자 비율이 낮아지면서 병력 감축을 발표, 의무복무정책을 중단하였다.
- 모병제의 과제
  - 모병의 어려움으로 영국은 5년 이상 자국에 거주한 외국인의 입대를 허용하였고, 독일은 징병제 환원을 검토하고 있다. 대만의 지원병 충원율은 81% 수준이고, 일본 자위대 충원율도 77% 수준에 그치고 있다.
  - 우리나라의 상황에서 북한의 군사적 위협을 고려할 때 대규모 병력과 안정적 충원이 중요하기 때문에 모병제로 전환하기 위해서는 군 인력 구조 개편과 군인 처우 개선 등이 해결 과제이다.

12. 우리의 자유민주주의 체제는 어떤 점이 우월합니까? 그리고 이를 지키기 위해 어떠한 노력을 기울여야 한다고 생각합니까?

면접관의 의도

지원자의 기본적인 소양을 묻는 질문이다.

핵심 키워드

우월성, 평화, 존엄성 추구, 인권 보장, 주체사상, 안보의식, 국방력

도입

먼저 이념적 우월성입니다. 자유민주주의는 평화를 추구하고 인간의 존엄성을 추구하며 인권에 대한 보장을 통해 인간을 목적 그 자체로 보는 이념입니다.

직접작성

부연설명

- 북한이 채택하고 있는 공산체제는 주체사상을 통치이념으로 내세우고, 수령의 지도에 의해서만 주체성이 확립될 수 있다고 하면서 인류 보편의 인간적, 정신적 가치를 부정하고 있습니다.
- 공산주의 체제는 전체를 위해서 개인의 희생을 감수해야 한다고 주장하며 인간적 가치와 존엄성을 부정하여, 결국 20세기 말 냉전의 해체와 함께 몰락했고 이로써 민주주의 체제의 우월성은 입증됐습니다.

직접작성

맺음말

자유민주주의 체제의 우월성에 대하여 올바르게 인식하고 공산주의 체제와 맞서 자유민주주의를 지키기 위한 국민 모두의 노력과 투철한 안보의식 그리고 튼튼한 국방력을 갖춰 훗날 우리 후손에게 유산으로 물려주어야 한다고 생각합니다.

직접작성

❗ 이런 말은 안 돼요

자유민주주의 체제보다 공산주의 체제가 더 우월하다는 식의 답변은 북한에서나 통하는 말이다.

13. 삼권분립에 대해 말해보시오.

> 면접관의 의도

지원자의 기본적인 소양을 묻는 질문이다.

> 핵심 키워드

입법부, 행정부, 사법부, 견제, 균형, 국가권력 남용 방지

> 도입

삼권분립이란 국가권력을 입법부, 행정부, 사법부 셋으로 나누어, 상호 견제와 균형을 이루도록 하는 제도입니다.

직접작성

> 부연설명

- 권력을 셋으로 분산하면 한쪽에서 과도한 권력을 남용할 수 없고, 감시와 통제를 받습니다.
- 입법 · 행정 · 사법 중 만약 한곳으로 권력이 집중된다면, 아무런 통제를 받지 않아 권력을 자신의 입맛대로 활용할 우려가 있습니다.

직접작성

맺음말

국가권력의 불균형을 사전에 제도적으로 막을 수 있는 방법이 바로 삼권분립입니다.

직접작성

❗ 이런 말은 안 돼요

삼권분립은 기본적인 내용이므로 반드시 숙지해야 하고, 삼권분립의 역사나 배경에 대해 언급하면 더 좋다. 삼권분립의 가치나 시행 사유에 의문을 제기하는 것은 지양하도록 한다.

대적관 · 동맹관

1. 남북관계에 대한 본인의 생각을 말해보시오.

면접관의 의도

평소 남북관계에 대한 인식을 알아보는 질문이다. 면접 시점의 남북관계에 대한 본인의 의견을 밝히되 타당한 근거를 가지고 답변해야 한다.

핵심 키워드

남북통일, 평화, 우호적 관계, 유사시에 대한 대비, 방심 금물

① 긍정적인 입장

도입

저는 대화를 바탕으로 한 남북관계가 바람직하다고 생각합니다.

직접작성

부연설명

대립 및 긴장상태로 남북관계가 유지되는 것은 국민의 삶을 불안정하게 하고 나아가 '남북통일'이라는 목표에도 바람직하지 않다고 생각합니다.

직접작성

맺음말

대화를 바탕으로 남북관계를 유지하는 것은 단순히 평화적인 분위기를 조성하는 데 그치는 것이 아니라 남북통일이라는 목표로 봤을 때 긍정적인 방향으로 진행될 가능성이 높기 때문입니다.

직접작성

② 부정적인 입장

도입

북한의 태도가 언제든 바뀔 수 있다는 것을 고려하면서 남북관계를 맺는 것이 중요하다고 생각합니다.

직접작성

부연설명

우호적인 남북관계가 계속 유지된다면 좋겠지만 이전에도 대화를 통해 평화적인 분위기가 조성되다가 북한의 일방적인 태도 변화나 예상 밖의 행동으로 관계가 원점으로 되돌아가는 일이 많았습니다.

직접작성

> **맺음말**
> 북한과의 관계에서 섣부른 판단은 금물이라고 생각합니다. 현재와 같은 입장을 이어나가더라도 갑작스런 북한의 태도 변화에도 대비할 수 있어야 할 것입니다.

직접작성

❗ 이런 말은 안 돼요

무조건적으로 남북한 어느 한쪽의 입장을 옹호하거나 비방하는 태도는 바람직하지 않다.

2. 남북한 9·19 군사합의사항에 대하여 아는 대로 말해보시오.

면접관의 의도

긴장완화와 신뢰구축에 중요한 합의가 이루어진 중요 사건에 대해 얼마나 알고 있는지를 묻는 질문이다.

핵심 키워드

남북 간 긴장완화, 신뢰구축, JSA 비무장화, 상호 감시초소(GP) 시범 철수, 상호 적대행위 중지, 비무장지대 남북공동 유해 발굴, 한강하구 공동이용 군사적 보장, 남북 군통신선 완전 복구, 남북 군사위 구성

도입

JSA 비무장화와 상호 감시초소(GP) 시범 철수, 상호 적대행위 중지 그리고 비무장지대 남북공동 유해 발굴, 한강하구 공동이용 군사적 보장 등과 기타(남북 군통신선 완전 복구, 남북 군사위 구성, 군통신선 이용 제3국 불법조업 어선 정보교환 등) 사항에 대해 남북 간이 합의한 사항입니다.

직접작성

부연설명

- 이 합의사항으로 인해 남북 간 군사적 긴장완화 및 신뢰구축에 실질적 기여와 한반도 비핵화 및 남북관계 발전을 위한 추동력을 얻을 수 있었습니다.
- 한반도의 항구적 평화정착을 위한 국민적 공감대를 형성하는 성과를 얻을 수 있었다고 생각합니다.

직접작성

> **맺음말**
>
> 9·19 군사합의사항을 통해 화살머리고지 유해 발굴 등의 성과도 얻었지만, 북쪽의 참여가 저조해 반쪽짜리 합의라는 의견을 얻기도 했습니다.

```
직접작성
```

⚠ 이런 말은 안 돼요

이와 같이 지원자의 배경지식에 대해 묻는 경우 틀린 사실을 답변한다면 감점요인이 되므로 주의한다.

■ 더 알아보기

9·19 공동성명 & 6·12 공동성명

구분	9·19 공동성명(2005)	6·12 공동성명(2018)
주체	제4차 6자회담 중 남북한, 미·중·일·러 등의 참가국이 합의	트럼프 전 미국 대통령과 김정은 북한 국무위원장
성격	공동성명(Joint Statement)	
주요 내용	• 북한은 모든 핵무기를 파기하고 현존하는 모든 핵계획을 포기, NPT·IAEA의 조속한 복귀 • 대가: 북·미, 북·일관계 정상화, 대북 에너지 지원, 한반도 평화체제 협상 개시 • 한반도 평화협정, 북에 대한 핵무기 불공격 약속, 북·미 간 신뢰 구축 • '공약 대 공약', '행동 대 행동'이라는 유효한 원칙으로 평가	• 새로운 북·미관계 수립, 지속적이고 안정적인 평화 체제 구축, 한반도의 완전한 비핵화, 전쟁포로 유해 송환과 수습 등 4개항 논의 • 한·미 군사훈련 중단과 주한미군 철수 시사 발언(트럼프 기자회견) • 북핵폐기원칙·목표·일정·절차·검증방식 등 구체적 언급 없는 포괄적 내용
결과	2006년 10월 북한 1차 핵실험으로 9·19 공동성명이 공식적으로 파기됨	향후 북·미협상과 워싱턴, 평양 정상회담에서 구체적인 방안 논의 전망(→ 2019. 하노이 회담 실패)

➕ 참조

PART 4 > CHAPTER 05 > 최신이슈 & 상식: 북9·19군사합의파기

3. 통일 방안에 대한 본인의 생각을 말해보시오.

비슷한 유형의 질문
한반도가 통일된 후 비무장 지대를 어떻게 활용하면 좋을지 말해보시오.

면접관의 의도
평화통일은 국방부의 궁극적 목표 중 하나이다. 장교/부사관 준비생으로서 바람직한 통일관을 가지고 있는지를 알아보는 질문이다.

핵심 키워드
남북한이 주체가 된 통일, 화해와 협력, 공존관계, 평화체제, 국민적 합의

도입
통일 정책에 대하여 제가 생각하는 바람직한 통일관은 어느 한쪽의 일방적인 통일보다는 진정한 대화와 국민적 합의가 있어야 하며 충분한 시간을 갖고 논의가 되어야 수립이 가능하다고 생각합니다.

직접작성

부연설명
- 통일의 방식에 있어서 남북한은 현실적인 상황을 고려하는 등 공통적인 부분을 해결해야 하며 이념이 우선시되다 보면 자칫 그르칠 수 있습니다.
- 통일의 주체는 남북한 모두입니다.

직접작성

맺음말

이를 위해 국민의 한 사람으로서 관심을 갖고 장교/부사관으로서의 저의 역할을 고민하겠습니다.

직접작성

❗ 이런 말은 안 돼요

통일에 대해 부정적인 반응을 보이거나 주변국에 의존하는 통일 방안, 남북한 한쪽의 일방적인 통일 방안을 제시해서는 안 된다.

4. 정부의 대북식량지원 추진에 대한 본인의 생각에 대해 말해보시오.

면접관의 의도

정부의 대북식량지원에 관한 논란이 있다. 북한의 단거리 미사일 추정체 발사에도 인도적 차원의 대북식량지원이 필요하다는 입장을 재확인했다는 배경지식을 토대로 답변을 하는 것이 좋다.

핵심 키워드

인도적 차원, 세계화, 식량난, 북한 정부의 무능

① 긍정적인 입장

도입

정부의 대북지원에 찬성합니다.

직접작성

부연설명

인도적 지원은 북한 정부가 아닌 북한 주민에 지원하는 것이므로 정치와 인도적 차원의 문제는 분리하여 논의해야 합니다.

직접작성

맺음말

아울러 세계화 시대에 굶주린 이웃들을 돕는 것은 특정 정치적 이유로부터 자유롭고 도의적이며 마땅한 행위라 생각합니다.

직접작성

② 부정적인 입장

도입

정부의 대북식량지원에 반대합니다.

직접작성

부연설명

북한의 식량난은 인정하나 그들의 식량난의 책임은 북한 정부 스스로에 있음을 인지해야 합니다. 식량으로 인민을 먹여야 하는데도 불구하고 핵 미사일을 개발하는 데 힘을 쓰고 있습니다. 핵개발을 하지 않으면 식량난을 해결할 수 있지만 그러지 않고 있습니다.

직접작성

> **맺음말**
> 북한 정부가 인민을 구제하려는 노력을 하지 않는 한 무조건 지원하는 것은 옳지 못하다고 생각합니다.

직접작성

❗ 이런 말은 안 돼요
평소 본인의 입장을 밝히되 타당한 근거를 가지고 주장해야 한다. 정부 정책에 대한 무조건적인 비방은 피해야 한다.

5. 북한의 도발에 대해 어떻게 생각하는지 말해보시오.

면접관의 의도

평소 남북한의 관계에 대해 어떻게 인식하고 있는지 알아보는 질문이다. 따라서 남북한의 관계와 국가안보에 대한 평소 본인의 생각을 현실적으로 답변하는 것이 중요하다.

핵심 키워드

화전양면전술, 위장 평화공세, 안보위협, 응징, 평화유지

도입

광복 이후 북한은 6·25 전쟁부터 최근 연평도 포격도발, 핵실험, 미사일 발사 등 우리에게 수많은 위협을 주고 있습니다.

직접작성

부연설명

- 북한은 최근까지도 대한민국에 무력위협을 가하기도 했습니다.
- 허를 찌르는 끊임없는 기습 및 고강도의 도발을 자행하고 불리할 시 위장 평화 공세, 유리할 시 도발하는 식입니다.

직접작성

> **맺음말**
>
> 북한의 도발에는 응징만이 평화를 지키는 유일한 길은 아니지만 굳건한 의지로 적의 도발을 최대한 방어하고 전쟁억제 및 평화유지의 안보태세로 장교/부사관 준비생으로서 올바른 안보관과 책임 등 의무를 다함으로써 일조하고 싶습니다.

직접작성

! 이런 말은 안 돼요

남북한의 관계는 안보와 직결되는 민감한 사안으로 안일하게 대처하겠다는 식의 답변을 해서는 안 된다.

＋ 참조

PART 3 > CHAPTER 05 최신 이슈&상식: 북한의 SRBM 발사

6. 북한의 핵실험과 탄도미사일 발사 의도와 목적이 무엇이라고 생각합니까?

면접관의 의도

북한이 우리나라 안보에 위협이 되는 경우에 대한 생각을 묻는 질문이다. 이에 대한 대비로 북한의 최신 사회 이슈를 정리하는 것이 필요하다.

핵심 키워드

정권붕괴 방지 목적, 체제유지, 경제제재 최소화, 지원 유도

도입

한반도 공산화, 김정은 1인 독재체제 유지, 경제난 등 내부불만으로 인한 정권 붕괴를 방지하기 위한 목적이라고 생각합니다.

직접작성

부연설명

- 김정은은 핵무기 개발과 경제발전에 대한 병진체제를 고수하고 있으나 경제건설보다 핵무기 등 군사력 강화에 중점을 두고 있습니다.
- 김정은은 북한의 불안한 경제문제가 미국의 위협으로부터 초래되었음을 부각시켜 어려운 경제문제에 대한 주민의 불만을 해소하고 있습니다.

직접작성

> **맺음말**
>
> 또한 미국 등에 대해 핵무기 개발 위협으로 체제유지 보장과 현 경제제재를 최소화하고 더 많은 지원을 받기 위한 의도일 수 있으며, 더 나아가 그들의 무력적화통일 야욕은 결코 변하지 않는다는 것을 보여주는 것입니다.

직접작성

❗ 이런 말은 안 돼요

북한의 핵실험과 탄도미사일 발사는 우리나라 안보에 큰 위협이 된다. 따라서 북한이 핵실험을 멈추지 않고 탄도미사일을 발사하는 의도나 목적에 대해 긍정적으로 답변해서는 안 된다.

더 알아보기

핵, 경제병진노선

김정은이 핵무기 개발을 절대로 포기하지 않겠다는 정책이며, 주민의 삶은 전혀 고려하지 않고 국제 사회로부터 스스로를 고립시키는 무모한 정책이다.

7. 탈북자가 남한에서 생활하며 겪는 심각한 문제에 대해 말해보시오.

비슷한 유형의 질문

탈북자 문제를 해결하기 위한 사회적·외교적 노력에 대해 말해보시오.

면접관의 의도

지원자가 탈북자의 어려움을 공감할 수 있는지, 관심을 갖고 있는지 알아보는 질문이다.

핵심 키워드

체제적응, 사회적 관계 단절, 정보 부족, 사회적 약자

도입

탈북자는 새로운 체제의 적응이라는 어려움뿐 아니라 사회적 관계의 단절이라는 어려움을 겪습니다.

직접작성

부연설명

- 자신이 살아온 사회체제가 한순간에 바뀌었기 때문에 적응하기가 쉽지 않을 것입니다.
- 대한민국의 복지제도에 대한 정보 부족은 그들이 사회적·경제적 도움을 받는 데 걸림돌이 됩니다.

직접작성

맺음말

정부에서는 '북한이탈주민 지원변호인 제도'를 도입하여 변호사 34명을 '북한이탈주민 지원변호인'으로 위촉하고 지원변호인 위촉식 및 간담회를 개최하는 등 탈북자를 돕기 위해 노력하고 있습니다.

직접작성

❗ 이런 말은 안 돼요

사회적 약자인 이들을 돕는 것은 세금 낭비이므로 그들을 방치해야 한다는 식의 답변은 사회적·국제적으로 비인도적인 답변이므로 피해야 한다.

8. 한미동맹의 중요성에 대한 본인의 생각을 말해보시오.

면접관의 의도

지원자가 국가 간 동맹 관계를 어떻게 파악하고 있는지 알아보기 위한 질문이다.

핵심 키워드

국가안보의 근간, 한반도 전쟁 억제, 핵심요소

도입

한미동맹은 국가안보의 근간이며 한반도 전쟁 억제를 위한 핵심적인 요소입니다.

직접작성

부연설명

- 한반도정책은 우리 정부가 주도적으로 이끌어 나가야 하므로 미국의 안보정책 변화를 이해하고 교섭해야 합니다.
- 결속력 있는 한미동맹 관계를 유지하는 동시에 우리나라는 국익에 유리한 방향으로 일관성 있는 대북정책을 정립해야 한다고 생각합니다.

직접작성

맺음말

굳건한 한미동맹을 통해 한반도에서 두 번 다시 6 · 25 전쟁과 같은 비극이 일어나지 않도록 해야 할 것입니다.

직접작성

❗ 이런 말은 안 돼요

각 정부의 정책을 비판하거나 편향된 시각으로 답변해서는 안 된다.

9. 현재 우리나라가 해외에 파병하고 있는 부대에 대하여 아는 대로 말해보시오.

면접관의 의도

군에서 어떤 나라에 파병을 보냈는지 알고 있는가를 묻는 것으로 군에 대해 얼마나 관심을 가지고 있는지 알아보기 위한 질문이다.

핵심 키워드

한빛부대(남수단재건지원단), 동명부대(레바논평화유지지원단), 아크부대(UAE군사협력단), 청해부대(소말리아 해역 호송전대)

도입

현재 우리나라가 해외에 파병하고 있는 부대는 한빛부대(남수단재건지원단), 동명부대(레바논평화유지자원단), 아크부대(UAE군사협력단), 청해부대(소말리아 해역 호송전대)가 있습니다.

직접작성

부연설명

이렇게 자랑스러운 대한민국의 군대는 해외에서도 맡은 임무에 최선을 다하고 있습니다.

직접작성

❗ 이런 말은 안 돼요

대답하지 못한다면 군에 대한 관심이 부족하다는 인상을 줄 수 있으므로 배경지식으로 해외 파병 부대를 파악하고 있는 것이 좋다.

더 알아보기

해외 파병 부대

- 한빛부대: 남수단에 파병된 부대로 2011년 7월 26일 반기문 전 유엔사무총장의 파병 요청에 따라 2013년 1월 7일 정식 창설되었다.
- 동명부대: 레바논에 파병된 부대로 2006년 12월, 350여 명 규모의 파병을 결정, 2007년 7월 UNIFIL 서부여단 예하부대로 편성되어 레바논 남부 타르지역에 전개하여 임무를 수행하고 있다. 불법 무장세력 유입, 무기 반입을 통제 및 감시하는 고정감시, 기동정찰임무도 수행한다.
- 아크부대: 아부다비 알아인에 파병된 부대로 2010년 12월 8일 파견 결정 후 UAE특수전 부대 교육훈련 지원 및 유사시 재외 한국인 보호임무를 수행한다.
- 청해부대: 대한민국 해군 최초로 전투함을 중심으로 편성되어 아프리카 소말리아 해역에 파병된 부대로, 2009년 3월 3일 창설되었다. 해상작전헬기를 탑재한 충무공이순신급 구축함을 4~5개월 단위로 교체투입하고 있으며, 해군특수전전단(UDT/SEAL)의 대테러특임대 요원들도 편승하고 있다.

03 사회 이슈

단골 질문

1. 출산을 장려하기 위한 국가적 대안을 말해보시오.

면접관의 의도

초저출산이라는 국가적 차원의 문제에 대한 지원자의 사회적 관심과 합리적인 대안 제시 역량을 알아보기 위한 질문이다.

핵심 키워드

국가 운영 보육 시설 확충, 난임·불임 의료 혜택 확충, 양육비·교육비 보조

도입

출산을 장려하기 위해서는 국가 운영 보육 시설 확충, 난임 부부에 대한 의료 혜택 확충, 다자녀 양육비와 교육비 보조 등이 필요합니다.

직접작성

부연설명

- 맞벌이 부부에게는 적은 비용으로도 아이를 믿고 맡길 수 있는 국가 운영의 보육 시설 확충이 절실합니다.
- 난임·불임 부부에게 의료비를 보조하고 의료 혜택도 늘려 주어야 하며 다자녀에 대한 학비 면제 등 장기적 차원의 출산 장려 정책이 필요합니다.

직접작성

맺음말

출산율은 국가적 존폐와도 직결된 심각한 문제입니다. 따라서 출산을 더 이상 개인적 차원의 문제로 인식해서는 안 됩니다. 국가적 차원에서의 적극적인 대응이 필요한 시점입니다.

직접작성

❗ 이런 말은 안 돼요

'출산은 개인적 차원의 문제이니 국가가 나서서 강요할 수 없다'는 식의 답변은 피해야 한다.

2. 자살률이 증가하고 있는데, 그 원인을 말해보시오.

면접관의 의도

높은 자살률은 우리 사회의 심각한 문제이다. 이를 사회 구조적 관점에서 인지하고 있는지 알아보는 질문이다.

핵심 키워드

경제적 문제, 스트레스, 우울증, 장기 불황, 학업 부진, 상대적 박탈감, 인간 소외

도입

자살률 증가의 원인은 내부적 요인과 외부적 요인으로 나눌 수 있습니다.

직접작성

부연설명

- 내부적 요인으로는 학업 부진으로 인한 패배감, 부채와 사업 실패 등의 경제적 문제, 스트레스, 우울증 등을 들 수 있습니다.
- 외부적 요인으로는 장기적인 경제 불황, 현대 사회의 인간 소외, 대인관계 문제 등을 들 수 있습니다.

직접작성

맺음말

우리나라의 자살률 감소를 위해 자살 방지 차원의 대인관계 개선 및 사회적 노력과 더불어 자살을 방임하는 사회적 인식 개선이 절실한 시점입니다.

직접작성

3. 사형 제도에 대한 자신의 입장을 말해보시오.

면접관의 의도

사형 제도에 대한 자신의 입장을 타당한 근거를 가지고 주장할 수 있는지 알아보는 질문이다.

핵심 키워드

형벌의 목적, 응징, 범죄자 교화, 사회 안정, 범죄 예방

도입

사형 제도에 대한 찬반은 형벌의 목적에 따라 달라진다고 봅니다.

직접작성

부연설명

- 형벌의 목적이 응징이라면, 사형 제도는 형벌의 취지에 맞습니다.
- 형벌의 목적이 범죄자 교화와 사회 안정에 있다면, 사형 제도는 형벌의 취지에 맞지 않을 뿐더러 사회 안정에도 기여하지 못합니다.

직접작성

맺음말

사형 제도보다는 사형에 이르는 강력 범죄 예방과 범죄자 교화 제도의 확립이 우선되어야 합니다. 단순히 사형 제도의 존폐를 논하기에 앞서 장기적인 관점에서 범죄율을 낮추기 위한 제도적 노력이 필요합니다.

직접작성

4. 세계화의 긍정적인 측면과 부정적인 측면을 말해보시오.

면접관의 의도
현대 사회 문제와 밀접한 관련이 있는 세계화에 대해 얼마만큼 알고 있는지 알아보기 위한 질문이다.

핵심 키워드
- 긍정적 측면: 국가 간 상호 의존도, 평화 의식, 인권 문제, 환경 문제, 효과적 대응
- 부정적 측면: 경제 종속화, 거대 자본, 문화적 다양성 상실

도입
세계화란 사회가 전 세계적으로 밀접한 관계를 맺는 것입니다. 그러나 이러한 세계화에는 명암이 분명 존재합니다.

직접작성

부연설명
- 세계화의 긍정적인 측면에는 국가 간 상호 의존도가 높아짐에 따른 전 세계적인 평화 의식 확산, 인권 문제나 환경 문제와 같은 전 세계적 차원의 대응이 필요한 문제에 대한 효과적 대응, 국가 간 상호 이익의 도모로 전 세계적으로 부가 증가하는 현상 등이 있습니다.
- 세계화의 부정적인 측면에는 선진국에 의한 후진국의 경제 종속화, 대규모 자본을 바탕으로 한 문화 유입으로 인해 문화적 다양성 유지 및 보존이 어려워질 수 있는 우려 등이 있습니다.

직접작성

맺음말

세계화의 흐름은 더 이상 막을 수 없습니다. 따라서 세계화의 긍정적 측면은 잘 활용하되 부정적 측면에 대해 간과해서는 안 될 것입니다.

직접작성

5. 다문화 사회를 맞이하여 요구되는 태도에 대해서 말해보시오.

면접관의 의도

다문화는 이미 우리 생활과 밀접한 관련을 맺고 있으므로 다문화에 걸맞는 태도를 갖추고 있는지 알아보는 질문이다.

핵심 키워드

차이, 다름, 개방성, 인정, 이해, 존중

도입

다문화 사회에는 '다름'에 대한 이해와 존중이 필요합니다.

직접작성

부연설명

- 최근 국가 간 이동이 자유로워지면서 한 국가에 다양한 인종이나 국적의 사람들이 사회를 이루는 다문화 사회가 자연스러운 모습이 되었습니다.
- 다문화 사회에는 서로 다른 생김새나 생활 방식의 차이를 존중하는 개방적인 태도가 필요합니다.

직접작성

맺음말

다양성을 존중하는 다문화 사회를 맞이함에 있어 차이와 차별은 엄연히 구분되어야 하며, 차이가 차별의 근거가 되어서는 안 됩니다.

직접작성

! 이런 말은 안 돼요

다양성을 인정·배려하지 못하는 어투나 인종차별과 같은 단어는 절대 금물이다.

6. 미래사회가 고령화 사회로 전환되는 데 따르는 노인복지문제와 그 대책에 대하여 말해보시오.

면접관의 의도
현대 사회의 다양한 문제에 대한 지원자의 관심과 해결방안을 묻는 질문이다.

핵심 키워드
노인복지시설 확충, 노인 일자리 확대, 고령자 대상 인력정보센터 운영, 평생교육, 직업교육시스템, 사회봉사 활동 프로그램 운영, 노인에 대한 사회적 인식 재고

도입
우리 사회는 급속하게 노령화사회에 들어섰지만 사회복지제도가 완비되지 않은 현 상황에서 노후 준비가 미흡한 노인 중에 생활고를 겪는 사람이 늘어 심각한 사회문제를 야기하고 있습니다.

직접작성

부연설명
- 사회적 차원에서 사회활동을 원하는 노인들을 위한 근로정책과 안정적 생활을 유지할 수 있는 복지정책들이 개선되어야 합니다.
- 노인들도 건강한 사회를 유지하는 데 큰 역할을 한다는 자부심을 가질 수 있도록 공동체 구성원들의 노인에 대한 인식개선이 필요합니다.

직접작성

> **맺음말**
> 무엇보다 중요한 것은 노인문제가 한 가족의 대처 부족이 아닌 복지제도 차원의 문제라는 것입니다. 생산적이고 활동적인 노인문화 정착을 위해 국민 모두의 인식변화가 필요합니다.

직접작성

❗ 이런 말은 안 돼요
노인문제를 개인적 차원의 문제로 축소시켜 생각해서는 안 된다. 복지제도의 관점에서 문제의식을 갖고 접근해야 하며, 현실적이면서도 사회 구성원 모두가 상생할 수 있는 답변을 준비해야 한다.

더 알아보기
노인 일자리 및 사회활동 지원 사업
- 목적: 노인이 활기차고 건강한 노후생활을 영위할 수 있도록 공익활동, 일자리, 재능나눔 등 다양한 사회활동을 지원하여 노인복지 향상에 기여하기 위함
- 참여 대상
  - 공공형: 만 65세 이상 기초연금 수급자
  - 사회서비스형: 만 65세 이상 사업 참여 가능자(사회서비스형은 일부 유형 만 60세 이상 사업참여 가능)
  - 시장형: 만 60세 이상 사업 참여 가능자

유형	정의
공공형	노인이 자기만족과 성취감 향상 및 지역사회 공익증진을 위해 자발적으로 참여하는 봉사활동
사회서비스형	노인의 경력과 활동역량을 활용하여 사회적 도움이 필요한 영역(지역사회 돌봄, 안전 관련)
사회서비스형 선도모델	지역 사회가 보유한 자원과 기업 등의 외부자원을 활용하여 신규 노인일자리 아이템 개발, 창출

시장형	시장형 사업단	노인에게 적합한 업종 중 소규모 매장 및 전문 직종 사업단 등을 공동으로 운영 하는 노인일자리
	취업알선형	일정 교육을 수료하거나 관련 업무능력 있는 자를 수요처로 연계하여 근무 기간에 대한 일정 임금을 지급받을 수 있는 일자리
	시니어인턴십	노인에게 기업 인턴 연계 후 인건비 지원, 계속 고용 시 기업에 인건비 추가 지원
	고령자 친화기업	노인의 경륜을 활용하여 경쟁력을 갖추고 양질의 노인일자리를 창출할 수 있는 기업의 설립 및 운영

7. 다음 제시문을 검토하여 누리호 발사 성공에 대한 자신의 입장을 요약하시오.

한국형 발사체 누리호(KSLV-Ⅱ)에 실린 성능검증위성과 위성모사체가 2022년 6월 21일 2차 발사에서 궤도에 안착했다. 이로써 대한민국은 세계 7번째로 1톤(t) 이상인 실용적 규모의 인공위성을 우주발사체에 실어 자체기술로 쏘아올린 우주강국의 반열에 올랐다. 현재 누리호 위성모사체와 성능검증위성은 계획대로 지표면 기준 700km 고도에서 초속 7.5km의 속도로 지구 주위를 돌고 있다. 앞서 2013년 3차 발사에 성공한 나로호(KSLV-Ⅰ)는 2단만 국내기술로 개발됐고 1단은 러시아에 의존했지만, 이번에 발사된 누리호는 위성을 쏘아올린 75t급·7t급 액체연료 엔진부터 발사체에 탑재된 위성을 보호하는 덮개인 페어링에 이르기까지 핵심기술과 장비 모두 국내 연구진이 개발한 것이라 그 의미가 더 크다. 특히 향후 대형·소형 발사체 개발에 지속적으로 활용할 수 있는 75t급 엔진의 성능을 성공적으로 입증함에 따라 향후 진행될 우주개발의 발판을 만들었다는 평가가 나왔다.

누리호 발사 성공과 위성의 궤도 안착에 이어 쌍방향 교신을 통해 위성의 정상작동까지 확인됨에 따라 우리나라는 실용위성 자체발사 역량을 완벽하게 갖추게 됐다. 과학기술정보통신부(과기부)와 항우연은 22일 오전 3시 2분 16초께 대전 항우연 지상국과 성능검증위성이 양방향 교신에 성공했다고 밝혔다. 성능검증위성은 발사체인 누리호의 궤도 투입성능을 검증하기 위해 국내 기술로 제작된 위성으로 임무수명기간인 2년 동안 지구 태양동기궤도에서 하루에 약 14.6바퀴 궤도운동을 하도록 설계됐으며, 한 달간 초기 운영기간을 거친 후 본격적인 임무를 수행한다. 정부는 누리호를 2027년까지 4차례 반복해 발사하면서 설계, 제작, 시험, 발사운영 등 발사체 개발 전주기 기술을 항우연에서 이전받을 체계종합기업을 선정하기로 했다. 이는 민간기업 중심의 '뉴스페이스 시대'를 앞당긴다는 취지에서 계획된 것으로 해당 사업에 투입되는 예산은 6,873억 8,000만 원이다.

요약

한국은 세계에서 7번째로 1톤(t) 이상인 실용적 규모의 인공위성을 우주발사체에 실어 자체기술로 쏘아올린 우주강국의 반열에 올랐다. 또한 핵심기술과 장비 모두 국내 연구진이 개발한 것이라 그 의미가 더 크다. 더 나아가 향후 진행될 우주개발의 발판을 만들었다는 평가가 나왔다. 정부는 누리호를 2027년까지 4차례 반복해 발사하면서 발사체 개발 전주기 기술을 항우연에서 이전받을 체계종합기업을 선정하기로 했다. 이는 민간기업 중심의 '뉴스페이스 시대'를 앞당긴다는 취지이다. 이 기술은 군사분야에서도 비약적인 발전을 가져올 것이다. 우선 ICBM과 같은 무기의 성능을 높이고, 우주군사정찰 등에서도 큰 발전이 기대된다.

더 알아보기

태양동기궤도

궤도면과 태양이 이루는 각도가 항상 일정하게 유지되는 궤도로 지구를 중심으로 궤도운동을 하는 인공위성 궤도의 한 종류다. 태양동기궤도를 도는 인공위성은 지구상의 고정된 위치를 일정한 시각(지방시)에 통과하기 때문에 지구상 물체를 매일 같은 시각에 관측할 수 있어 시간에 따른 물체의 변화를 분석하는 데 매우 유리하다.

8. 다음 제시문을 검토하여 집회·시위에 대한 자신의 입장을 요약하시오.

문재인 전 대통령이 경남 양산시 평산마을로 귀향한 후 반대단체 집회, 1인시위가 이어지면서 평산마을 주민의 불편이 커졌다. 밤낮으로 확성기·스피커를 틀고 집회 및 인터넷방송을 하던 단체는 물러갔지만, 낮 동안 1인시위와 소규모 인원 집회는 여전히 이어지고 있다. 지난 5월 문 전 대통령에 반대하는 단체 회원 서너 명이 사저에서 100m 정도 떨어진 곳에서 차량을 갖다 놓고 집회를 하자 견디다 못한 평산마을 주민이 이들을 찾아가 집회를 멈춰달라고 처음으로 집단항의를 하기도 했다. 평산마을 이장은 "평화로운 마을에 상엿소리와 욕설·비방 소음이 계속되니 정서적으로 불안해질 수밖에 없고, 주민 모두 말하기 힘든 고통을 겪고 있다"며 "집회·시위의 자유가 생존권보다 우선해도 되는 것이냐"고 비판했다. 문 전 대통령도 페이스북에서 "집으로 돌아오니 확성기 소음과 욕설이 함께하는 반지성이 작은 시골 마을 일요일의 평온과 자유를 깨고 있다"며 "평산마을 주민 여러분 미안합니다"라고 적은 바 있다. 경찰은 사저 앞 시위와 관련해 주민 불편이 심화되자 야간 확성기 사용을 제한하는 집회시위 제한 통고를 했으나, 낮 시간대에 확성기 등을 이용한 소음시위는 계속됐다.

한편 윤석열 대통령은 이 시위에 대해 "대통령 집무실(주변)도 시위가 허가되는 판이니까 다 법에 따라 되지 않겠느냐"고 답했다. 이는 야권이 윤 대통령을 향해 "할 수 있는 조치를 하라"며 해당 시위에 대한 적극적인 개입을 요구하고 나선 가운데 이러한 움직임에 대해 선을 그은 것으로 보인다. 용산 대통령실 청사 주변에도 시위가 허용되는 만큼 문 전 대통령 사저 주변 시위에 대해 대통령이나 정부가 나서 강제로 막을 만한 근거가 없다는 입장으로 풀이된다. 대통령실 관계자는 "집회·결사의 자유는 자유민주주의 국가에서 가장 중요한 기본권 중 기본권"이라며 "그 집회·결사의 자유를 임의대로 억누를 수 없다고 생각한다. 집회의 기준에 맞으면 집회를 할 수 있는 것"이라고 말했다.

요약

전 대통령의 사저 근처에서 반대단체 집회, 1인시위 등이 이어지면서 문 전 대통령과 평산마을 주민의 고통이 심화되고 있다. 주민들과 전 대통령은 소음시위에 대해 각종 스트레스와 모욕 및 허위사실 유포 등에 대해 항의했다. 이에 대해 대통령실은 "집회·결사의 자유는 자유민주주의 국가에서 가장 중요한 기본권 중 기본권"이라며 이를 임의대로 억누를 수 없다고 말했다.

더 알아보기

집회·결사의 자유

집단적인 형태로 나타나는 의사표현 행위를 헌법적으로 보장하는 것을 말한다. 우리나라 「헌법」 제21조 제1항에 "모든 국민은 …… 집회·결사의 자유를 가진다"고 규정되어 있다. 그러나 개인적인 맥락인 언론·출판의 자유와 마찬가지로 집회·결사의 자유 또한 국가의 안전을 보장하고 공공질서를 확립하기 위해 법률로써 제한할 때도 있다.

규제

1. 다음 제시문을 검토하여 아동학대 사건에 대한 자신의 입장을 기술하시오.

> 2020년 말 우리 사회에 공분을 일으켰던 '정인이 사건'이 그 이후 또 다른 사건으로 반복되고 있다. 물론 어제오늘의 일이 아니었다. 울산 울주군 여아학대 사망 사건(2013), 칠곡 아동학대 살인 사건(2013), 울산 입양아 학대 사망 사건(2014), 평택 아동살해 암매장 사건(2016), 청주 아동학대 암매장 사건(2016)…. 사건명만 들어도 전율이 느껴진다. 이처럼 아동이 사망에 이른 극단적인 경우를 포함하여 크고 작은 학대만도 연간 3만여 건에 이른다고 공식통계는 말해주고 있다.
>
> 최초의 아동학대 처벌법은 2014년 1월 제정된 '서현이법'이었다. 이 법과 '정인이법' 사이에 '원영이법', '은비법', '준희법'이 있었고, '정인이 사건' 이후에도 눈을 감게 하는 아동학대 사건이 계속 일어났다. 여기에서 아동학대가 일상적 행위가 되었다는 무참한 사실이 목도된다.
>
> 아동학대에 대한 엄벌 필요성이 이제는 충분히 인식되고 정착되는 듯하다. 그러나 아동학대 사건이 여전히 끊이지 않는다는 데 문제의 심각성이 있다. 2021년 5월 경기도 화성에서 두 살배기 입양아를 폭행해 의식불명 상태에 빠뜨린 양부가 구속됐다. 2020년 8월 입양 뒤 입양기관이 세 차례나 면담을 진행하고도 학대의 정황을 알아차리지 못했다. 경남 사천에서 부부싸움 도중 생후 7개월 된 아이를 때려 의식을 잃게 한 친모가 긴급체포됐다. 엄벌만으로는 아동학대 범죄를 막을 수 없다는 점과 근본적 예방을 위한 제도적·사회문화적 기반이 아직 부족하다는 점을 뼈아프게 재확인하게 된다. 아동학대 신고 의무자인 의료·교육기관마저 여전히 오인 가능성과 그로 인한 불이익을 우려해 신고를 꺼리는 게 현실이다.
>
> 생후 16개월 된 입양아 '정인이'를 학대해 숨지게 한 혐의로 기소된 양모에게 징역 35년형이 확정됐다. 대법원은 살인 등 혐의로 기소된 양모 장모씨의 상고심에서 징역 35년을 선고한 원심을 확정했다. 아동복지법 위반(아동유기·방임) 등 혐의를 받았던 양부 안모씨도 징역 5년형이 확정됐다.

서술 내용을 바탕으로 한 질문과 답변 예시

아동학대 사건이 끊이지 않고 반복되고 있다. 아동학대에 대한 엄벌 필요성이 이제는 충분히 인식되고 정착되어 있음에도 불구하고 아동학대 사건이 여전히 끊이지 않는다는 데 문제의 심각성이 있다. 아동학대는 일어나서는 안 될 반사회적 범죄다. 그럼에도 가정 내에서 은밀히 이뤄지는 탓에 적발도, 범죄 입증도 쉽지 않다. 아동학대를 막으려면 재판을 통해 지속적으로 엄중한 단죄를 하고 치밀한 예방대책을 마련해야 한다. 따라서 국회는 법안 발의 후 잠자고 있는 아동학대진상조사특별법 제정에 박차를 가해야 한다.

> 직접작성

2. 다음 제시문을 검토하여 가짜 뉴스 규제에 대한 자신의 입장을 정리하시오.

'가짜 뉴스'란 일반적으로 불특정 다수에게 유포할 의도를 갖고 뉴스 형식으로 만든 허위 정보를 말한다. 최근 인터넷의 발달로 누구나 쉽게 정보를 생산하고 유통할 수 있게 됨에 따라 가짜 뉴스는 과거에 비해 훨씬 더 다양한 형태로 빠르게 퍼지고 있다.

가짜 뉴스의 문제는 사회에 부정적인 영향을 미친다는 것이다. 일례로 A국가에서는 한 정치인이 자신의 권력을 이용하여 정부 기관에 조카를 채용시켰다는 가짜 뉴스가 유포되었는데, 이로 인해 그 정치인 및 가족들의 명예가 심각하게 훼손되었다. 또 B국가에서는 한 네티즌이 단순히 재미 삼아 유명인의 신상과 관련된 가짜 뉴스를 만들어 인터넷에 올렸는데, 이는 당시의 주식 시장과 환율 시장에 혼란을 주었다.

최근 가짜 뉴스의 파급력이 점차 커짐에 따라 세계 각국은 가짜 뉴스를 법적으로 제재하기 위한 대응 방안을 마련하고 있다. 그러나 실제로는 진짜 뉴스와 가짜 뉴스를 구분하기가 어렵고, 가짜 뉴스에 대해 법적인 제재를 가하다 보면 자칫 표현의 자유를 제한할 수 있다. 이러한 이유로 가짜 뉴스에 관한 법을 만드는 것에 반대하는 의견이 있어 법 제정에 어려움이 있다.

그렇다면 가짜 뉴스에 보다 효과적으로 대응하는 방법은 무엇일까? 사회적 차원에서는 기술적 대응 방안을 마련해야 한다. 예컨대 가짜 뉴스 여부를 자동으로 확인할 수 있는 프로그램을 개발하여 가짜 뉴스를 차단하는 것이다. 그리고 개인적 차원에서는 뉴스를 접하는 대중들이 비판적이되 신중한 태도를 가져야 한다. 이러한 태도를 기르기 위한 방법 중 하나로, 국제도서관연맹에서는 '제목과 본문 내용이 다르다면 의심한다, 자신의 선입견을 점검한다' 등과 같은 구체적인 지침을 제시하고 있다. 이렇게 사회적 차원과 개인적 차원의 노력이 함께 이루어지다 보면 가짜 뉴스가 설 자리도 점점 좁아질 것이다.

서술 내용을 바탕으로 한 질문과 답변 예시

'가짜 뉴스'란 일반적으로 불특정 다수에게 유포할 의도를 갖고 뉴스 형식으로 만든 허위 정보를 말한다. 최근 인터넷의 발달로 누구나 쉽게 정보를 생산하고 유통할 수 있게 됨에 따라 가짜 뉴스는 과거에 비해 훨씬 더 다양한 형태로 빠르게 퍼지고 있다. 문제는 가짜 뉴스가 사회에 부정적인 영향을 미친다는 것이다. 따라서 가짜 뉴스에 효과적으로 대응하기 위해서는 사회적 차원과 개인적 차원의 노력이 필요하다. 사회적 차원에서는 기술적 대응 방안을 마련해야 하며, 개인적 차원에서 대중들은 비판적이되 신중한 태도가 요구된다.

직접작성

3. 다음 제시문을 검토하여 차별금지법에 대한 자신의 입장을 표현하시오.

> 차별에 대한 국민들의 민감성이 높아진 데다 법률 제정의 필요성도 과거보다 더 높아진 것으로 조사됐다. 국가인권위원회가 발표한 '2020년 차별에 대한 국민 인식조사'에 따르면 응답자 1,000명 중 91.1%가 '코로나19를 계기로 나도 언제든 차별의 대상이나 소수자가 될 수 있다는 생각을 해 본 적이 있다'고 답했다. 또한 법률 제정 등이 필요하다는 답변은 88.5%로, 지난해의 72.9%보다 높았다. 응답자의 69.3%는 '코로나19로 혐오나 차별의 대상이 된 사회집단이 있었다'면서 '우리 사회의 차별이 심각하다'고 82.0%가 응답했다.
>
> 이는 한국사회에서 여성, 이주민·난민, 성소수자 등은 물론 세월호 참사 등 사회적 참사 피해자까지도 혐오와 조롱의 대상이 되는 병폐가 더욱 심해지고 있기 때문이다. 「대한민국 헌법」 제11조 1항은 '모든 국민은 법 앞에서 평등하다. 누구든지 성별·종교 또는 사회적 신분에 의하여 정치적·경제적·사회적·문화적 생활의 모든 영역에 있어서 차별을 받지 아니한다'고 명시하고 있다. 하지만 사회적 소수자들에 대한 차별과 혐오를 확산해도 처벌받지 않는 탓에 사회적 분위기는 악화돼 가고 있다.
>
> 정부나 국회의원들의 노력이 그동안 없었던 것은 아니지만, 유엔인권이사회가 한국에 차별금지법 제정을 꾸준히 권고하고 있다는 점을 감안한다면, 차별금지법 제정은 더는 미룰 수 없는 일이라 할 수 있다.
>
> 차별금지법은 평등권과 인권을 보장하는 최소한의 법적 장치라고 할 수 있다. 성별, 인종, 피부색, 출신지, 정치적 또는 그 밖의 의견, 혼인 등을 이유로 한 정치적·경제적·사회적·문화적 생활의 모든 영역에서 차별받지 않을 권리는 평등권을 실질화한다는 점에서도 꼭 필요하다. 국회 입법조사처가 21대 국회의 입법과제로 차별금지법을 손꼽는 점, 정의당이 차별금지법 제정을 5대 입법과제 중 하나로 정한 점 등도 고려하고 불교와 개신교, 천주교, 원불교 등 4대 종단 이주인권협의회가 차별금지법 제정을 촉구하는 기자회견을 열었다는 점도 잊지 말아야 한다. 차별과 혐오를 더는 묵과할 수 없다는 공감대가 코로나19 덕분에 확대된 만큼 21대 국회가 차별금지법 제정에 힘을 쏟길 기대한다.

서술 내용을 바탕으로 한 질문과 답변 예시

차별에 대한 국민들의 민감성이 높아진 데다 법률 제정의 필요성도 과거보다 더 높아졌다. 이는 한국사회에서 여성, 이주민·난민, 성소수자 등은 물론 세월호 참사 등 사회적 참사 피해자까지도 혐오와 조롱의 대상이 되는 병폐가 더욱 심해지고 있기 때문이다. 이러한 현 시점에 있어 차별금지법은 평등권과 인권을 보장하는 최소한의 법적 장치라고 할 수 있다. 성별, 인종, 피부색, 출신지, 정치적 또는 그 밖의 의견, 혼인 등을 이유로 한 정치적·경제적·사회적·문화적 생활의 모든 영역에서 차별받지 않을 권리는 평등권을 실질화한다는 점에서도 꼭 필요하다. 차별과 혐오를 더는 묵과할 수 없다는 공감대가 코로나19 덕분에 확대된 만큼 차별금지법 제정이 조속히 이루어져야 할 것이다.

직접작성

4. 다음 제시문을 검토하여 저작권법에 대한 자신의 입장을 요약하시오.

국회에는 '저작권법 일부 개정안'이 발의됐다. 법안은 시도교육청이 교부금으로 각 초·중·고등학교의 저작물 이용보상금을 지불해야 한다는 것이 골자다. 다시 말해 교사들이 제작하여 학교에서 사용하는 수업자료에도 저작권을 부여해야 한다는 것이다. 교과서는 물론 각종 교재의 그림과 도안, 다큐멘터리물이 이에 해당한다.

현행 저작권법에 따라 각 초·중·고등학교는 저작권자의 허락 없이도 영상물, 참고서 등을 수업자료로 무료이용할 수 있다. 법안이 통과되면 교과서 외의 수업자료를 사용하기 위해서는 각 교육청이 저작권료를 지불하게 되는데 당장 연간 69억원가량이 지출될 것이라는 분석이 나왔다. 특히 서울에 이어 전국에서 두 번째로 학생 1인당 교육비가 낮은 경기도의 경우 지방재정교부금으로 저작권료까지 지불하게 된다면 일반대 학생 1인 기준금액인 1,300원 적용 시 연간 19억 5,000여 만 원의 저작권료가 투입될 것으로 예상된다. 수업에는 교과서 외 다큐멘터리와 같은 영상물부터 참고서까지 여러 수업자료가 필요한데, 실제로 학교에서는 다양한 수업자료가 제작·활용되고 있다. 현행 「저작권법」 제25조가 '교육기관에서 수업목적으로 이용하는 경우 저작권자의 허락 없이도 저작물을 먼저 사용하고 이후에 보상금을 지급'하도록 하는 동시에 '다만, 고등학교 및 이에 준하는 학교 이하의 학교에서 복제 등을 하는 경우에는 보상금을 지급하지 아니한다'고 명시하고 있기 때문이다. 이에 초·중·고등학교에서는 수업목적일 경우 저작물을 사용해도 저작권료를 내지 않고 있다. 의무교육의 공익적 성격을 고려해 교육현장에서 일일이 저작권자의 허락을 구하지 않아도 저작물을 사용할 수 있게끔 한 것이다. 개정안이 통과하면 문화체육관광부가 정한 저작권 신탁단체인 한국문학예술저작권협회에 각 교육청이 지방교육재정교부금을 사용해 매년 일정금액을 지불하는 형태가 될 전망이다.

요약

「저작권법」이 일부 개정되어 교부금으로 각 초·중·고등학교의 저작물 이용보상금을 지불해야 한다. 현행법에서는 저작권자의 허락 없이도 영상물, 참고서 등을 수업자료로 무료이용이 가능했지만, 법안이 통과되면 연간 69억 원 가량이 저작권료로 지출될 것이라 분석된다. 의무교육이라는 공익적 성격을 고려해 무료로 저작물을 사용할 수 있게끔 했지만, 앞으로는 한국문학예술저작권협회에 각 교육청이 지방교육재정교부금을 사용해 매년 저작권료를 지불하는 형태가 될 전망이다. 공익목적 사용이라는 명분으로 창작자들의 권리를 침해하는 것은 옳지 않다. 지금이라도 법이 개정되어 그들의 노력과 권리에 대한 금전적 보상이 이루어져야 마땅하다.

5. 다음 제시문을 검토하여 만나이 연령통일에 대한 자신의 입장을 요약하시오.

2022년 4월 11일 대통령직 인수위원회는 윤석열 대통령 당선인의 대선 공약에 따라 우리나라의 법적·사회적 나이 계산법을 '만 나이' 기준으로 통일하는 방안을 추진하겠다고 했다. 우리나라는 세는 나이(출생일부터 1살, 새해마다+1살), 만 나이(출생일 기준 0살, 생일마다+1살), 연 나이(현재 연도-태어난 연도) 총 세가지 계산법을 사용하는데 나이 계산법을 '만 나이' 하나로 통일한다는 것이다. 우리나라에서 사회 통념적으로 사용하는 나이와 법적인 처분에 사용되는 나이가 달라 국민들의 불편을 초래하는 사례가 적지 않다. 나이 계산법과 관련하여 실생활에서 혼선을 일으킨 대표적인 경우에는 '30세 미만 아스트라제네카 백신 접종 미권장 연령 기준', '코로나19 PCR 대상 연령 기준', '어린이 감기약 섭취 기준 12세 미만'과 같은 문구에 관한 이슈와 '임금피크제가 적용되는 연령 기준'에 관한 남양유업 노사 간의 4년에 걸친 법적 다툼 등이 있다. 인수위는 "법적·사회적 나이 계산법이 통일되지 않아 사회복지서비스 등 행정서비스를 받거나 각종 계약을 체결 또는 해석할 때 혼선과 분쟁이 지속돼왔다"며 '만 나이' 통일 시 국민들의 혼란이 최소화되고 불필요한 사회·경제적 비용을 없앨 수 있을 것이라 설명했다. 인수위는 우선 「민법」 및 「행정기본법」에 '만 나이' 계산법 및 표기 규정을 마련해 법령상 민사와 행정 분야의 '만 나이' 사용 원칙 확립 후 '연 나이' 계산법을 채택하고 있는 개별법 정비도 추진할 예정이다. 연 나이 계산법이 적용되는 경우는 청소년 보호법(술·담배)과 병역 의무자를 규정한 「병역법」은 현행 규정을 유지하되 개정 필요성을 면밀히 검토한다는 의미이다. 관련 법안은 2023년 국회에 제출하는 것을 목표로 2022년 안에 개정안을 마련할 계획이라 전했다. '만 나이' 기준이 채택되면 현재 통용되는 '한국식 나이'보다 최대 2세까지 어려진다.

요약

우리나라에서는 '만 나이', '세는 나이', '연 나이' 방식으로 총 세 가지 나이 계산법을 혼용하고 있다. 나이 계산법 혼용으로 인해 30세 미만 아스트라제네카 백신 접종 미권장 연령 기준, 코로나 19 PCR 대상 연령 기준, 임금피크제가 적용되는 연령 기준 등 국민들의 실생활에서 혼란과 불편이 빚어질 뿐만 아니라 불필요한 사회·경제적 비용이 발생하고 있다. 이와 같은 문제점을 해결하기 위해 2022년 4월 대통령직 인수위는 민사와 행정 분야에서의 '만 나이' 사용 원칙 확립 후, '연 나이' 계산법을 사용하고 있는 개별법을 정비하고 개정안을 마련한 뒤 관련 법안을 2023년 국회에 제출하기로 했다. 글로벌 시대에 맞게 여러 국가들과 협업하고 소통하기 위해 국제 기준에 맞는 만 나이로 통일하는 것이 필요하다고 생각한다.

6. 다음 제시문을 검토하여 존엄사 논란에 대한 자신의 입장을 찬성 혹은 반대로 밝히시오.

면접관의 의도

존엄사에 대해 타당한 논거를 들어 자신의 입장을 밝힐 수 있는지 알아보는 질문이다.

> 프랑스의 전설적 배우 알랭 들롱(87)이 일명 '존엄사'를 결심했다. 프랑스 매체들에 따르면 들롱의 아들 앙토니 들롱은 인터뷰에서 들롱이 존엄사를 원한다는 것이 사실이냐는 질문에 "맞다. 사실이다. 그가 내게 그렇게 부탁했다"고 말했다. 알랭 들롱은 2021년 프랑스 공영방송 TV5 몽드와 진행한 인터뷰에서 '존엄사는 가장 논리적이고 자연스러운 일이며, 병원이나 생명유지장치를 거치지 않고 조용히 떠날 권리가 있다'면서 '그렇게 해야 할 상황이 닥치면 주저하지 않고 죽음을 택할 것'이라고 말한 바 있다. 알랭 들롱은 프랑스와 스위스 이중 국적자여서 법적으로는 존엄사를 선택하는 데 문제가 없다고 르푸앵은 전했다.
>
> 존엄사는 '죽을 권리'를 부여한다는 점에서 '안락사'와 비슷하지만, 영양공급 등 연명치료를 중단하는 '소극적 안락사'나 임종에 가까운 중환자의 고통을 덜기 위해 약물을 주입해 사망하게 하는 '적극적 안락사'와는 구분된다.
>
> 안락사가 환자의 죽음을 '인위적으로 앞당기는 것'으로서 영양분 공급 등을 중단(소극적)하거나 의사가 직접 치명적 약물을 주입(적극적)하는 방식이라면 존엄사는 임종을 앞둔 환자가 본인 또는 가족의 동의로 연명의료를 중단하는 것이다. 심폐소생술, 혈액 투석, 항암제 투여, 인공호흡기 착용 등 치료효과 없이 임종과정만 연장하는 의학적 시술을 법적으로 중단하는 방식이다. 그러나 통증완화를 위한 의료행위와 영양분, 물, 산소의 단순공급은 중단할 수 없다. 우리나라도 2018년 2월부터 2월 4일 '호스피스·완화의료 및 임종과정에 있는 환자의 연명의료결정에 관한 법률(연명의료결정법, 일명 존엄사법)'이 시행되고 있다. 투병과정에서 소생가능성이 없을 경우 무의미한 연명치료는 받지 않겠다고 서약한 '사전의향서' 작성자가 2022년 1월 기준으로 118만 명을 넘었다. 65세 이상 인구의 13% 정도가 연명의료를 받지 않겠다고 등록한 것이다.

찬성

핵심 키워드

생명연장, 존엄, 죽을 권리, 행복추구권

도입

인간은 스스로 자기 죽음에 대한 선택권을 가져야 한다. 따라서 존엄사는 개인의 선택이자 당연한 권리입니다.

직접작성

부연설명

- 인간답게 죽고 고통에서 벗어날 권리도 있습니다.
- 생명보조장치에 의존하여 삶을 인위적으로 연장하는 것보다는 '삶의 질'이 더 중요합니다.
- 순리에 따른 죽음을 막는 것 또한 인명의 존엄성을 해치는 것입니다.

직접작성

맺음말

계속되는 고통에 대한 환자의 선택을 전적으로 존중해 '죽을 권리'와 '행복추구권'을 보장해주어야 합니다. 환자의 선택하에 인간으로서 지녀야 할 최소한의 품위를 지키며 삶을 마감할 수 있게 해야 하는 것입니다.

직접작성

반대

핵심 키워드

자살, 존엄성 훼손, 범죄

도입

인위적으로 생명을 끊는 존엄사 시행은 생명의 존엄성을 훼손합니다. 생명은 그 자체만으로 가치가 있는 것으로서 경제적 가치뿐만 아니라 다른 가치로도 환산할 수 없습니다.

직접작성

부연설명

- 생명을 가볍게 여기게 됩니다.
- 자살 또는 살인과 명백히 구분하기 어렵기 때문에 사회적으로 악용될 가능성이 높습니다.
- 사회적·경제적 약자들에게는 '죽음을 선택할 권리'가 아니라 '죽어야만 하는 의무'가 될 수 있습니다.

직접작성

맺음말

- 근본적으로 모든 사람의 죽음은 고통스럽고 비극적입니다.
- 지불해야 하는 비용이 클수록 환자의 자기결정권이라는 권리가 강조되기보다 자기부담이라는 의무가 강조될 수밖에 없습니다.
- 존엄사는 경제적 여력이 없는 이들에게는 결코 자발적 선택이 아닙니다.

직접작성

7. 다음 제시문을 검토하여 공기업 민영화에 대한 자신의 입장을 찬성 혹은 반대로 밝히시오.

면접관의 의도

사회적 이슈에 대해 얼마나 관심을 갖고 있으며, 자신의 입장을 논리적으로 주장할 수 있는지 알아보는 질문이다.

> 기밀사항인 내부정보를 이용해 개발지역에 투기를 한 한국토지주택공사(LH) 직원들이 드러나 공분을 산 것을 계기로 공기업 민영화를 주장하는 목소리가 커지고 있다. 여기에 2021년 4·7 보궐선거에서 서울과 부산시장 후보자들이 각 분야의 공기업을 민영화하겠다는 선거공약을 들고 나오면서 불을 지핀 모양새다.
>
> 공기업(公企業, Public Enterprise)이란 사회공공의 복리를 목적으로 중앙정부 또는 지방정부가 출자하여 설립되었거나 지분이 대부분 정부에게 속해 있는 기업으로서 각자에게 고유한 사업영역을 부여하고 경영에 대한 책임은 스스로 지는 기업이다. 우리나라의 공기업 비중은 매년 공정거래위원회(공정위)가 발표하는 '상호출자제한 기업집단(대기업) 지정현황'에서 공기업이 제외된 2017년 이전 자료를 통해 유추했을 때 자산총액 10조 원이 넘는 기업은 12개 사로 전체의 약 40%를 차지하고, 자산규모도 전체의 35%를 넘는다. 즉, 우리나라는 시장경제를 표방하면서도, 다른 나라들에 비해 공기업의 비중이 큰 편에 속한다. 이는 국가주도 경제발전을 이룬 나라들에서 보이는 특징이기도 하다.
>
> 이런 이유로 군사정부가 종식되고 국민투표에 의한 대통령 직선제가 자리를 잡자 2000년 이후 선거 때마다 공기업의 민영화는 화두로 떠오르곤 했다. 특히 이명박정부는 감세에 따른 손실을 메운다는 이유로 대통령 후보 때부터 퇴임 때까지 줄기차게 공기업의 민영화를 추진했다. 그중에서 대표적인 것이 상수도, 청주공항 및 인천국제공항, 가스 민영화였고, 그 외에도 철도 관세권 회수(철도 민영화), 영리병원 도입(의료 민영화), KS인증 민영화를 추진했다. 심지어 전기와 KBS 및 MBC 방송까지 민영화 대상이었다. 한편 공기업의 민영화에 대한 주장은 신자유주의 경제정책에 기반을 두고 있다. 사적자본에게 소유권과 경영권을 넘긴다는 뜻에서 '사유화' 또는 '사영화'로도 부르고, 시장매커니즘으로 공공서비스를 넘긴다는 뜻에서 '시장화'라고도 부른다.

찬성

핵심 키워드

공적 사업영역, 부조리, 경쟁

도입

공기업의 민영화에 찬성합니다. 국가가 소유하고 경영하는 공기업이나 공적 사업영역이 비효율적이고 방만하게 운영되면 부실화되고 경쟁력도 떨어지게 되어 국가경쟁력이 약화되기 때문입니다.

직접작성

부연설명

- 공기업이 고객인 국민에게 횡포를 부려도 국민은 다른 대응수단이 없습니다.
- 정치적인 논리에 의해 운영되면 그 혜택이 일부 소수에게만 제공되기 쉽습니다.
- 경쟁이 있어야 최고의 서비스를 제공하기 위한 노력을 합니다.

직접작성

맺음말

기업은 경쟁을 통해 발전합니다. 경쟁이 있어야 소비자에게 선택받기 위해 서비스를 개발하고 개선하려 노력하기 때문입니다. 따라서 민영화로 공공서비스의 질을 높여 국가경쟁력 향상에 기여하게 될 것입니다.

직접작성

반대

핵심 키워드

공공부문, 사회적 역할, 공익성

도입

공기업 민영화에 반대합니다. 공공사업은 돈벌이 대상이 될 수 없습니다. 이는 '사적자본'에 '공적자산'을 파는 행위이기 때문입니다.

직접작성

부연설명

- 결국 신자유주의와 국제금융자본에 국민경제가 굴복하게 됩니다.
- 민간기업은 공익성을 위해 자신을 희생하는 일은 하지 않습니다.
- 민영화된 기업이 가장 먼저 하는 일은 구조조정, 즉 정리해고입니다.

직접작성

맺음말

점차 '수익성'을 기준으로 경제를 평가하던 사조가 퇴조하고, '안전성과 고용창출력'을 중시하는 방향으로 시대의 의제가 이동하고 있습니다. 이를 기반으로 자금과 정책방향도 이동하고 있는 실정입니다. 이런 변화의 기준으로 본다면 공기업 민영화는 더더욱 정당성을 갖기 어렵습니다.

직접작성

8. 다음 제시문을 검토하여 중범죄 의사 면허취소에 대한 자신의 입장을 찬성 혹은 반대로 밝히시오.

> **면접관의 의도**

사회적 이슈에 대해 얼마나 관심을 갖고 있으며, 자신의 입장을 논리적으로 주장할 수 있는지 알아보는 질문이다.

> 2021년 2월 국회 보건복지위원회는 금고 이상의 형을 확정 받은 의료인의 면허를 박탈하는 조항을 모든 범죄로 확대 적용하는 내용을 담은 「의료법」 일부개정안을 통과시켰다. 그러나 같은 달 26일 법제사법위원회 전체회의에 상정됐으나 법사위의 문턱을 끝내 넘지 못했다. 국민의 힘 등 야당이 헌법상 '과잉금지의 원칙' 위배를 이유로 반대하자 의결을 보류하고 전체회의에서 계속 논의하기로 한 것이다.
>
> 해당 개정안에 따르면 금고 이상의 형이 확정될 경우 의사면허가 취소되고 실형을 받으면 형 집행종류 후 5년, 집행유예는 기간 만료 후 2년까지 면허 재교부가 금지된다. 선고유예 역시 그 기간이 끝나야 면허 재취득이 가능하다. 특히 강력범죄, 성폭력 등 의료법 외의 법률 위반으로 금고 이상의 형을 받은 모든 경우를 대상으로 한다. 따라서 간호사, 간호조무사 등 병원에서 일하는 직원들의 월급을 고의적으로 지불하지 않는 등의 「근로기준법」 위반사항도 적용대상이 된다. 다만 의료사고에 따른 처벌가능성이 있는 직업적 특수성을 고려해 의료행위로 인한 업무상 과실치사상죄는 대상에서 제외했다.
>
> 해당 개정안은 의사뿐 아니라 대표적인 전문직종인 변호사 등의 위법행위에 대한 자격정지 면에서 형평성을 맞추기 위해 제안됐다. 또한 2000년 「의료법」 개정에 따라 의사면허 자격제한이 '직무 관련 범죄'로 좁혀진 이후 성폭력 등 의사들의 강력범죄가 좀처럼 줄어들지 않고 있는 현실도 반영했다. 한편 여론조사업체 리얼미터가 오마이뉴스 의뢰로 '의사가 범죄를 저질러 금고 이상의 형을 받으면 의사면허를 일정 기간 취소하는 내용의 의료법 개정안에 얼마나 찬성하느냐'에 관해 전국 18세 이상 500명을 대상으로 설문한 결과(오차범위: 95% 신뢰수준에 ±4.4%p), '찬성'이 68.5%, '반대'가 26.0%, '잘 모르겠다'가 5.5%였다. 지지 정당별로는 더불어민주당 지지층은 89.9%가 찬성했고 국민의 힘 지지층은 찬성 38.8%, 반대 51.6%로 반대가 더 많았다. 연령대별로는 40대에서 찬성비율이 85.6%로 높았다.

찬성

핵심 키워드

형평성, 직업윤리, 금고 이상의 형

도입

의사들은 누구보다도 올바른 직업윤리를 가지고 종사해야 하는 직업이기 때문에 중범죄 의사의 면허취소를 찬성합니다.

> 직접작성

부연설명

- 환자의 생명을 다루는 의사에게는 높은 공적책임과 윤리의식이 요구됩니다.
- 회계사, 변호사 등 전문직종 종사자의 위법행위에 대해서도 자격정지 및 자격취소가 이뤄지고 있습니다.
- 의약분업에 대한 보상이었던 만큼 의사의 강력범죄가 늘어나고 있는 현실을 반영해야 합니다.

> 직접작성

맺음말

의료인은 국민의 생명과 건강을 다루는 업무 특성상 높은 수준의 직업적 윤리와 사회적 책임이 요구됩니다. 따라서 중범죄를 저지른 의사의 면허를 취소하는 것은 정당합니다.

직접작성

반대

핵심 키워드
평등의 원칙, 과도한 처벌

도입
법을 다루지 않는 의사에게 의료와 관련 없는 모든 범죄로 처벌을 확대 적용하는 법은 평등의 원칙에 반하므로 반대합니다.

직접작성

부연설명
- '금고 이상의 형'은 적용범위가 넓어 억울한 피해자가 나올 수 있습니다.
- 법을 다루는 변호사와 그렇지 않은 의사에 동일한 법을 적용하는 것은 평등의 원칙에 위반됩니다.

직접작성

맺음말

환자 보호와 무관한 범죄까지 법의 적용대상으로 삼는 것은 과도하며, 모든 범죄로 확대하여 처벌하는 것은 지나칩니다. 또한 의료의 질도 떨어질 것이기 때문에 결과적으로 국민만 피해를 보게 될 수 있습니다.

직접작성

9. 다음 제시문을 검토하여 반려동물 매매에 대한 자신의 입장을 찬성 혹은 반대로 밝히시오.

[면접관의 의도]

반려동물 매매에 대한 논란이 많다. 이러한 이슈에 대해 자신의 입장을 논리적으로 주장할 수 있는지 알아보는 질문이다.

> 우리나라에서 반려동물을 키우는 인구는 매년 늘고 있고, 늘어나는 반려동물과 비례해 관련 산업 역시 나날이 커지고 있는 추세이다. 반려동물 관련 산업은 2012년 약 9,000억 원에서 2015년에는 약 1조8,000억 원, 2020년에는 약 5조 8,000억원에 이르는 것으로 추정된다. 하지만 이와 함께 반려동물과 관련된 사회적 갈등과 논란 역시 커지고 있다. 대표적인 것이 바로 유기견·유기묘 문제다. 연간 유기되는 반려동물 숫자는 약 13만 마리로 추정되는데, 이를 위해 정부는 약 267억 원에 이르는 비용을 쓰고 있다. 한편 경기도가 도민 1,000명을 대상으로 한 설문에서 개인 간 반려동물 매매를 금지하고 자격을 허가받은 생산자 판매나 동물보호센터 등을 통한 '기관입양'만 허용하는 방안에 응답자의 79%가 '찬성'으로 답했다. 반려동물 유통경로를 단축해 생산업자와 입양희망자가 직거래할 수 있게 하는 것에는 76%가 찬성했다. 이런 분위기에서 반려동물 매매 금지에 대한 다양한 의견들이 개진되고 있다.
>
> 반려동물 매매금지를 찬성하는 입장에서는, 반려동물을 가정의 구성원으로 여기는 사회적 분위기도 이전과 달리 크게 퍼졌음에도 한 해 유기되는 반려동물 수가 13만 마리에 이르며, 유기동물보호센터에 입소되는 개체 중 절반에 가까운 46%가 사망하고 있다. 또 동물들을 물건처럼 수집하고 방치하는 애니멀 호딩, 한평생 짧은 줄에 묶여 음식물쓰레기를 주는 마당개, 동물학대 및 살해영상 유포 행위 등도 여전하다. 이와 같은 반려동물 경시는 동물을 상품으로 과잉생산하고 손쉽게 구매하는 현실에 원인이 있다고 보고 있다.
>
> 이에 반해 매매금지를 반대하는 입장에서는 2020년 유기동물보호센터에 들어온 유기견, 유기묘 중 70~80%가 소위 품종견, 품종묘가 아니다. 그런데 펫샵에서 거래하는 반려동물은 품종견, 품종묘이므로 반려동물 매매가 유기견, 유기묘를 양산한다는 것은 잘못된 생각이다. 문제를 다각적으로 판단하지 않고 펫샵에만 책임을 전가하는 것은 마녀사냥과 다르지 않다.

찬성

핵심 키워드

반려동물, 유기 원인, 불법

도입

우리 사회에 유기동물들이 많이 발생하는 것은 동물을 쉽게 사고 팔다 보니 학대하고 유기하기 때문입니다. 이는 생명권 보호라는 차원에서 반려동물 매매정책을 국가에서 재고해야 합니다.

직접작성

부연설명

- 돈으로 쉽게 살 수 있다는 의식이 반려동물의 학대와 유기를 양산합니다.
- 미국, 독일 등 선진국은 이미 펫샵을 통한 반려동물 매매를 불법으로 규정하고 있습니다.
- 사거나 팔지 않고, 입양하는 반려동물 문화가 법률과 제도로 정착돼야 합니다.

직접작성

맺음말

동물들의 권리를 위해 반려동물 매매를 금지해야 합니다. 이를 현실화하기 위해 입법과 정책적인 개선이 필요합니다.

직접작성

반대

핵심 키워드

유기견 · 유기묘, 분양, 펫샵, 산업

도입

반려동물 매매가 유기견, 유기묘를 양산한다는 것은 옳지 않으며, 펫샵에게만 책임을 전가하는 것은 마녀사냥입니다.

직접작성

부연설명

- 펫샵에서는 품종견 · 품종묘만 거래되지만, 유기동물 70~80%는 믹스견 · 믹스묘입니다.
- 펫샵분양보다 개인분양이 많으므로 펫샵의 과잉생산만을 문제로 볼 수 없습니다.
- 유기동물이 생기는 근본적인 이유는 무책임이지 쉽게 살 수 있어서가 아닙니다.

직접작성

맺음말

반려동물 관련 산업은 급격한 성장과 4차 산업혁명으로 다양화되고 있습니다. 이런 시기에 '수요 맞춤형 유통정책의 수립'을 외면한 채 시장에 대한 규제만을 강조하면 기존 관련 산업 종사자들의 생존만 위협하게 될 것입니다.

직접작성

10. 다음 제시문을 검토하여 촉법소년 제도에 대한 자신의 입장을 찬성 혹은 반대로 밝히시오.

> **면접관의 의도**
>
> 촉법소년 제도에 대한 논란이 많다. 이러한 이슈에 대해 자신의 입장을 논리적으로 주장할 수 있는지 알아보는 질문이다.

> 대구의 한 식당에서 13~15세 중학생 3명이 주인을 위협하고 행패를 부리다 경찰에 입건됐다. 이들은 식당 앞에서 담배를 피우다 주인이 타이르자 두차례에 걸쳐 손님을 내쫓고 식당 집기를 파손했다. 이 과정에서 이들은 "우리는 사람 죽여도 교도소에 안 간다"고 했다고 전해진다. 이들은 촉법소년 제도를 알고 있었다는 이야기다. 촉법소년(觸法少年)은 대한민국 형법 제9조에 의거해 범법행위를 했더라도 형사처벌을 할 수 없는 14세 미만의 미성년자를 말한다. 이는 곧 우리나라에서는 형사책임연령이 만 14세이며 이 나이에 도달하지 못한 경우 형사처벌을 할 수 없다는 의미이다. 그 대신 가정법원 등을 통해 감호위탁, 사회봉사, 소년원 송치 등 '보호처분'을 받는다. 또한 현재 만 19세 미만은 흉악범죄를 저질러도 '소년법'에 따라 감형을 받는다. 즉, 14세 이상인 경우에는 형사처벌도 가능하지만 19세 미만이라면 설사 형사처분을 받게 되더라도 대법원 양형기준과 상관없이 형을 감경할 수 있는 것이다. 또한 최대 형량도 장기형은 최대 10년, 단기형은 최대 5년까지만 선고할 수 있다. 강력범죄의 경우라도 20년형이 최고형이다.
>
> 이렇게 형사책임연령의 기준을 둔 것은 형법이 지닌 세 가지 본질적 목적인 응보, 교화, 예방 중 예방에 초점을 두었기 때문이다. 문제는 10~14세 미성년자 범법행위자인 촉법소년들의 범죄가 날로 늘어가고 있다는 것이다. 형사처벌을 받지 않는다는 사실을 알고 흉악범죄를 저지르는 사례도 많아졌다. 2016년 6,576건이었던 경찰에서 검찰로 송치된 촉법소년의 강력범죄가 2020년에는 9,606건으로 급증했다. 촉법소년의 나이 기준을 낮춰 형사처벌을 강화해야 한다는 목소리가 커지는 배경이다. 제20대 대통령도 촉법소년 연령을 낮추겠다는 공약을 내놨고, 이미 비슷한 법안까지 발의돼 있다. 그러나 반대론도 만만찮다. 처벌강화로 소년범죄를 줄이기 어렵고, 성장단계인 미성년에 대해서는 최대한 훈육·교화를 해야 한다는 게 반대론자들의 논리다.

찬성

핵심 키워드

소년범, 교육, 재범률

도입

죄에 대한 처벌에는 나이 제한이 없어야 합니다.

직접작성

부연설명

- 촉법소년 범죄가 증가하는 것은 미성년자라며 엄벌하는 대신 '봐주기'로 대응해온 결과입니다.
- 촉법소년 제도가 재범을 유도하고, 결국 범죄자를 키우는 역할을 하고 있습니다.
- 형량의 기준이 나이인 것은 사회적 합의의 결과물에 불과합니다.

직접작성

맺음말

촉법소년의 나이 기준을 낮춰 형사처벌을 강화해야 합니다.

직접작성

반대

핵심 키워드

미성년자, 미성숙, 사회화

도입

성장과정에 있는 청소년들에게는 사회 전체가 책임을 느끼고 교화와 지도, 훈육 중심으로 정상적인 성인이 되도록 이끌고 살펴줄 필요가 있고, 이것이 촉법제도의 존재이유입니다.

직접작성

부연설명

- 청소년은 성인보다 합리적 사고능력이 부족한 미성숙한 인격체입니다.
- 바람직한 사회화를 위해서라도 형벌의 강화보다 교육적 처분이 강화돼야 합니다.
- 촉법소년은 학교, 지역사회, 국가가 모두 책임을 져야 하는 우리 모두의 아이여야 합니다.

직접작성

맺음말

무조건적인 처벌보다 범죄를 저지를 수밖에 없었던 환경을 개선해주는 것이 사회의 책임입니다.

직접작성

11. 다음 제시문을 검토하여 연예인 병역특례 논란에 대한 자신의 입장을 찬성 혹은 반대로 밝히시오.

> **면접관의 의도**
> 국가의 위상을 높인 유명인들에 대한 군 관련 이슈에 대해 어떠한 생각을 가지고 있는지 알아보는 질문이다.

> 그룹 방탄소년단(BTS)의 군 복무를 둘러싼 논란이 다시 수면 위로 떠올랐다. 방탄소년단 소속사 하이브의 이진형 커뮤니케이션 총괄(CCO)이 2022년 4월 9일 미국 라스베이거스에서 열린 기자간담회에서 BTS 병역 관련 질문을 받고 "병역사안이 전 세계적 관심사가 됐고 이에 대한 논의가 어느 정도 성숙한 것으로 보아 이번 국회에서 정리됐으면 한다"고 말했다. BTS에 대한 병역특례 논란은 2018년부터 시작됐다. 당시 BTS가 정규 3집 'LOVE YOURSELF 轉 'Tear''로 한국 가수 최초로 미국 빌보드 앨범차트(빌보드 200) 1위에 오르자 병역특례 혜택을 줘야 하는 것 아니냐는 일부의 목소리가 나왔기 때문이다. 이후에도 BTS가 빌보드 뮤직어워즈, 아메리칸 뮤직어워즈 등 여러 시상식에서 상을 휩쓸 때마다 병역특례 이슈가 터져 나왔고, 그때마다 찬반논란이 불거졌다.
>
> 「병역법 시행령」 제68조의11에서는 예술·체육 분야 특기가 있는 사람 가운데 병무청장이 정하는 올림픽, 아시아경기대회, 국제예술경연대회 등에서 입상할 경우 병역특례 혜택을 받을 수 있다고 규정하고 있다. 이에 따라 2015년부터 2019년까지 병역법상 대체복무를 이행한 예술·체육인은 258명(예술요원은 140여 명으로 추정)이다. 이는 전문연구(1만 2,538명), 산업기관(5만 5,202명), 승선예비(4,783명) 분야 대비 0.35%로 현저히 낮은 수준이다. 예술요원 중 순수음악 분야는 차이콥스키 국제콩쿠르, 바르샤바 쇼팽 국제콩쿠르, 벨기에 퀸엘리자베스 국제콩쿠르 등 총 28개 국제음악콩쿠르 1, 2위 입상자의 경우 병역법상 예술·체육요원으로 대체복무할 수 있다. 반면 가수·배우 등 대중문화 예술인은 병역특례 대상에 들어가지 않아 대체복무의 기회를 적용받은 예가 단 한 명도 없다.
>
> 2021년 11월 국방위 법안심사소위원회는 '병역법 개정안' 논의에 들어갔지만 대통령 선거를 앞두고 민감한 병역문제를 다루는 데 소극적이어서 결론을 내지 못했고, 올해 4월에도 역시 병역법 개정안이 통과되지는 못했다.
>
> 그러한 가운데 BTS 멤버 진(30·본명 김석진)은 군입대를 결정하고, 지난 11월 4일 병무청에 '입영 연기 취소원'을 제출하며 입영 연기를 철회했다. 구체적인 입대 날짜는 밝혀지지 않았지만, 최전방에 있는 훈련소에 입소한다고 알려졌다.

찬성

핵심 키워드

병역특례, 병역법, 특혜, 영리활동, 순수예술, 대중예술, 공정, 형평성

도입

이들이 이룬 성과와 국가에 대한 기여가 병역 분야에서도 제대로 평가받아야 합니다.

직접작성

부연설명

- 바이올린·피아노 같은 고전음악 콩쿠르에서 1등을 하면 병역특례를 줍니다.
- 가수와 연기자 등 대중문화 예술인에게 병역특례를 인정하지 않는 것은 역차별입니다.

직접작성

맺음말

- 밥 딜런과 같은 대중가수도 노벨문학상을 받는데 순수예술은 되고 대중예술은 안 된다는 것은 구시대적 발상입니다.
- 클래식도 과거에는 대중예술이었듯 대중예술에 대한 평가도 달라져야 합니다.

직접작성

반대

핵심 키워드

병역특례, 병역법, 특혜, 대중예술, 불공정, 형평성

도입

영리활동을 하고 있는 BTS와 같은 연예인에게 병역특례의 혜택까지 주는 건 공정과 거리가 멉니다.

직접작성

부연설명

- 대중예술은 국가 대항 올림픽·월드컵 등에 국가대표로 출전하는 스포츠 선수와 다릅니다.
- 병역을 지고 싶은 사람이 없는 만큼 특혜가 더 늘면 안 됩니다.

직접작성

맺음말

- 빌보드 등 특정 국가의 행사에서 얻은 순위로는 공정을 담보할 수 없습니다.
- 병역의무 대상인 20대 남성들의 박탈감을 고려하면 특례가 형평성에 어긋납니다.

직접작성

❗ 이런 말은 안 돼요

무조건적인 팬심을 갖고 병역특례를 주어야 한다는 등의 답변은 피하는 것이 좋다.

더 알아보기

- 「병역법 시행령」 제68조의11에서는 예술·체육 분야 특기가 있는 사람 가운데 병무청장이 정하는 올림픽, 아시아경기대회, 국제예술경연대회 등에서 입상할 경우 병역특례 혜택을 받을 수 있다고 규정하고 있다.
- 2019년까지 「병역법」상 대체복무를 이행한 예술·체육인은 258명(예술요원은 140여 명으로 추정)이다.

PART 04

꼭 알고 가야 하는 기본 상식

CHAPTER 01 국방혁신 4.0

01 국방혁신 4.0 기본 개념

1. 의의

(1) 국방혁신 4.0은 북한의 핵·미사일과 같은 고도화된 위협에 대한 대응능력을 강화함으로써 대북 억제를 달성하며, 미래전에서 승리할 수 있는 전투형 강군으로 거듭나기 위하여 AI·무인·로봇 등 4차 산업혁명 과학기술을 기반으로 경쟁우위의 AI 과학기술 강군을 육성하는 것이다.

(2) "4.0"의 의미
① 4차 산업혁명 첨단과학기술의 적용을 상징
② 국방의 획기적 변화를 위한 4번째 계획

2. 필요성

(1) 미래에 직면할 우리 국방의 도전에 대한 대비
① 국제정세의 불확실성 증대
② 미·중을 비롯한 군사선진국들은 첨단기술을 전략화하여 기술을 배타적으로 통제하는 가운데 군사혁신 경쟁을 치열하게 전개
③ 동북아 역내 불안정성 심화
④ 북한의 미사일, 화생무기, 사이버 등 비대칭 전력의 증가
⑤ 지능형 전쟁으로 전환될 미래전에 대한 대비
⑥ 2차 인구절벽으로 인한 병력자원 부족 심화

(2) 기존 개혁방식은 미래 국방환경 극복에 한계가 있음

(3) 국방의 혁신적 변화를 위해 새로운 접근 방법이 요구됨

3. 국방개혁 2.0 vs 국방혁신 4.0

비교	국방개혁 2.0	국방혁신 4.0
위협인식	남북관계 개선에 따라 북한 위협의 점진적 감소	북한 핵 · 미사일 위협 고도화 · 현실화
주안	양 · 규모 축소 중점 ※ 상비병력 및 부대수 감축 등	질적 향상 추구 ※ 유 · 무인 복합전투체계 등 첨단전력 확보
범위	국방 전 분야	첨단과학기술 관련 핵심 분야
추진관점	단기적	중 · 장기적

02 국방혁신 4.0 구성 및 추진계획

1. 구성

국방혁신 4.0 기본계획은 AI 과학기술강군 육성이라는 목표를 위해 5대 중점과 16개 과제로 구성되어 있다.

〈5대 중점 16개 과제〉

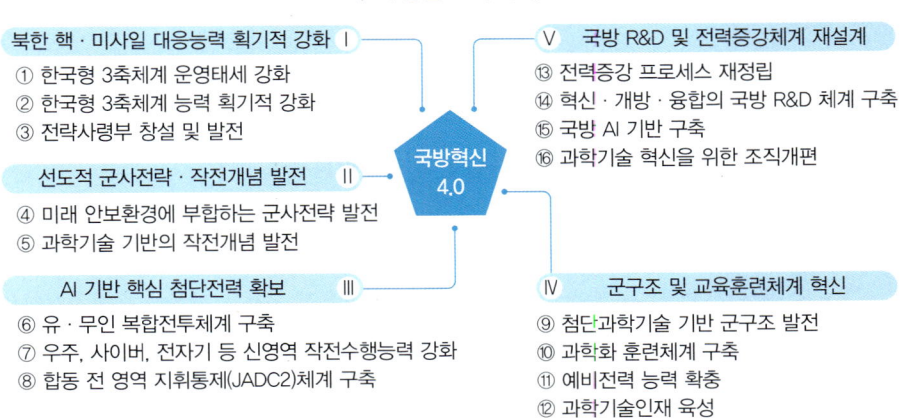

※ 출처: 본 저작물은 공공누리 제1유형에 따라 대한민국 국방부(www.mnd.go.kr)의 공공저작물을 이용하였습니다.

2. 추진계획

(1) 북한 핵·미사일 대응능력 획기적 강화

① 한국형 3축체계 운영태세 강화
- 북한 핵·미사일 위협에 단호하게 대응할 수 있도록 과학기술 발전에 따른 현「한국형 3축체계」의 운영개념과 작전수행체계를 발전
- 킬웹(Kill Web) 개념을 적용하여 북한의 핵·미사일 체계를 발사 전·후 교란 및 파괴할 수 있도록 작전개념을 발전
- 북한 핵·미사일 대응을 위한 한미 연합연습 및 훈련 확대
- 핵·미사일, 우주, 사이버, 전자기스펙트럼 등 분야별 전문인력 양성

② 한국형 3축체계 능력 획기적 강화
- 북한의 핵심표적과 북한 종심지역 등에 대한 감시·정찰능력 확대
- 킬체인(Kill Chain): 북한의 고정 및 이동표적에 대한 정밀타격능력 강화, 사이버 전자기와 같은 비물리적 타격수단 확대
- 한국형 미사일방어(KAMD): 적의 미사일 조기 탐지능력 확보, 복합·다층화된 요격능력 확보
- 한국형 대량응징보복(KMPR): 북한의 전쟁지도부와 핵심시설에 대해 대량응징보복이 가능하도록 고위력·초정밀 미사일 개발·확보, 종심 침투능력 강화

③ 전략사령부 창설 및 발전
- 우주, 사이버, 전자기 등 다양한 영역에 대한 전략적 능력 향상을 위해 2024년까지 전략사령부 창설
- 우리 군의 전략자산 통합운용능력 향상

(2) 선도적 군사전략·작전개념 발전

① 미래 안보환경에 부합하는 군사전략 발전
- 북한 및 주변국 위협과 첨단기술 발전 등의 전략환경 재평가
- 미래 전쟁양상을 고려하여 첨단과학기술을 활용한 군사전략 발전

② 과학기술 기반의 작전개념 발전
- 유·무인복합전투체계와 신개념 무기체계의 효율적 운용을 보장하는 작전개념으로 발전
- GP, GOP, 해안, 해상, 군항, 기지에 대해 AI 기술을 활용하여 유·무인 복합 경계작전으로 전환

(3) AI 기반 핵심 첨단전략 확보

① 유·무인 복합전투체계 구축
- AI 유·무인 전투체계를 "1단계 원격통제형 중심 → 2단계 반자율형 시범 → 3단계 반자율형 확산/자율형 전환"으로 단계적 구축
- 무인체계를 효율적으로 전력화하기 위해 네트워크 연동·표준 및 보안·암호체계, 드론 통합관제체계 구축

② 우주, 사이버, 전자기 등 신영역 작전수행능력 강화
- 우주 영역
  - 국방우주전략·작전개념 발전 및 우주전력 중·장기적 확보 추진
  - 합동 우주작전을 기반으로 한 우주조직 발전 및 대내·외 협력 추진
- 사이버 영역
  - 사이버작전 수행체계 정립 및 계획·지침 발전과 정책·전략서 발간
  - 지능화·고도화된 사이버전력 구출
- 전자기스펙트럼작전 수행 개념 발전 및 전략 구축
  - 전자기스펙트럼 전략 및 작전개념 발전
  - 전자기스펙트럼 무기체계 개발 및 조직편성

③ **합동 전 영역 지휘통제(JADC2)체계 구축**: 미래 전장에서 전영역 통합작전을 최적으로 구현할 수 있는 AI 기반의 차세대 지휘통제체계 구축

(4) 군구조 및 교육훈련체계 혁신

① **첨단과학기술 기반 군구조 발전**
- 지휘구조: 미래 연합·합동 작전 지휘에 적합한 구즈로 발전
- 부대구조: 작전사령부급 이하는 AI 기반 유·무인 복합전투체계 중심으로 재설계
- 병력구조: 적정 수준의 상비병력 규모 판단 및 확보 방식 검토
- 전력구조: High-Low Mix 개념의 구조 재설계

② **과학화 훈련체계 구축**: 전술·전기 연마와 장비기능 숙달을 위한 가상모의 훈련체계 및 과학화 훈련장 구축

③ **예비전력 능력 확충**: 미래 전장환경에 부합하는 예비군 부대구조, 장비·물자, 과학화 훈련체계 등 근본적 변화 추구

④ **과학기술인재 육성**: 국방과학기술 전문인력 육성 및 장병들의 과학기술 역량 강화

(5) 국방 R&D 및 전력증강체계 재설계
  ① 전력증강 프로세스 재정립
    • 신속 · 효율적 국방획득체계 구축
    • 각 군 맞춤형 연구개발사업 신설 등 획득정책 다변화
    • 국방부 정책기능 강화 및 거버넌스 구축
  ② 혁신 · 개방 · 융합의 국방 R&D 체계 구축
    • 한국형 DIU(국방혁신단) 신설 등 군 · 산 · 학 · 연이 유기적으로 연계된 국방 R&D 체계로 발전
    • 한미 국방과학기술협력 협의체 설치 및 운영
    • 2027년까지 국방 R&D 예산 확대(국방비의 10% 이상)
  ③ 국방 AI 기반 구축
    • 국방 AI관련 법적 · 제도적 기반 마련
    • 2024년 국방 AI센터 창설 및 고성능 AI인프라 구축
  ④ 과학기술 혁신을 위한 조직개편
    • 국방부 주도의 국방과학기술 및 R&D 전략 · 계획 수립
    • '국방과학기술기반의 국방혁신을 주도하는 조직' 신설
    • 국방부 · 합참 · 방사청 획득관련 조직 개편 및 기능 조정

03 국방혁신 4.0 추진기조 및 기대효과

1. 추진기조

(1) 본질적 변화가 필요한 핵심 분야 위주로 추진
  ① 북한 핵 · 미사일 위협 대응능력 확보
  ② 첨단과학기술 전투체계와 이를 뒷받침하는 기반 구축

(2) 야전 제대에서 실제 체감할 수 있는 발전적 변화 추구
  ① 군 전반에 변화를 확산시킬 수 있는 분야에 집중
    예 GP/GOP 경계체계, 해안 경계체계 등
  ② 현장 중심의 군사력 증강

(3) 법률, 제도, 조직 등 혁신

(4) 지휘구조, 병력구조 등은 공감ㆍ합의ㆍ검증을 통해 안정적으로 추진

(5) 국방혁신 4.0은 단계적으로 추진
　① 1단계: 혁신기반 구축
　② 2단계: 혁신성과 가시화
　③ 3단계: 혁신성과 가속화

2. 기대효과

(1) 국방차원
　① 위협대응: 북한 핵ㆍ미사일 위협 대응ㆍ억제능력과 미래 전장에서의 작전수행능력을 획기적으로 보강
　② 병역자원 문제 해결: 첨단과학기술 기반 유ㆍ무인체계 중심의 병력 절감형 군구조로 전환하여 병역자원 부족문제 해결
　③ 작전효율 확대: AI 기반의 무인ㆍ로봇전투체계 구축을 통하여 전투능력은 극대화하면서 전시 인명피해는 최소화

(2) 국가차원
　① 인적자원 활용: 국방과학기술에서 양성된 전문인력은 4차 산업혁명과 연계된 민간의 기술ㆍ인력ㆍ역량을 제고시켜 국가 수요에 충족
　② 국가산업 확대: 민간 첨단과학기술과 융합한 국방과학기술이 국가 발전의 새로운 성장동력으로 확장

CHAPTER 02 대한민국 국가관

01 대한민국 국가관

1. 대한민국 국호의 유래

(1) 대한제국의 유래

고종 황제는 1897년 10월 13일 반조문(頒詔文)을 통해 국호를 대한(大韓)으로 하고, 임금을 황제로 칭한다고 선포했다.

(2) 임시정부

대한이라는 국호는 1910년 8월 대한제국이 멸망할 때까지 사용됐으며 1919년 4월 11일 임시정부는 「대한민국 임시헌장」 제1조를 '대한민국은 민주공화제로 함'으로 정하고, 1919년 9월 11일 공포된 「대한민국 임시헌법」 제1조에서 '대한민국은 대한인민으로 조직함'을 규정함으로써 우리의 국호는 대한민국으로 확정됐다.

(3) 대한민국

1945년 8월 15일 광복 이후, 1948년 7월 17일 공포된 「대한민국 헌법」의 헌법 전문과 제1조에서 대한민국 국호를 명시하고 있다.

2. 국기에 대한 맹세문(2007.07.27.개정)

나는 자랑스러운 태극기 앞에
자유롭고 정의로운 대한민국의 무궁한 영광을 위하여
충성을 다할 것을 굳게 다짐합니다.

02 국가 상징

1. 태극기

(1) 태극기의 내력

① 세계 각국이 국기(國旗)를 제정하여 사용하기 시작한 것은 근대 국가가 발전하면서부터였다. 우리나라의 국기 제정은 1882년(고종 19) 5월 22일 체결된 조미수호통상조약(朝美修好通商條約) 조인식이 직접적인 계기가 됐다. 하지만 당시 조인식 때 게양된 국기의 형태에 대해서는 현재 정확한 기록이 남아 있지 않다.

② 2004년 발굴된 자료인 미국 해군부 항해국이 제작한 '해상국가들의 깃발(Flags of Maritime Nations)'에 실려 있는 이른바 'Ensign'기가 조인식 때 사용된 태극기(太極旗)의 원형이라는 주장이 있다.

③ 1882년 박영효(朴泳孝)가 고종의 명을 받아 특명전권대신(特命全權大臣) 겸 수신사(修信使)로 일본에 다녀온 과정을 기록한 『사화기략(使和記略)』에 의하면 그해 9월 박영효는 선상에서 태극 문양과 그 둘레에 8괘 대신 건곤감리(乾坤坎離) 4괘를 그려 넣은 '태극·4괘 도안'의 기를 만들어 그달 25일부터 사용하였으며, 10월 3일 본국에 이 사실을 보고하였다는 기록이 있다.

④ 고종은 1883년 3월 6일 왕명으로 이 '태극·4괘 도안'의 '태극기(太極旗)'를 국기로 제정·공포하였으나, 국기 제작 방법을 구체적으로 명시하지 않은 탓에 이후 다양한 형태의 국기가 사용되어 오다가 대한민국 임시정부에서 1942년 6월 29일 국기 제작법을 일치시키기 위하여 「국기통일양식(國旗統一樣式)」을 제정·공포하였지만, 일반 국민들에게는 널리 알려지지 않았다.

⑤ 1948년 8월 15일 대한민국 정부가 수립되면서 태극기의 제작법을 통일할 필요성이 커짐에 따라, 정부는 1949년 1월 국기시정위원회(國旗是正委員會)를 구성하여 그해 10월 15일에 「국기제작법고시」를 확정·발표했다.

⑥ 이후, 국기에 관한 여러 가지 규정들을 제정·시행하여 오다가, 2007년 1월 「대한민국 국기법」을 제정하였고 「대한민국 국기법 시행령」(2007.07.)과 「국기의 게양·관리 및 선양에 관한 규정」(국무총리훈령, 2009.09.)도 제정함에 따라 국기를 체계적으로 관리하기 위한 규정을 완비하였다.

〈국기 다는 날〉

국경일 및 기념일	
3월 1일	3·1절
6월 6일	현충일
7월 17일	제헌절
8월 15일	광복절
10월 1일	국군의 날
10월 3일	개천절
10월 9일	한글날

※ 국기는 매일 24시간 달 수 있다.

(2) 태극기에 담긴 뜻

① 우리나라 국기인 '태극기'는 흰색 바탕에 가운데 태극 문양과 네 모서리의 건곤감리 4괘로 구성되어 있다.

② 태극기의 흰색 바탕은 밝음과 순수 그리고 전통적으로 평화를 사랑하는 우리의 민족성을 나타내고 있다. 가운데의 태극 문양은 음(陰: 파랑)과 양(陽: 빨강)의 조화를 상징하는 것으로 우주 만물이 음양의 상호 작용에 의해 생성하고 발전한다는 대자연의 진리를 형상화한 것이다.

③ 네 모서리의 4괘는 음과 양이 서로 변화하고 발전하는 모습을 효(爻: 음 --, 양 —)의 조합을 통해 구체적으로 나타낸 것이다. 그 가운데 건괘(乾卦)는 우주 만물 중에서 하늘을, 곤괘(坤卦)는 땅을, 감괘(坎卦)는 물을, 이괘(離卦)는 불을 상징한다. 이들 4괘는 태극을 중심으로 통일의 조화를 이루고 있다.

④ 이와 같이, 예로부터 우리 선조들이 생활 속에서 즐겨 사용하던 태극 문양을 중심으로 만들어진 태극기는 우주와 더불어 끝없이 창조와 번영을 희구하는 한민족(韓民族)의 이상을 담고 있다. 따라서 우리는 태극기에 담긴 이러한 정신과 뜻을 이어받아 민족의 화합과 통일을 이룩하고, 인류의 행복과 평화에 이바지해야 할 것이다.

2. 애국가

(1) 애국가의 내력

① 애국가(愛國歌)는 '나라를 사랑하는 노래'를 뜻한다. 우리나라는 애국가에 특별한 이름을 붙이지 않고 이를 국가(國歌)로 사용하고 있다.

② 애국가라는 이름으로 노랫말과 곡조가 붙여져 나타난 것은 조선 말 개화기 이후부터이다. 1896년 '독립신문' 창간을 계기로 여러 가지의 애국가 가사가 신문에 게재되기 시작했는데, 이 노래들을 어떤 곡조로 불렀는가는 명확하지 않다. 다만 대한제국(大韓帝國)이 서구식 군악대를 조직해 1902년 '대한제국 애국가'라는 이름의 국가를 만들어 나라의 주요 행사에 사용했다는 기록은 지금도 남아 있다.

③ 현재의 애국가 노랫말은 외세의 침략으로 나라가 위기에 처해 있던 1907년을 전후하여 조국애와 충성심 그리고 자주 의식을 북돋우기 위하여 만든 것으로 보인다. 그 후 여러 선각자의 손을 거쳐 오늘날과 같은 내용을 담게 되었는데, 이 노랫말에 붙여진 곡조는 스코틀랜드 민요 '올드 랭 사인(Auld Lang Syne)'이었다.

④ 당시 해외에서 활동 중이던 안익태(安益泰)는 애국가에 남의 나라 곡을 붙여 부르는 것을 안타깝게 여겨, 1935년에 오늘날 우리가 부르고 있는 애국가를 작곡하였다. 대한민국 임시정부는 이 곡을 애국가로 채택해 사용했으나 이는 해외에서만 퍼져 나갔을 뿐, 국내에서는 광복 이후 정부 수립 무렵까지 여전히 스코틀랜드 민요곡으로 불렀다.

⑤ 1948년 대한민국 정부가 수립된 이후 현재의 노랫말과 함께 안익태가 작곡한 곡조의 애국가가 정부의 공식 행사에 사용되고 각급 학교의 교과서에도 실리면서 전국적으로 애창되기 시작하였다. 그 후 해외에서도 이 애국가가 널리 전파되어 실질적인 국가(國歌)로 자리 잡게 됐다.

⑥ 한 세기에 가까운 세월 동안 슬플 때나 기쁠 때나 우리 겨레와 운명을 같이 해 온 애국가를 부를 때마다 우리는 선조들의 나라 사랑 정신을 새롭게 되새겨야 할 것이다.

(2) 애국가 가사

1. 동해물과 백두산이 마르고 닳도록
   하느님이 보우하사 우리나라 만세
   무궁화 삼천리 화려 강산
   대한 사람 대한으로 길이 보전하세
2. 남산 위에 저 소나무 철갑을 두른 듯
   바람 서리 불변함은 우리 기상일세
   무궁화 삼천리 화려 강산
   대한 사람 대한으로 길이 보전하세
3. 가을 하늘 공활한데 높고 구름 없이
   밝은 달은 우리 가슴 일편단심일세
   무궁화 삼천리 화려 강산
   대한 사람 대한으로 길이 보전하세
4. 이 기상과 이 맘으로 충성을 다하여
   괴로우나 즐거우나 나라 사랑하세
   무궁화 삼천리 화려 강산
   대한 사람 대한으로 길이 보전하세

3. 무궁화

(1) 나라꽃 무궁화

① 예로부터 우리 민족의 사랑을 받아온 무궁화(無窮花)는 우리나라를 상징하는 꽃으로 '영원히 피고 또 피어서 지지 않는 꽃'이라는 뜻을 지니고 있다.

② 옛 기록을 보면 우리 민족은 무궁화를 고조선 이전부터 하늘나라의 꽃으로 귀하게 여겼고, 신라는 스스로를 '근화향(槿花鄕: 무궁화 나라)'으로 부르기도 하였다. 중국에서는 우리나라를 예로부터 "무궁화가 피고 지는 군자의 나라"라고 칭송했다.

③ 오랜 세월 동안 우리 민족과 함께 해 온 무궁화는 조선 말 개화기를 거치면서 "무궁화 삼천리 화려 강산"이란 노랫말이 애국가에 삽입된 이후 더욱 국민들의 사랑을 받아왔다. 이 같은 무궁화에 대한 우리 민족의 한결같은 사랑은 일제 강점기에도 계속되었고, 광복 후에 무궁화를 자연스럽게 나라꽃(國花)으로 자리 잡았다.

④ 우리는 민족과 함께 영광과 수난을 같이해 온 나라꽃 무궁화를 더욱 사랑하고 잘 가꾸어 고귀한 정신을 길이 선양해야 할 것이다.

(2) 무궁화의 특징

① 7월 초순에서 10월 중순까지 매일 꽃이 피고, 한 그루에 2~3천여 송이가 핀다.
② 옮겨 심어도 잘 자라고, 공해에도 강한 특성을 지니고 있어 민족의 근면과 끈기를 잘 나타내준다.

(3) 무궁화의 종류

꽃 색깔에 따른 분류	
단심계	꽃의 중심부에 단심(붉은색 또는 자색 계통의 무늬)이 있는 꽃
배달계	중심부에 단심이 없는 순백색의 꽃
아사달계	흰색 또는 매우 연한 분홍색 꽃잎 가장자리에 붉은색 무늬가 있는 꽃

4. 국새

(1) 국새의 의미

① 국가를 상징하는 인장(印章)의 명칭은 새(璽), 보(寶), 어보(御寶), 어새(御璽), 옥새(玉璽), 국새(國璽) 등으로 다양하게 불려져 왔다. 여기서 새(璽), 보(寶)는 나라의 인장(印章)의 뜻을 지니고 있으며, 어보(御寶), 어새(御璽)는 시호, 존호 등을 새긴 왕실의 인장을 뜻하는 말이다. 옥새(玉璽)는 재질이 옥으로 만들어졌다고 해서 붙여진 이름으로, 국가를 상징하는 인장의 현대적 명칭은 국새(國璽)이다.
② 국새는 국사(國事)에 사용되는 관인으로서 나라의 중요문서에 국가의 상징으로 사용된다. 따라서 국새는 국가 권위를 상징하며, 그 나라의 역사성과 국력, 문화를 반영하는 상징물이다. 국새는 동양에서는 인장의 형태로, 서양의 경우에는 주로 압인 형태로 발전해 왔다.

(2) 제5대 국새

① 현재 사용하고 있는 제5대 국새는 2010년 9월부터 전문가 간담회, 국민 여론조사, 공청회 등 전문가 및 국민의 폭넓은 의견을 수렴하고, 2010년 11월 각계 전문가로 국새 제작위원회를 구성하여 국새 제작에 들어가 2011년 9월 제작을 완료하고 2011년 10월 25일부터 사용하고 있다.
② 국새는 가로, 세로 10.4cm 정사각형이며 무게는 3.38kg으로 국새의 존엄성과 권위·위엄을 높이기 위하여 이전의 국새보다 크게 제작하였다. 국새 내부를 비우고 인뉴(印紐, 손잡이)와 인문(印文, 아래 부분)을 분리하지 않고 한 번에 주조하는 중

공 일체형(中空一體型)으로 제작했다.

③ 국새의 재질은 금, 은, 구리, 아연, 이리듐으로 구성하였으며, 희귀 금속인 이리듐을 사용함으로써 합금 성분 간에 조직을 치밀하게 하여 균열을 방지했다.

④ 인문은 '대한민국'을 훈민정음체로 각인하였다. 인뉴는 쌍봉(雙鳳)이 앉아 있는 자세로 날개와 꼬리 부분은 역동적이며 봉황의 등 위로 활짝 핀 무궁화를 표현한다.

5. 나라문장(우리나라의 문장)

(1) 나라문장의 의미

① 문장은 주로 서양에서 가문 · 단체 · 국가의 권위를 상징하는 표시로 많이 이용된다.

② 나라문장은 국가문장 또는 국장(國章)이라고도 하며, 우리나라의 문장은 태극 문양을 무궁화 꽃잎이 감싸고 '대한민국'이라는 글자가 새겨진 리본으로 그 테두리를 둘러싸는 모습이다.

(2) 나라문장의 사용

① 1963년 12월 10일 「나라문장 규정」을 제정하였으며 외국기관에 발송되는 중요문서, 훈장 및 대통령 표창장, 재외공관의 건물 등에 대한민국의 상징으로 사용하고 있다.

② 나라문장은 휘장 또는 철인으로 하며, 필요에 따라 일정한 비율로 규격을 확대 또는 축소하여 사용할 수 있다.

CHAPTER 03 역사적 인물과 한국전쟁

01 역사적 인물

1. 세종대왕

> **요약** 조선 제4대 왕(제위 1418~1450)이자 훈민정음을 창제하그 조선 초기 국가의 기틀을 마련한 왕이다. 1418년 6월 왕세자에 책봉된 후 8월에 태종의 양위를 받아 즉위하여 조선 초기 국가의 기틀이 되는 전반적인 제도를 갖추었고, 조선왕조가 지배 기반으로 삼은 유교문화를 융성하게 했다. 특히 훈민정음을 창제하여 백성들이 쉽게 쓰고 읽을 수 있도록 했다. 농사에 도움이 되는 천문기구를 개발하고 도량형을 정비했고, 출판사업을 크게 일으켰다. 대외적으로 여진과 왜를 정벌하고 명의 요구를 적절히 조율했다.

(1) 훈민정음의 창제

한문은 우리말과 통하지 않았으며, 일반 백성들이 배우기에는 상당히 어려운 문자였다. 세종대왕은 백성들이 남의 나라 글자를 빌려 쓰는 것을 안타깝게 여겨 쉽게 읽고 쓸 수 있는 문자를 만들었고 세종 1446년에 훈민정음을 제정·공포하였다. 세종대왕은 훈민정음을 통해 백성의 불편을 덜어 주고 우리말의 자주성과 주체성을 확립하려고 했다. 훈민정음은 세계에서 가장 합리적인 글이라고 알려져 있으며, 세계 문자사상 가장 진보적인 글자라고 평가 받고 있다.

(2) 과학기술의 발전

이 시기에는 과학과 기술적인 측면에 있어서도 크게 발전하였다. 천문대와 천문관측기구 방면에서의 발전이 크다. 간의대에서 혼천의로 천문을 관측하고, 천구의를 만들어 일종의 천문시계의 역할을 담당했다. 해시계인 앙부일구는 백성들을 위해 거리에 설치한 우리나라 최초의 공중시계였다. 해시계는 해가 있을 때만 사용할 수 있었으므로 공적인 표준시계로는 물시계가 더 유용하게 사용되었다. 물시계로는 자격루와 옥루가 있다. 자격루는 장영실을 특별히 등용해 제작한 물시계이다. 강우량을 측정하는 측우기(1441)도 이때 발명되었는데, 농업국가인 조선시대에 강우량은 매우 큰 뜻을 가지고 있으며 농업기상학의 발전에 크게 이바지했다.

(3) 대외 정책

대외 정책 면에서는 주변국과 평화로운 관계를 유지하면서 영토 확장에 진력하였다. 여진족과의 관계는 무력으로 강경책을 쓰거나 회유하는 화전 양면책을 썼는데, 두만강 유역의 여진에 대응하기 위해 김종서로 하여금 6진을 개척하여 국토를 확장하였다(1432). 압록강 유역의 여진에 대응하기 위해서는 최윤덕·이천 등으로 하여금 4군을 설치하였다. 또한 조선 초 여전히 변방을 노략질하는 왜구를 진압하기 위하여 1419년 이종무로 하여금 외구의 소굴인 쓰시마섬(대마도)을 정벌한 뒤 쓰시마 도주로부터 사죄를 받았다.

2. 이순신 장군

> **요약** 조선시대의 장군으로 임진왜란에서 삼도수군통제사로 수군을 이끌고 전투마다 승리를 거두어 왜군을 물리치는 데 큰 공을 세웠다.

임진왜란은 1592년(선조 25) 4월 13일에 일본군이 부산포로 출항하면서 발발했다. 7년 동안 이어진 전쟁으로 조선의 국토와 민생은 처참히 파괴되었다. 이순신 장군은 옥포해전(1592.5.7.)부터 노량해전(1598.11.18.)까지 20여 회의 전투를 치러 모두 승리했다. 왜란이 일어난 1년 뒤인 1593년 8월 삼도수군통제사로 승진해 해군을 통솔하면서 공격과 방어, 집중과 분산의 작전을 치밀하고 효과적으로 수행했다. 1597년(선조 30) 1월에 그는 일본군을 공격하라는 국왕의 명령을 따르지 않았다는 죄목으로 파직되어 서울로 압송되었고, 혹독한 심문을 받은 끝에 4월 1일 백의종군의 명령을 받고 풀려났다. 전황이 급속히 악화되자 이순신은 다시 삼도수군통제사로 임명되었다(8.13.). 그때 그에게 남아 있던 전력은 함선 13척이었다. 그 함대를 이끌고 한 달 뒤 그는 명량해전에 나갔고(9.16.), 기적 같은 승리를 거뒀다. 그때 그의 마음과 자세는 전투 하루 전에 쓴 "필사즉생, 필생즉사"라는 글씨에 담겨있다. 1598년(선조 31) 11월 19일 이순신은 노량해전에서 전사했고, 왜란도 종결되었다.

3. 안중근 의사

> **요약** 구한말의 독립운동가로 삼흥학교를 세우는 등 인재양성에 힘썼으며, 만주 하얼빈에서 침략의 원흉 이토 히로부미를 사살하고 순국하였다. 사후 건국훈장 대한민국장이 추서되었다 (1879.9.2.~1910.3.26.).

1909년 동지 11명과 죽음으로써 구국투쟁을 벌일 것을 손가락을 끊어 맹세하고 동의단지회를 결성하였다. 그해 10월 침략의 원흉 이토 히로부미가 러시아 재무상과 회담하기 위하여 만주 하얼빈에 온다는 소식을 듣고 그를 처단하기로 결심하였다. 동지 우덕순과 함께 거사하기로 뜻을 같이하고 동지 조도선과 통역 유동하와 함께 이강의 후원을 받아 행동에 나섰다.

1909년 10월 26일 일본인으로 가장하고 하얼빈 역에 잠입하여 역 플랫폼에서 러시아군의 군례를 받는 이토 히로부미를 사살했고, 하얼빈 총영사 가와카미 도시히코, 궁내대신 비서관 모리 타이지로, 만철 이사 다나카 세이타로 등에게 중상을 입힌 후 현장에서 러시아 경찰에게 체포되었다.

그 후 일본 관헌에게 넘겨져 뤼순의 일본 감옥에 수감되었고, 이듬해 2월 14일 재판에서 사형이 선고되었으며, 3월 26일 형이 집행되었다.

4. 홍범도 장군

> **요약** 의병전쟁 및 항일독립전쟁기의 대표적 장군으로 봉오동 · 청산리 전투를 승리로 이끌었으며, 민족주의와 민중의 힘을 바탕으로 하는 철저한 무장투쟁노선을 통해 국권을 회복하고자 했다 (1868~1943).

1895년 을미사변과 단발령으로 을미의병이 전국적으로 일어나자 강원도 철령에서 소규모 의병부대를 조직했다. 이듬해 14명의 부대원을 이끌고 함경남도 안변으로 가서 석왕사에 주둔하고 있던 유인석 의병과 연합하여 싸웠다. 을미의병 해산 이후 체포를 피해 돌아다니다 북청에서 산포수 생활을 하면서 소규모 항쟁을 계속했다. 1907년 군대 해산을 계기로 전국에서 정미의병이 일어나자, 일제는 '총포급화약류단속법'을 만들어 항쟁의 확산을 저지하려 했다. 이를 계기로 차도선 · 태양욱 · 송상봉 · 허근 등과 함께 북청 후치령에서 포수 · 농민들을 모아 다시 기병했다. 이후 갑산 · 무산 · 종성에서 전투를 벌이다 국내에서의 항쟁의 한계와 근거지 건설에 기반을 둔 지속적 무장투쟁의 필요성을 느껴 지린을 거쳐 블라디보스토크로 망명했다.

1919년 우수리스크를 거쳐 중국령 따차무정재·하마탕을 경유하여 국내로 진군하면서 부대를 대한독립군으로 개칭·재편했다. 같은 해 8~10월 혜산진·만포진·자성 등에서 일본군과 전투를 벌이고, 다음해 3~6월 온성·종성 일대로 진격했다. 이어 1920년 5월 28일 봉오동에서 최진동의 군무도독부, 안무의 국민회군 부대 및 신민단 독립부대와 연합하여 대한북로독군부를 결성하고 북로제일군 사령부장에 선출되었다. 같은 해 6월 4일 삼둔자에서 일본군 중대병력을 궤멸시키고 다음날 후안산에서 적 대대병력을 격파했다. 이어 추적해오는 일본군 19사단 병력을 7일 새벽 봉오동으로 유인, 매복전술로 적 300여 명을 사상시키는 대승리를 거두었다. 이후 대한독립군의 근거지를 옌지 현 명월구·이도구로 옮기면서 같은 해 9월 신민단·의군부·국민회군·한민회군 등 800여 명의 병력을 집결시켰다. 1920년 10월 북로군정서의 김좌진 부대, 최진동 부대와 연합하여 청산리의 백운평·완루구·천보산·고동하곡 등에서 일본군 37여단 1만 5,000여 명을 맞아 싸워 3,000여 명을 살상시키는 대승리를 거두었다.

5. 김좌진 장군

> **요약** 일제강점기 만주의 청산리대첩(백운평전투, 천수평전투, 어랑촌전투) 등과 관련된 독립운동가이다(1889~1930).

1919년 대한민국임시정부의 권고를 받아들여 북로군정서(北路軍政署)로 개칭하고, 소속 무장독립군의 총사령관이 되어 독립군 편성에 주력하였다. 우선 독립군 양성을 위해 왕청현 십리평(汪淸縣十里坪) 산곡에 사관연성소를 설치하였다. 스스로 소장이 되어 엄격한 훈련을 시키면서 무기 입수에 전력하였다. 10월 일본군 대부대가 독립군 토벌을 목적으로 만주로 출병하자 소속 독립군을 백두산으로 이동시키던 도중 청산리에서 일본군과 만나 전투가 시작되었다. 10월 21일 청산리의 백운평전투를 시작으로 같은 달 26일 고동하전투를 끝으로 청산리전투가 전개되었으며, 김좌진 장군의 북로군정서와 홍범도 장군 휘하 부대가 서로 합동작전을 벌인 끝에 일본군 3,000여 명을 살상하는 대전과를 올렸다. 특히 김좌진 장군 휘하의 북로군정서군은 백운평전투, 천수평전투, 어랑촌전투 등에서 큰 전승을 거두어 청산리대첩을 승리로 이끄는 데 커다란 공헌을 하였다.

6. 맥아더 장군

태평양전쟁 미군 최고사령관으로 제2차 세계대전이 일어나자 진주만을 기습한 일본을 공격하여 1945년 8월 일본을 항복시키고 일본점령군 최고사령관이 되었다. 6·25전쟁 때는 UN군 최고사령관으로 부임하여 한국전쟁에 참전하였다. 한반도에 주둔하는 미 육군 제24·25사단이 방어전을 펼쳤고 일본에 주둔하는 제8군을 한반도로 이동시켰다. 불리한 한반도 정세를 전환하기 위해서는 인천상륙작전이 필요하다는 점을 본국에 설득하였고 7월 25일 미국 합참을 통해 승인을 받았다. 1950년 9월 15일 바닷물이 차올라 만조가 되는 날, 인천상륙작전을 감행하여 전세를 역전시켰고 인민군을 압록강 국경까지 몰아내는 데 성공하였다. 하지만 중공군과 전면전을 두고 트루먼 대통령과 갈등을 빚어 해임되었고 '노병은 죽지않는다. 다만 사라질 뿐이다'라는 말을 남겼다.

7. 패튼 장군

패튼 장군(1885.11.11.~1945.12.21.)은 제2차 세계 대전 중인 1943~1945년, 북아프리카, 시실리, 프랑스, 독일에서의 전투를 지휘한 미국의 육군 장군이다. 노르망디 상륙 작전에서 큰 활약을 하였다. 북프랑스에서 하루에 110km를 진격하기도 하였다. 프랑스와 나치 독일에 걸친 제7군을 지휘하였다. 1944년 여름 그는 대담한 발상과 거침없는 전진, 그리고 통상적인 군대의 규칙을 무시한 작전을 벌여 휘하의 제3군을 이끌고 북부 프랑스 지역을 순식간에 점령함으로써 군대에 몸담은 이래 최고의 순간을 맞이했다. 그는 적의 약점을 즉시 공략하여 신속한 기동으로 적을 제압하는 방식으로 저돌적인 작전을 자주 수행하였다.

8. 김종오 장군

> **요약** 임관 후 제3연대 창설에 참여하였고, 계속 승진하여 1949년에 대령이 되었다. 제1연대장에 재직 중이던 1949년 5월 포천 북방 사직리에서 북한 공산군 2개 중대 병력을 섬멸함으로써, 6·25전쟁 이전 북한 공산군과의 접전에서 최대의 전과를 올렸다.

6·25전쟁 당시에는 제6사단장으로서 춘천·홍천 방면으로 공격해 오는 북한 공산군의 진격을 5일간이나 지연시킴으로써, 공산군의 진공계획에 큰 차질을 가져오게 하였다.
충청북도 음성에서는 북한 공산군 15사단 48연대를 기습하여 사살 1천 명, 포로 97명과 수많은 장비를 빼앗는 등 개전 이래 최대의 전과를 올렸으며, 이 전공으로 7월 육군 준장으로 승진하였다. 같은 해 9월 낙동강 방어선에서 반격작전에 나선 김종오 사단은 10월 26일 초산을 점령, 한만 국경에 최초로 태극기를 꽂았다.

1952년 휴전회담에서 군사분계선 획정문제를 두고 막바지 줄다리기를 하고 있을 때 전방의 제9사단장으로 임명되어, 중공군 정예사단들과 백마고지를 두고 10일 동안 24번이나 계속된 뺏고 빼앗기는 혈전을 지휘하였다. 이 전투 끝에 중공군을 완패시킴으로써 휴전회담에도 큰 정치적 영향을 미치게 하였다. 그 뒤 육군사관학교 교장·제1군단장·제5군단장·교육총본부 총장·육군참모 차장·국방연구원장·제1군 사령관·국방부 합동참모본부 총장 등을 지냈다.

9. 육탄 10용사

육탄 10용사는 6·25전쟁 발발 1년 전인 1949년 5월 4일 북한군의 기습으로 빼앗긴 개성 송악산 일대를 탈환하기 위해 박격포탄을 가슴에 안고 적 벙커에 뛰어들어 장렬히 산화한 장병들이다. 당시 북한군의 토치카를 파괴해야만 고지를 탈환할 수 있다는 결론을 내리고 계획을 세웠으나, 위험천만한 작전에 공격대원을 지정할 수 없어 지원자를 받았는데 이에 지원한 서부덕 이등상사(중사) 등 10명의 용사를 의미한다. 이들의 희생으로 빼앗겼던 292고지, UN고지, 155고지, 비둘기고지 모두를 탈환할 수 있었다. 또한 이들의 호국정신을 기리기 위해 조국 수호의지가 투철한 군인들을 선발해 '육탄 10용사상'을 수여하고 있다.

02 한국전쟁

1. 인천상륙작전

> **요약** 1950년 9월 국제연합(UN)군이 인천에 상륙하여 조선인민군의 후방을 타격하고 이후의 전세를 일변시킨 군사작전. 6·25 전쟁 중 맥아더 장군에 의해 시행된 군사작전으로, 조선인민군의 후방을 공격하고 이후 전세를 역전시키는 계기가 되었다. 작전은 약 열흘 동안 3단계에 걸쳐 이루어져 1단계는 월미도 점령, 2단계는 인천항 주변의 확보, 3단계는 서울 점령이었다. 남한 군대와 국제연합군이 합동하여 진행한 이 작전이 성공하면서 남한군의 사기는 크게 올라갔고, 반대로 북한군의 사기는 떨어져 남한군이 기세를 몰아 평양과 압록강을 점령하게 되었다(1950.9.15.).

역사적 배경으로 1950년 6월 29일 서울이 함락되고 북한군의 진격이 가속화되자 한강 방어선을 시찰한 맥아더 원수는 북한군이 남진을 계속할 경우 장차 인천으로의 상륙작전이 불가피할 것으로 전망하였다. 인천상륙작전은 맥아더 장군이 한강전선을 시찰하고 복귀한 직후인 1950년 7월 첫 주에 그의 참모장 알몬드 소장에게 하달한 지시와 더불어 조기에 계획이 진척되었다. 이 계획은 작전참모부장 라이트 준장이 이끄는 합동전략기획단에 의해 연구되었으며 '블루하츠'라는 작전명이 부여되었다. 이에 따라 그는 미 지상군의 참전이 결정된 나흘 뒤에 이미 일본에 주둔한 미 제1기병사단으로 7월 하순에 인천상륙작전을 단행할 수 있도록 상륙훈련을 지시하였다. 7월 4일에는 미 극동군사령부에서 상륙작전을 위한 최초의 공식회의가 소집되었다. 그러나 블루하츠 계획은 북한군을 38선 너머로 격퇴시키려 기도하고 작전일자를 7월 22일로 하였으나 북한군의 남진을 저지할 유엔군의 병력 부족으로 7월 10일 경에 무산되었다.

이후 상륙작전 구상은 비밀리에 계속 추진되고 있었다. 합동전략기획단은 인천, 군산, 해주, 진남포, 원산, 주문진 등 가능한 모든 해안지역을 대상으로 검토하고 있었다. 결국 이들이 마련한 크로마이트 작전계획 초안이 7월 23일 완성되어 극동군사령부 관계자들에게 회람되었다.

맥아더 사령관이 상륙작전을 계획하자 극동군사령부는 작전 100-B, 작전 100-C, 작전 100-D의 세 가지 안을 제출하였다. 작전 100-B는 서해안 중 인천에 상륙하는 것이고, 작전 100-C는 군산에, 그리고 작전 100-D는 동해안 주문진 근처에 상륙하는 것이었다. 결국 이 세 가지 작전에서 최종적으로 작전 100-B가 채택되었고, 잠정적인 D-Day는 9월 15일이었다.

맥아더는 상륙작전의 기본 계획을 확정한 후 상륙부대의 편성에 착수하였다. 그리고 8월 26일 상륙작전을 담당하게 될 제10군단을 공식적으로 편성하였다. 미 제10군단의 주요 부대는 미 제1해병사단과 미 제7보병사단이었다. 미 제7보병사단은 한국에 파병된 다른 부대에 많은 장교 및 기간요원들을 차출당하여 그 병력이 부족하자 한국청년 8,000여 명을 선발하여 일본에서 훈련시킨 후 배치시켰다. 이들이 바로 카투사의 시초였다. 한편 국군으로서 인천상륙작전에 참가한 부대는 제1해병연대와 국군 제17연대였다.

인천상륙작전에 대한 맥아더의 계획은 9월 9일 미 합동참모본부로부터 최종 승인되었다. 인천상륙에 앞서 무엇보다도 중요한 것은 인천지역에 대한 수로, 해안조건, 방파제 및 북한군 상황에 대한 정보수집 문제였다. 따라서 첩보대를 파견하여 인천연안에 대한 각 섬들과 해안을 정찰하여 관련 정보를 확보하였다.

당시 인천지역에는 월미도에 제226독립육전연대 소속의 400여 명과 제918해안포연대로 하여금 방어임무를 수행하도록 하였으며, 인천시에는 제87연대가 방어임무를 담당하고 있었다. 미 제10군단은 북한군의 인천 방어 병력을 약 1,000명으로 추산하고 있었다.

인천상륙작전을 개시하기에 앞서 상륙부대는 양동작전을 전개하였다. 즉 9월 5일부터 북으로는 평양에서부터 남으로는 군산까지, 인천을 포함한 서해안의 상륙작전 가능지역에 폭격을 실시하였다. 9월 12일부터는 미국과 영국의 혼성 기습부대가 군산을 공격하고, 동해안 전대는 9월 14일과 15일 삼척 일대에 맹포격을 가하며 인천상륙작전이 시작되었다. 한편 9월 12일부터 관문인 월미도를 제압하기 위한 폭격이 시작되었다.

이와 같은 상황에서 제7합동기동부대는 미 제7함대 세력을 주축으로 한 유엔군 261척의 함정과 미 제10군단 예하 한국군 2개 연대를 포함한 미군 2개 사단 등 총병력 7만여 명으로 구성된 지상군 부대를 통합 지휘하여 9월 15일 02:00에 인천에 대한 상륙작전을 개시하였다.

상륙작전은 2단계로 전개되었다. 제1단계는 월미도 점령이었고, 제2단계는 인천 해안의 교두보 확보였다. 제1단계 작전에서는 미 해군이 함포사격을 가하는 동안 미 해병연대가 상륙하였다. 제2단계에서는 후속하는 부대들이 해안 교두보를 확보하여 인천시가지 작전을 전개해 나갔다.

그 결과 많은 논란이 있었지만 인천상륙작전은 손쉽게 교두보를 확보했다. 9월 16일 미 해병사단이 전진교두보를 확보하고 본격적인 진격작전의 토대를 마련할 때까지 총 손실은 매우 미미하였다.

2. 백마고지전투

> **요약** 백마고지전투는 휴전회담이 교착상태에 빠져들고 1952년 10월 초 판문점에서 포로회담이 해결되지 않자, 중공군의 공세로 시작된 1952년도의 대표적인 고지쟁탈전이었다. 백마고지(395고지)전투는 회담이 난항을 겪고 있던 1952년 10월 6일부터 15일까지 철원 북방 백마고지를 확보하고 있던 한국군 제9사단이 중공군 제38군의 공격을 받고 거의 열흘 동안 혈전을 벌였고 결국 적을 물리치고 방어에 성공한 전투이다.

백마고지에 대한 중공군의 공격은 1952년 10월 6일 시작됐다. 이날 아침부터 사단의 전 지역에 집중적인 공격준비 사격을 퍼부은 중공군은 북쪽 5km 전방에 있는 봉래호의 수문을 폭파해 아군의 후방을 관통하는 역곡천을 범람시켰다. 이에 따라 아군의 증원과 군수지원이 차단된 것으로 판단한 중공군은 집요한 공격을 감행했다.

중공군은 고지 주봉에서 북으로 길게 뻗어 있는 능선으로 1개 대대를 투입하고, 1개 대대를 주봉으로 각각 투입하였다. 그러나 국군 제9사단은 이날 밤 적과 3차에 걸쳐 치열한 공방전을 전개한 끝에 적에게 많은 피해를 주면서 격퇴하였다. 그러나 며칠 동안 5차에 걸친

밀고 밀리는 치열한 공방전에서 제28·30연대는 거의 재편성이 불가피할 정도로 많은 병력 손실을 보았다.

10월 11일 밤 고지는 다시 중공군의 수중으로 넘어갔으나, 12일 아침 반격 제30연대가 제29연대를 초월 공격함으로써 이를 재탈환하였으며 다시 적의 반격을 받아 피탈되었다. 이에 제28연대가 다시 밀고 밀리는 육탄전을 10월 15일까지 계속한 끝에 마침내 탈환에 성공하였다. 이어 제29연대가 기세를 몰아 395고지 북쪽 낙타능선상의 전초진지를 탈환하게 됨으로써 적을 완전히 격퇴하였다.

결과적으로 국군 제9사단은 10월 6일부터 중공 제38군의 공격을 받아 연 10일간 12차례의 쟁탈전을 반복하여 7회나 주인이 바뀌는 혈전을 수행한 끝에 백마고지를 확보하였다. 이 전투에서 중공군 제38군은 총 9개 연대 중 7개 연대를 투입하였는데, 그중 1만여 명이 전사와 부상 또는 포로가 된 것으로 집계되었으며, 국군 제9사단도 총 3,500여 명의 사상자를 낸 것으로 보고되었다.

3. 장진호전투

> **요약** 장진호전투는 동부전선의 미 제10군단 예하 미 제1해병사단이 서부전선부대와 접촉을 유지하기 위해 장진호 북쪽으로 진출하던 중 중공군 제9병단 예하 7개 사단 규모가 포위망을 형성한 장진호 계곡을 벗어나기 위해 1950년 11월 27일부터 12월 11일까지 2주간에 걸쳐 전개한 철수작전이다.

11월 27일 중공군이 유담리의 미 해병대를 공격하며 전투가 개시되었다. 중공군의 대규모 개입으로 장진호 지역의 전황이 급변하자 미 제10군단장은 11월 30일 하갈우리에서 작전회의를 열고 기존의 북진계획을 재검토하였다. 회의에서 알돈드 소장은 장진호 부근의 모든 부대를 함흥~흥남의 작전기지로 이동한다는 명령을 하달하였다. 유담리에 대한 중공군의 공격에 미 제1해병사단의 제5연대와 제7연대가 각각 이를 격파하고 12월 4일 하갈우리에 진입함으로써 유담리 포위망 돌파작전은 일단락되었다. 한편 장진호 동쪽에서 고립된 미 제7사단은 구출이 지연되자 포위망을 돌파하기 위해 하갈우리로 이동하였다.

하갈우리에 대한 공격은 중공군 제58사단이 주축이 되어 시작되었다. 또한 중공군 제60사단은 이미 고토리까지 남하하여 하갈우리에 이르는 보급로를 차단하고 있었다. 하지만 미 제1해병사단의 분전으로 12월 7일 고토리로 모든 병력을 집결시키는 데 성공하였다. 이어 진흥리를 통과한 미 제1해병사단은 12월 11일 함흥지역에 모두 진입함으로써 장진호전투를 마무리하였다.

4. 영천지구(낙동강방어선)전투

> **요약** 영천지구전투는 국군 제2군단 예하 제7사단과 제8사단이 북한의 9월 공세로 보현산 방어선까지 진출해 영천 점령을 기도한 북한군 제15사단을 1950년 9월 5일부터 13일까지의 공방전을 통해 격퇴하고 영천을 확보한 전투이다.

9월 5일 북한군 제15사단은 비가 내리는 가운데 3개 방면에서 공격을 해왔다. 이에 따라 국군은 방어선이 취약하여 분산 철수를 단행하게 되었다. 육군본부는 제8사단의 방어선이 돌파됨에 따라 제8사단의 배속을 제1군단에서 제2군단으로 변경하였다. 그리고 영천 방어선을 유지하기 위해 제1사단과 제6사단에서 각각 1개 연대씩을 차출해 병력을 운용하였다. 2차례에 걸친 공방전 끝에 국군은 북한군 제15사단의 공격을 막아낼 수 있었다.

영천~경주 간 도로를 확보한 국군 제2군단은 영천 방면의 북한군을 격퇴하기 위해 9월 10일 반격작전을 전개하였다. 제8사단과 제7사단을 작전계획에 따라 배치하여 남, 서, 북쪽의 3개 방면에서 공격을 개시하였다. 이 작전으로 국군은 적 제15사단의 전차 및 화포 대부분을 파괴하고 노획하는 전과를 거두었다. 결국 3개 연대를 투입해 영천을 점령하고 경주 방면으로 진출을 꾀하던 적 제2군단에 맞서 국군은 제8사단과 제7사단 및 추가 연대를 투입해 방어조치를 취하는 등 영천전투를 통해 낙동강 방어선을 고수할 수 있었다.

5. 저격능선전투

> **요약** 저격능선전투는 전선이 교착되었던 1952년에 중부전선의 금화(현 김화)지역에 배치되어 있던 국군 제2사단이 중공군 제15군과 맞서 주저항선 전방의 전초진지를 빼앗기 위한 공방전을 벌인 전투이다. 작전기간은 1952년 10월 14일부터 11월 24일까지 42일간이었으며, 교전지역은 금화 북방 7km 지점에 위치한 저격능선이었다.

최초로 공격에 나선 국군 제2사단 제32연대 제3대대는 10월 14일 오전 5시에 공격을 개시하여, 5만 발에 가까운 포병의 화력지원을 받아 가며 목표를 탈취하였다. 그러나 이 대대는 중공군 제15군 예하 제45사단 제133연대의 역습을 감당하지 못하여 고지를 점령한 지 다섯 시간 만에 저격능선을 빼앗기고 물러서게 되었다. 다음날 두 번째 공격의 임무를 띤 국군 제17연대 제2대대는 주간공격을 감행하여 목표를 탈취한 후, 이 병력을 증강하고 밀집방어를 시도하였다. 그러다가 이 대대 역시 중공군의 야간 역습에 밀려 다시 철수하게 되었다.

이렇게 전개된 접전이 하루도 빠짐없이 연속되어, 10월 25일까지 거의 같은 양상의 공방전이 반복되고 있었다. 이때 국군 제2사단은 미 제9군단의 작전지시에 따라 10월 25일부로 삼각고지의 미군 작전지역을 추가로 인수하게 되었다.

그럼에도 불구하고 중공군의 반격이 끈질기게 이어져 11월 11일부터 17일까지 1주일 동안에 세 차례나 A고지를 뺏고 빼앗기는 공방전이 또다시 되풀이되다가, 18일을 고비로 하여 이 고지를 국군이 완전히 확보하게 되었다. 이때부터 중공군의 공격 빈도가 점차 줄어들더니 11월 24일을 기하여 이들이 공격을 중지하고 방어태세를 취함으로써 저격능선전투를 종결짓게 되었다.

중공군은 빼앗긴 고지를 찾으려고 계속 공격해왔으나 한국군은 이 능선의 지형지물을 이용하여 끝까지 지켜냈으며, 2개 연대의 병력을 잃은 중공군은 오성산 북쪽으로 철수하게 되었다. 이 전투에서 한국군도 1개 연대 병력의 사상자를 내어, 이 전투는 백마고지전투와 함께 6·25전쟁사상 2대격전으로 불리게 되었다. 이 전투의 승리로 인하여 금화~금성 간의 도로망 확보와 군사분계선 설정 시 유리한 지형을 차지할 수 있게 되었다.

CHAPTER 04 국방부·육·해·공군·해병대

01 국방부

1. 국방부의 마크

(1) 상징(MI, Ministry Identity)

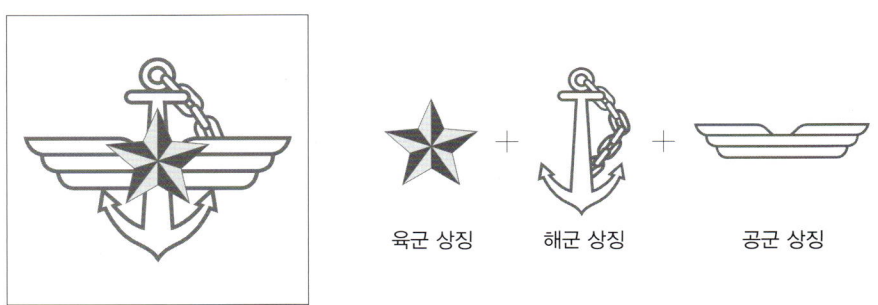

(2) 의미
　① 국방부가 육·해·공군의 군정/군령과 군사를 관장한다.
　② 육·해·공군이 단결하여 국토방위를 책임진다.

2. 국방부의 목표·임무·비전

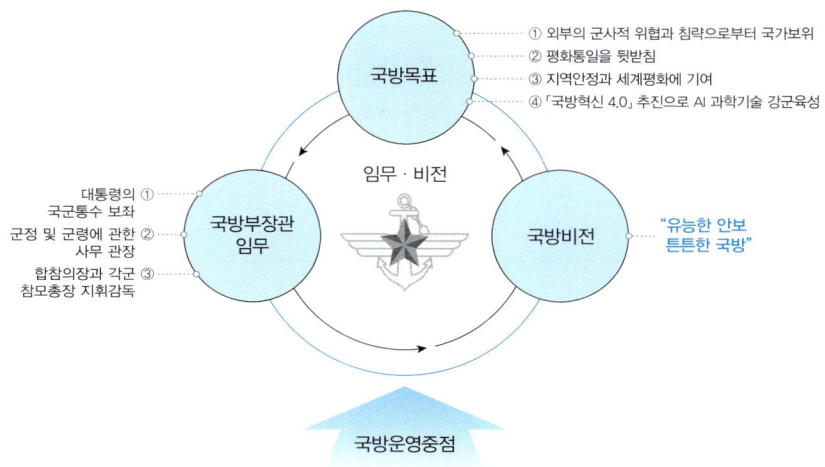

02　육군

1. 육군의 기본

(1) 육군의 마크

대한민국 육군
Republic of Korea ARMY

가운데 태극은 세계의 중앙에 위치한 대한민국, 태극을 둘러싼 월계수는 군인으로서 쟁취할 승리와 영광, 월계수의 중앙 하단부 리본은 승리를 위한 기본 요소인 단결과 결속을 각각 상징한다.

(2) 육군의 3대 역할

보장자 (Assurer)	구축자 (Builder)	연결자 (Connector)
• 전략적 억제 • 작전적 신속대응 • 결전방위, 안전 보장	• 남북 신뢰형성 및 평화구축 지원 • 국민의 안전 지원 • 국제 평화유지 및 군사외교	• 의무복무의 가치 제고 • 사회 경쟁력을 겸비한 간부 육성 • 과학기술·산업·경제발전 기여

2. 육군 더 알아보기

(1) 육군의 목표(2007년 개정)

① 전쟁억제에 기여한다

군의 존재 목적은 궁극적으로 전쟁에서 승리하여 국가를 보전하는 일이지만, 싸우지 않고 이기는 것이 최선이다. 이를 위해 우리 육군은 평소 철저한 군사대비 태세를 확립하여 전쟁이 발발하지 않도록 억제하는 데 기여해야 한다는 것을 의미한다.

② 지상전에서 승리한다

전쟁억제에 실패하여 전쟁이 발발했을 때 우리 육군은 부여받은 임무에 따라 최소의 희생으로 단기간에 지상전에서 승리하여 전쟁종결에 기여한다는 것을 의미한다.

③ 국민편익을 지원한다

우리 육군이 국가시책 구현에 앞장서고 국민의 안전과 편익을 적극 지원하며 장병들에 대한 민주시민 교육을 담당하는 국민의 군대임을 의미한다.

④ 정예강군을 육성한다

미래에 예상되는 다양한 안보위협과 첨단 정보·과학전 양상에 대비하여, 우리 육군이 유비무환의 정신으로 끊임없는 정예화·선진화를 추진하여 상시 최강의 유·무형 전투력을 유지해야 함을 의미한다.

(2) 육군의 비전

① 미래 다영역작전을 주도하는 첨단과학 기술군

미래형 첨단 플랫폼을 갖추고 실시간 초연결·지능화된 조직으로 변모하여 다영역 전장을 지배하는 디지털 육군

② 핵심가치로 하나된 가치기반의 전사공동체

보편적·헌법적 가치에 기반한 자기동기화를 바탕으로 높은 복무의지를 갖고 상호 다양성과 전문성을 장려하면서도 강력한 연대의식을 지닌 '하나의 육군'

③ 창의적 지력과 리더십을 갖춘 미래지향적 인재의 보고

서로에게 영감을 주고, 변혁의 지속성을 이끌어가며, 첨단분야에서도 민·군 호환성을 갖춘 국가적 인재들이 넘쳐나는 육군

④ 복지·문화의 혁신으로 매력 넘치는 육군

모든 구성원이 자부심을 갖도록 멋진 복장과 만족하는 생활 그리고 편한 휴식공간으로 높은 '삶의 질'을 제공하며, 인원·생명이 존중받는 '안전한 육군'

(3) 육군의 5대 가치관

① 충성(忠誠)

- '충성하는 군인이 되자'
    - '성(誠)'은 자기가 한 말(言)을 이룬다는(成) 것으로 '주체적 성실성'의 의미를 함축적으로 가지고 있다. 다시 말해 충성이란 거짓 없이 참마음에서 저절로 우러나오는 정성을 말하며 어떤 가치(價値)있는 것에 대하여 자신의 온 정성을 쏟고 헌신하는 마음과 행동하는 자세이다. 즉, 인간의 허위와 가식이 없는 본래의 마음에서 우러나오는 정성스러운 태도가 충성이라고 할 수 있다.
    - 충성은 최고의 도덕적 가치로서, 대상은 국가와 상관, 그리고 임무에 대한 충성으로 구분된다. 국가에 대한 충성이란 국가가 불행하게 된다면 나와 내 가족 모두가 불행해지므로 내 가족을 사랑하고 지켜야 하는 것처럼, 국가와 나는 공동운명체로서 국가와 민족을 사랑하고 지켜야 하는 것을 말한다.
    - 임무에 대한 충성은 소명(천직) 의식을 가지고 임무 완수를 위해 헌신하는 것으로, 각자의 맡은 분야에 대해 정통하고, 그 분야를 철저히 훈련하여 임무 완수에 요구되는 능력을 갖추는 것이다. 이는 곧 자기 자신에 대한 충성이며 국가와 국민에게 충성하는 것이라 할 수 있다.
    - 상관에 대한 충성은 진정한 고난과 사랑을 함께 나누고 극복하면서 생겨난 상하 간의 골육지정(骨肉之情)에 의해 형성된다. 상관에 대한 충성은 일방에 의해 강요되는 것이 아니라 상하 간의 올바른 관계를 형성하고 규정짓는 결정적인 요소로서, 상하 간의 사랑과 믿음에서 만들어내는 신뢰를 근간으로 하여 마음으로부터 우러나오는 자발적인 것이어야 한다.
    - 전통적 충성의 개념은 신라 화랑의 세속오계(世俗五戒) 중 사군이충(事君以忠)에서 보는 바와 같이 신하가 임금을 받드는 도리로서 충절(忠節)의 의미가 강하다. 따라서 오늘날 충성이라는 말이 국가와 민족, 그리고 상관 등에 대한 충성으로 사용되는 것은 그 본원적인 의미에 가깝다고 할 수 있다.

- **최고의 도덕적 가치**
  - 군대에서의 충성은 하급자에 의해서 이루어지는 상급자에 대한 충성이지만, 이 경우에도 결국은 자기가 속해 있는 조직 자체를 위한 복종을 의미한다. 충성의 의미에서 매우 중요한 것은 어떤 경우이든 자기 자신의 정체성을 먼저 확인해야 한다는 점이다. 왜냐하면 충(忠)의 그 중심 의미가 바로 '자신의 태도'이기 때문이다. 또한, 이런 태도는 자기가 한 말을 이룬다는 한자인 '성(誠)'과 만날 때 비로소 '주체적 성실성'이란 의미를 함축하게 된다.
  - 『논어』에서 밝히고 있듯이 충성의 진정한 의미는 "주체적 성실성을 다하여 여한이 없는 말"로서 그것은 먼저 자기가 누구인지 알고 그러한 '나'로서 최선을 다한다는 것을 의미한다. 그러한 의미로 충성은 자신에게만 특수하고 고유하게 주어진 직분에 대한 소명 의식이라고 할 수 있다. 그러므로 충성은 봉건 사회에서보다는 오히려 오늘날 민주 사회의 시민에게 더욱 소중한 의미가 있다. 능동적이고 적극적인 주체적 성실성이 국가와 민족 전체로 확산되어 참된 나라 사랑의 마음(애국심)을 갖게 될 때 그것이 가장 이상적인 충성의 표현이라고 할 수 있기 때문이다.
  - '충성심을 교육받고 충성으로 육성된 부대를 이길 수 있는 부대는 없다'는 말이 있다. 이는 충성으로 뭉쳐진 부대는 이미 다른 여러 가지 덕목도 함께 갖추어져 있다고 할 수 있기 때문이다.
  - 이와 같이 군인에게 가장 필요한 핵심적 가치관인 충성심을 키우기 위해서는 먼저 개인은 청렴하고 지조가 굳고 신의가 두터우며, 사적 이익보다 공적 이익을 우선하며, 대의를 위해 정의롭게 살며, 자기 자신을 철저하게 절제하며, 언행일치해야 한다.
  - 또한 국가와 국민의 안전을 위해 내 나라 내 국가라는 주인 정신을 가지고 몸과 마음을 바치며, 상관에게는 올바른 행동을 하도록 진언하고, 부하의 권리와 권익을 보호해주며 옳다고 믿는 바를 굳게 지켜나가야 한다.
  - "조국을 위해 내 모든 것을 바칠 기회가 가장 많이 주어져 있는 곳이 바로 군대이며, 이 군대의 울타리 속에 내가 생활하고 있음은 다시 없는 영광이요 기쁨인 까닭에 오늘도 창밖으로 내다보이는 조국의 하늘은 저리도 푸르며 새소리조차 눈물겹도록 행복하게 들리는 것 아닌가!"라는 어느 노장의 고백은 현재 내가 처한 이 상황과 내가 걷는 이 길을 어떻게 걸어가야 할 것인가를 잘 말해주고 있다.

② 용기(勇氣)
- 용맹스런 기운으로, 힘이 용솟음쳐서 원기가 왕성하며 행동이 날쌔고 사물을 겁내지 않는 기개 또는 씩씩하고 굳센 기운으로 정의된다.
- 용기는 도덕적 용기와 육체적 용기로 구분된다. 도덕적 용기는 '불의와 부정을 보면 참지 못하고 타협하지 않으며, 유혹을 과감히 물리치는 지조'이다. 육체적 용기는 '위험에 직면했을 때 이에 굴하거나 위축되지 않고 당당히 맞서는 것'이다. 따라서 진정한 용기란 시비(是非)를 가릴 줄 아는 냉철한 판단력과 결과에 대해 옳은 것은 옳다 하고, 그른 것은 그르다 하며, 또 옳은 것을 지키고 그른 것을 물리치기 위해 목숨까지 내걸고 필요한 결단과 조치를 감행하는 자세와 그 행위이다. 따라서 죽음을 초월할 수 있는 용기가 바로 숭고한 용기라고 할 수 있다.
- 또한 대의(大義) 혹은 정의(正義)를 위한 분별 있는 정신적 인내력이 진정한 용기이며, 분별없는 용기나 정의와 상관없는 용기는 만용에 불과하다. 따라서 용기 있는 사람은 자신을 극복할 수 있는 힘으로 불의와 타협하고자 하는 욕망이나 사사로운 욕심을 버리고 정의를 위하여 행동하고자 하는 의지를 갖고 실천하는 사람이라고 할 수 있다. 행동이 뒤따르지 않는 것은 진정한 용기라고 할 수 없다.
- 인도의 영웅 간디는 말할 수 있는 용기, 행동할 수 있는 용기, 고난을 감수할 수 있는 용기, 모든 것을 버리고 홀로 남을 수 있는 용기를 진정한 용기라고 했다. 특히 장교·부사관에게 있어서는 육체적 용기와 도덕적 용기가 다 발휘돼야 한다. 치열한 전투 속에서도 정신적·육체적으로 극한의 어려움을 극복할 수 있고, 자신의 업무상 과오를 시인할 수 있으며, 상관의 잘못된 판단에 대해 직언할 수 있는 용기를 가져야 한다.
- 그러면 '우리 군인은 어떤 용기를 가져야 하는가'에 대해 좀 더 구체적으로 살펴보자.
  - 첫째, 자기 임무에 대한 사명감을 바탕으로 실천하고, 자기 이익에 앞서 도덕과 신념에 따라 행동하며, 전우의 생명을 구하기 위해 자신의 목숨을 걸거나 조국을 위하여 싸우려는 태도를 견지해야 한다.
  - 둘째, 용맹스럽고 대담하면서도 명분과 실리에 따라 진퇴를 과감히 결정할 수 있어야 한다. 앞뒤를 가리지 않고 무조건 전진하는 것이 아니라 빠르고 정확하며 냉철한 판단으로 최선을 선택하는 결단력 있는 용기를 갖추어야 한다.
  - 셋째, 잘못된 것은 잘못되었다고 말할 줄 아는 용기를 가져야 한다. 하급자가 잘못된 부분을 은폐하거나 허위로 보고한다면 전시나 위급한 상황 시에는 엄청난 문제를 일으킬 수 있다. 또한, 상급자는 자신의 잘못된 권위 의식으로 잘못

된 부분을 명령으로 밀어붙이거나 상급자의 말을 무조건 받아들이는 '예스맨'이 되지 않도록 각별히 관심을 가져야 한다.
- 따라서 용기의 가치를 함양하기 위해서는 건전한 도덕성으로 무장하고 강인한 체력을 유지해야 하며, 특히 악조건에서 임무를 수행하는 우리 군인에게 용기는 필수적인 가치이다.
- 진정한 용기는 전장에서의 용맹성 발휘만을 의미하지는 않는다. 냉철한 판단력과 이를 바탕으로 형성된 결과에 대해 '옳고 그름을 판단'하여 행동으로 실천하는 것이 용기 있다고 말할 수 있으며, 이러한 정신은 전쟁 시보다 평화 시에 더욱 필요하다.

③ **책임(責任)**
- '각자가 맡아서 해야 할 임무나 의무'로서, 각자에게 주어진 책임을 남에게 전가하거나 회피해서는 안 되고 오직 자신만이 져야 한다. 책임은 내가 해야 할 의무로서, 나의 양심에 의해 책임을 완수해야 하나, 그렇지 못하면 행위의 결과에 따라 도덕적 또는 법률적으로 불이익 또는 제재를 받게 된다.
- 인간은 공동체의 구성원으로서 지고한 가치를 창조하면서 각자 주어진 역할에 따라 책임을 수행한다. 이러한 책임에는 자신의 삶에 대한 책임, 가정에 대한 책임, 직장과 직책에 대한 책임, 사회에 대한 책임, 국가와 민족에 대한 책임, 더 나아가 세계 평화와 인류에 대한 책임 등이 있다.
- 이와 같이 인간은 생활 자체가 책임의 연속이며, 책임은 일상생활과 함께 존재한다. 그러나 군인의 책임은 이러한 일반적인 의미와는 다르다. 즉, 군대는 특수한 목적과 사명, 계급적 조직이 요구하는 위계질서를 위한 명령과 그에 대한 절대적 복종이 필요한 집단이므로 군인은 바로 책임의 분신이라 할 수 있다. 군 생활 자체가 바로 책임 있는 생활인 것이다.
- 군인은 계급과 직책에 따라 명확한 책임이 부여돼 있다. 비록 직책에 따라 임무가 서로 다를지라도 「군인복무규율」 제2장 강령상의 '국군은 대한민국의 자유와 독립을 보전하고 국토를 방위하며 국민의 생명과 재산을 보호하고 나아가 국제평화의 유지에 이바지함을 그 사명으로 한다'는 국군의 사명에 명시된 궁극적 목표와 동일하다.
- 그것이 특별 임무 수행을 위해 한시적으로 주어진 임무이든, 직책과 관련된 임무이든 책임을 완수하기 위해서라면 단 하나뿐인 자기의 생명까지도 바쳐야 한다는 점을 특징으로 하고 있다. 따라서 책임은 절대적인 것으로서 이를 이행하지 않았을 때 그 결과에 따라 법적 제재를 받게 된다.

- 이와 같이 군 조직에서 특히 책임이 강조되는 이유는 군 조직에 부여된 역할은 국가 운명과 직결되고, 만일 책임을 다하지 못했을 때에는 그 결과가 너무나 엄청나고 심각하기 때문이다.
- 또한 군 조직 임무는 어려운 환경과 생사를 초월한 극한적인 상황 속에서 수행되므로 왕성한 책임감과 굳은 의지가 결여되면 그 임무 수행은 불가능한 것이다. 따라서 군인에게 책임의 가치는 더욱 크며, 책임을 다하는 것이 가장 큰 보람임을 명심해야 한다.
- 군인으로서 책임의 가치를 고양하기 위해서는
  - 첫째, 자기 책임을 남에게 전가하거나 회피하는 비겁한 행동을 해서는 안 되며 책임을 경솔하게 생각해서도 안 된다.
  - 둘째, 개인과 군의 존재 이유 및 가치를 인식해야 한다. 내가 살고 있는 내 나라를 지키고 내 겨레를 사랑하는 것이 국민의 군대인 우리 군의 존재 목적이며 군의 본질적 임무이다. 따라서 이에 대한 무한한 긍지와 주체적인 태도를 견지해야 한다.
  - 셋째, '~다운 사람'이 돼야 한다. 아버지답고, 어머니답고, 군인답고, 상급자답고, 하급자다운 사람이 돼야 한다. 각자의 위치에서 자기에게 부여된 맡은 바 임무와 역할을 다하지 않는 사람은 조직의 구성원으로 존재 의의를 상실한 것과 다를 바 없음을 인식해야 한다.
    - 군인으로서 임무는 선택할 수 없으나 임무 수행을 위한 수단과 방법은 얼마든지 선택할 수 있으므로 선택한 것에 대해서는 반드시 책임을 지도록 해야 한다. 그리하여 '책임을 다하는 군인, 책임 앞에 충직한 군인상'을 국가와 국민 앞에 각인시킬 수 있도록 노력해야 한다.

④ 존중(尊重)
- '타인뿐만 아니라 자기 자신도 높여 중하게 여긴다'는 의미가 있다. 존중이란 '모든 사람의 인간적 존엄성과 그 존재 가치를 인정해 주는 것'이다.
- 존중이란 '타인뿐만 아니라 자신도 높이고 중하게 여김'으로써 사람의 명예와 생명의 존엄, 그리고 가족·친구·전우들을 귀하게 여기고 그들의 권리를 소중히 여기는 태도이며, 타인을 존중하는 것뿐만 아니라 자기 존중도 포함된다. 따라서 인간은 권리와 책임을 지닌 한 개인으로서 자신에 대한 인식과 인간의 존엄성을 인정하고 타인을 배려하며 민주 시민으로서 법과 질서를 존중할 수 있어야 한다. 군에서 존중은 긍정적인 자아관을 가지고 부하와 동료들을 인격적으로 대우하는 것이며, 언어에 있어서도 강압적으로 윽박지르기보다 따뜻하고 부드러운 말을 사

- 용하고 인정과 칭찬을 함으로써 조직 구성원 모두가 자발적으로 조직에 충성하도록 하는 것이다.
- 또한 이는 전역 후에도 민주 시민의 일원으로 사회의 법과 질서를 스스로 존중하고 따름으로써 진정한 사회인으로서의 역할을 다할 수 있게 한다.
- 특히 군대에서는 '안 되면 되게 하라, 불가능은 없다'는 투철한 책임감을 강조하고, 지휘관의 의도와 부하의 의도가 다를 경우 부하의 의도는 묵살당하는 경향이 간혹 있을 수 있다.
- 우리가 조직 생활을 하면서 흔히 저지르기 쉬운 오류는 자기와 생각이 다르면 그의 생각이 틀리다고 생각하고 일단 거부하는 것이다. 그러나 '다르다'와 '틀리다'는 차이가 있으며, 이러한 혼동은 누구나 저지르기 쉽다. 따라서 존중은 자기뿐만 아니라 타인을 중히 여기고 귀하게 여기는 가치이므로 임무 수행 시 계급 및 직책의 구별 없이 상호 간 배려하는 태도가 필요하다.
- 존중은 일방적인 것이 아니라 상호 작용에 의해 형성되는 것이다. 따라서 상급자는 스스로 업무에 정통하고 부하를 사랑하며 모든 면에서 하급자보다 솔선수범하려고 노력할 때 부하로부터 존경을 받는다.
- 또한 하급자는 상관으로부터 마땅한 대우를 받기 위해서 항상 자기 업무에 충실해 인정을 받으려고 노력해야 한다. 특히 상급자가 하급자를 인격적으로 존중해 주면 하급자로부터 몇 배 더 큰 진실된 존경을 이끌어낼 수 있으며, 부하가 갖는 상급자에 대한 이런 존경의 마음은 행동의 질을 결정하게 된다.
- 왜냐하면 존중받은 부하는 한 인간으로서 절대적인 권위와 가치를 인정받아 더욱 더 자신의 업무에 최선을 다하게 되기 때문이다. 따라서 상호 존중은 나도 이기고 상대방도 이기게 해 서로에게 이익을 주고, 원활한 의사소통을 가능하게 함으로써 조직 활성화를 기할 수 있다.
- 이와 같은 의미에서 존중은 군 조직뿐만 아니라 모든 조직 사회에서 반드시 개인에게 필요한 가치이다. 특히 군에서 존중의 가치는 구성원 간 상경하애(上敬下愛), 신뢰 구축, 단결 등으로 조직의 활성화를 이룬다. 이것은 결국 군심(軍心) 결집으로 이어져 새롭고 건전한 군대 문화 창조와 정예 강군 육성에 기여한다.

⑤ 창의(創意)
- 창의란 '상황에 따라 새롭고 적절한 대응 기법을 찾아내고 수행하는 창조적 사고력'이다. 즉, '새로운 생각이나 착상으로 상황에 따라 새롭고 적절한 기법과 문제점을 찾아내 여기에 대한 대응 기법을 강구해 수행할 줄 아는 창조적 사고력'이다.

- 군사 · 과학기술의 발전에 따른 무기체계의 첨단화는 전쟁 수행 방식을 혁신적으로 변화 · 발전시키고 있다. 이에 따라 미래 전장에서는 첨단 센서, 전장 네트워크 및 정밀 유도 무기 등을 활용한 전쟁 양상의 혁명적인 변화가 예상된다. 그러므로 우리 군은 첨단과학기술에 의해 수행되는 미래 전쟁 양상에 대비하는 것이 무엇보다 절실하다.
- 따라서 군에서는 새로운 생각이나 의견, 변화를 추구하는 정신으로 군의 제한된 자원을 효과적으로 활용하고 저비용 고효율을 달성하며, 전장이 확대되고 상황이 빠르게 전개되는 미래 전장 환경에 대비해야 하는데, 이에 반드시 필요한 가치관이 창의이다. 창의는 다양성과 역동성으로 가득 찬 디지털 시대를 주도할 수 있기 때문이다.
- 또한 창의는 전 장병이 복잡하고 다양한 상황 속에서 자신이 수행해야 하는 과제가 무엇이며, 이 과제를 수행하는 데 문제가 무엇인지 판단하여 해결 방법과 수단을 스스로 찾아 실행할 수 있는 능력을 배양함으로써 물자와 시간을 절약하는 데 기여한다.
- 따라서 과학화된 군대에서 필요한 군인이 되려면 미지의 세계를 탐구하는 끈기와 인내, 자신이 모르는 것을 겸허하게 받아들이고 수용할 수 있는 포용력뿐만 아니라 전문가가 되기 위해 자기에게 부여된 임무에 최선을 다해야 한다.
- 창의는 미래의 불확실성에 대처하고 다양성과 역동성으로 가득 찬 디지털 시대를 주도할 수 있는 역량을 배양하는 데 기초가 된다. 특히 장병들은 전기 전술뿐만 아니라 자기 발전을 위한 목표를 세우고 노력해야 한다. 창의는 군 생활이 인생의 공백 기간이 아니라 자기계발을 위한 최적의 기간으로 인식해 건전한 민주 시민으로서의 능력을 준비하는 데 필요한 가치관이라 하겠다.

03 해군

1. 해군의 기본

(1) 해군의 마크

상단부의 마스트 형상은 함정 이미지를, 마스트 아래의 원은 21세기 한국 해군의 주 무대가 세계(지구)임을 함축적으로 표현하였고 원안의 태극문양은 대한민국이라는 국적을 나타낸다. 하단부의 역삼각형 형태는 '대양해군'을 상징하는 항공모함을 형상화하여 해군의 희망과 미래 비전을 나타냈으며, 역동적인 형태의 파도문양은 오대양을 향한 진취적이고 힘찬 항진을 표현하였다.

(2) 해군의 5대 역할

전쟁억제	강력한 해군력을 보유함으로써 적의 전쟁 도발을 억제
해양통제	필요한 시간과 해역에 대해 적의 사용을 거부하고 아군의 사용을 보장
해상교통로 보호	우리 상선의 이동로를 안전하게 보호 ※ 해상교통로(SLOC; Sea Lane Of Communication)
군사력 투사	바다로부터 상륙군, 항공기, 유도탄, 함포 등으로 지상에 군사력을 투입
국가 대외정책 지원 및 국위 선양	• 국제 평화유지, 함정 외국 방문 등 • 국위선양해양탐색 및 구조 활동, 어로 보호 지원, 해상테러 · 해적행위 차단, 해난구조 및 해양오염 방지 등

2. 해군 더 알아보기

(1) 해군의 목표 · 비전

① 언제나 국민 곁에 있는 해군
- 해양질서 유지와 해양개발의 충실한 보호자
  - 북한 및 주변국 선박들의 영해 및 경제수역 침범을 저지한다.
  - 해상에서의 불법적인 테러와 해적활동을 예방한다.
  - 국가경제질서를 교란하는 밀수선 및 밀입국을 예방한다.

- 고가의 심해저탐사장비, 플랫폼, 시추장비 등 해양자원 개발을 위한 시설과 장비를 보호한다.
- 해상재난 예방 및 구조의 최첨병
  - 정확한 해상기상 정보를 수집·전파한다.
  - 한반도 전 해상에 함정이 상시 배치되어 있어 해상재난 시 신속히 구조한다.
- 해양환경을 지키는 감시자
  - 한반도 주변 경제구역을 함정, 항공기로 24시간 초계하여 어자원남획 또는 해저자원 불법채취 등 해양 불법행위 감시와 해양오염 방지 등의 환경감시 활동을 수행한다.
- 국민들의 진취적인 해양사상 고취를 위한 실습장
  - 매년 약 5만여 명의 청소년과 일반 국민의 함정견학 등을 통하여 해양사상을 고취하고 해저유물 탐사 및 인양작업 지원으로 찬란한 민족유산과 전통문화의 보존·계승에 기여한다.
- 국위선양의 선도자
  - 1954년부터 시작된 해군의 순항훈련과 주기적으로 실시하는 림팩, 기뢰대항전 훈련 등 해외 연합훈련을 통해 대한민국 해군의 역량을 대내·외에 널리 과시하고 있다.

② 국가번영을 이루는 필수적 존재
- 국가방위에 유용한 전력
  - 해군력은 기동성이 우수하여 전개와 철수가 용이하고 장기간 원거리작전 수행이 가능하여 융통성이 크며 위기관리에 가장 적합한 전력이다.
- 국가대외정책 지원
  - 군함은 국제법상 국가영토의 일부분으로 필요한 장소로 이동하여 국가의 힘과 의지를 과시할 수 있는 전력이다.
- 국민생활 보호
  - 해군은 해양질서유지와 해양개발의 충실한 보호자로서 각종 해양활동을 보장하고 해상재난 예방 및 구조 역할을 수행한다.
- 국가경제의 활력소
  - 군함은 컴퓨터, 레이더 등 첨단장비를 운용하기 때문에 고급 기술 인력을 사회에 공급하며, 군함건조에 필요한 근로자 고용으로 국가경제 발전에 기여한다.

(2) 해군의 문화

① 함상 경례와 길차렷
- 해군 함정에서는 일반적인 군인 상호 간의 거수경례와 더불어 나름대로의 함내 경례 관습이 있는데, 함상에서는 좁은 공간임을 감안하여 거수경례 시 팔꿈치를 앞쪽으로 45도 돌려서 경례를 하는 것을 허용하고 있으며, 함정의 좁은 통로를 상호 통과 시 상급자가 좁은 통로를 잘 지나갈 수 있도록 하급자는 '길차렷'을 실시하며 경례를 대신할 수 있다.
- 또한 함정 내에서의 경례 관습은 육상 부대의 경례 관습과는 많은 차이점이 있다. 함정 승조원들끼리는 과업 중 수시로 마주칠 경우가 많으며, 이에 따라 함정 승조원은 함정 소속 상급자에 대하여 매일 처음 만났을 때에만 거수경례로 예의를 표하고 이후 마주칠 경우에는 경례를 하지 않고 예의만 표시하면 된다. 그러나 함장이나 장관급 장교 또는 타 소속 함정의 상급자에게는 마주칠 때마다 경례로 예의를 표시하여야 한다.
- 해군 장병이 여성에게 경례를 할 때는 모자를 벗어 허리를 약간 굽혀 목례를 하며, 일반인과 인사 시에도 통상 목례를 하는 것이 관습화되어 있다.

② 15분 전, 5분 전 문화
- 함정에 승함하기 위해 정시에 도착하였음에도 부두에서 함정으로 놓여 있던 현문(舷門) 사다리가 철거되어 당황하게 되는 경우가 있는데, 이는 함정에 있어서 5분 전은 곧 출항을 의미한다는 점을 미처 파악하지 못해서 일어나는 것이다. 해군 함정이 임무 수행을 위해 출항할 경우에는 사전에 많은 준비가 필요하며, 일정한 절차에 따라 출항 준비를 해야 한다.
- 함정의 출항 절차는 사전에 발전기 작동 및 자이로(Gyro) 시동을 한 후, 출항 15분 전이 되어 출항 경보 및 출입항 요원이 배치되면서 출항 준비가 완료된다. 출항 5분 전은 함장이 함교(Bridge)에 위치하여 출항을 위한 명령을 하달하고 현문이 철거되면 부두에 매어 있던 홋줄이 풀어지는 시각이다. 함정에서의 15분 전, 5분 전에 의한 출항 절차의 의미는 해군 생활 거의 모든 분야에서 이루어진다. 각종 과업 수행을 위한 집합이나 당직 근무 교대, 과업 진행의 방법 등이 15분 전, 5분 전의 형태로 집행되며, 5분 전은 모든 집합이 완료되고 업무 시작 준비가 완료된 상태를 의미한다.
- 이러한 해군의 5분 전 문화를 육상에서 일어날 수 있는 사례로 구분하여 보면, 일반 업무 중 차량 출발 5분 전이라는 방송을 청취하고 아직도 차량 출발 시간이 5분이 남았다고 생각하여 여유를 가지다가는 그 차량에 승차하지 못한다. 5분 전

에 차량은 출발하고 있기 때문이다.
- 일찍이 조선 시대 우리 수군의 출항 준비 절차에서도 시간 간격은 차이가 있지만, 나팔의 횟수에 따라 출항을 준비토록 하였다. 민족의 성웅 이순신 제독의 『난중일기』에는 선박의 출항 준비를 의미하는 기록들이 나오는 경우가 종종 있는데, 출항 준비와 출항을 지시하는 의미로서 나팔의 횟수를 표시하고 있다.

> "2월 6일 새벽 3시에 첫 나팔을 불었다. 동이 틀 무렵 둘째 나팔, 셋째 나팔을 불고 돛을 올렸다. 2월 9일 첫 나팔, 둘째 나팔을 불고 나서 날씨를 보니, 비가 와서 바다로 나가지 않았다."

- 함정의 출항 절차는 옛날이나 지금이나 유사하다는 점에서 흥미롭다.
- 해군 함정에서의 15분 전, 5분 전에 의한 출항 절차는 세계 거의 모든 나라의 해군에서 실시하고 있는 대표적인 해군 공통 문화이다. 해군에서의 15분 전, 5분 전에 의한 문화는 해군 장병들이 모든 일을 추진할 때 항상 시간에 여유를 두고 처리하는 기초가 되며, 타인과 약속 시에도 15분 전, 5분 전 개념에 맞추어 행동을 함으로써 대인 관계에 있어서도 믿음을 주는 사람으로 인정받고 있다.

③ 줄과 매듭
- 사람과 사람이 만나 두터운 우정과 믿음을 나누는 것을 '인연을 맺는다'라고 표현하듯, 우리 해군에도 육지와 바다를 연결해주는 인연이 있다. 부두와 바다 위에 떠 있는 배를 연결시켜 그 둘의 인연을 이어주는 '홋줄'이 그것이다. 부두에 계류되어 있는 함정에는 홋줄부터 시작해 각종 줄들이 다양한 용도로 쓰이고 있는데, 우리 해군에서 쓰이는 줄은 재료에 따라 크게 섬유삭(纖維索)과 강삭(鋼索)으로 나눌 수 있다. 섬유삭(纖維索)은 마닐라삼과 대마 껍질, 목화 섬유 등의 자연 섬유와 나일론 등의 합성 섬유로 만들어지며, 강삭(鋼索)은 철사로 만든 와이어 로프를 의미한다.
- 특히 섬유삭은 꼬임과 굵기를 다양하게 하여 함정에서 각종 작업 및 항해 시 장비의 결박, 인명 구조와 각종 훈련 등 다방면에서 그 진가를 발휘하며 바다의 유동적이고 거친 환경에 적응하는 해군에게 없어서는 안 될 중요한 역할을 담당하고 있다.
- 매듭은 함정에서 다양한 줄의 활용을 가능하게 하는 기술의 결정체라고 할 수 있다. 인류 원시 문화의 시작과 함께 등장한 오랜 기술이지만 해군에 실용적인 기술로 활용된 것은 범선을 운용한 16세기 이후부터이다. 오늘날 우리 해군에 활용되는 매듭의 종류는 그 쓰임새와 모양에 따라 50가지가 넘는다. 미끄럼 방지를 위한

매트부터 시작해서 안전망, 구명정, 난간과 손잡이 그리고 계류해 놓은 로프까지 함정 안팎이 온통 매듭으로 둘러싸여 있다 해도 과언이 아니다. 오랜 시간, 바다라는 특수한 환경에 적응하기 위해서는 강하고 딱딱한 것보다 부드럽고 질긴 것이 유리하다는 사실을 깨닫고 실용적인 기술로 발전시킨 매듭은 예술 작품 못지않게 아름다울 뿐만 아니라 줄을 함정에서 효율적으로 사용할 수 있게 한다. 줄과 매듭은 거친 파도와 싸워야 하는 바다 사나이들의 끈질긴 생명력의 상징이자 바다를 삶의 터전으로 하는 독특한 해군 문화의 한 부분이다.

④ **청결은 군함의 생명**
- 함정에 처음 승조한 사람이라면 함정 승조원들이 하루에도 수차례씩 함정 내부를 구역별로 나누어 청소하는 모습을 보게 된다. 그리고 이러한 청소 작업 절차가 일정한 규칙에 따라서 일부는 바닥을 쓸고 닦거나, 일부는 헝겊이나 조그마한 도구를 사용하여 부착물이나 갑판 위의 녹을 제거하는 모습 또는 장비 위의 먼지를 제거하는 등 여러 형태별로 함·승조원 총원이 작업하고 있는 것을 볼 수 있다.
- 함정은 함정을 구성하고 있는 선체가 모두 철로 구성되어 있으며, 내부에 적재하고 있는 다양한 장비는 그 수를 헤아릴 수 없을 만큼 많다. 함정은 해수의 강한 염분 성분으로 인하여 많은 녹이 발생하며, 녹을 초기에 제거하지 않으면 함정의 뼈대인 선체나 함 외부에 부착된 부속품들이 쉽게 녹이 슬게 되어 제 기능을 발휘하지 못하게 된다. 또한 좁은 공간에서 많은 인원들이 생활하기 때문에 하루에도 수차례씩 청소를 하지 않으면 청결을 유지하지 못하게 되며, 함·승조원들의 건강에도 영향을 미치게 된다.
- 이러한 이유로 모든 승조원들에게 함체 내·외부 및 장비, 기계류의 청결 및 장비 유지를 위한 인원 배치 기준을 설정하고 각 부서별로 일정한 구역을 할당하고 있다. 함정의 청결을 위한 일과 진행은 아침 총 기상 후 실내외 청소를 시작으로 오전·오후 과업 시작 15분 전에는 함 외부 장비 및 부착물 등에 대한 녹 제거 등 보수 과업을 실시하고, 과업 끝 30분 전부터 청소를 실시하며, 순검 전에도 청소를 실시하는 등 함 내 일과에 청소나 보수 과업이 차지하는 비중이 크다. 또한 제반 검열 시에도 함 내의 청결 상태나 보수 과업 집행 상태를 확인하는 데 큰 비중을 두고 있다.
- 이처럼 함정 내에서의 청결 문제가 중요시되는 것은 함 내의 청결은 곧 해군 장병들의 건강 문제와 직결되고, 각종 장비의 성능을 최고조로 유지하여 함정의 작전 임무 수행 능력을 향상시킬 수 있다는 점에서 더욱 강조되고 있다. 이러한 해군 장병들의 청결 습관은 가정에서 거실과 침실을 깨끗이 하고 잘 정리하는 것이라

든지, 또는 육상 부서 사무실의 집기류 및 카펫·커튼 등을 미적 감각에 맞추어 구비하고 깨끗이 보존하는 것 등에까지 연장된다.

⑤ 군함의 당직 근무
- 함정의 당직 근무는 함정의 전투력 유지와 함정 운용에 있어 가장 중요한 요소로 함정의 형태, 임무 및 승조원의 구성 수에 따라 적절하게 편성된다. 함정의 당직 편성은 항해 당직과 정박 당직으로 구분되며, 일반적인 당직 편성이 당직사령, 당직사관, 부직사관, 당직하사관, 당직병 등으로 나누어져 있는 육상 부대의 당직 편성과는 근본적으로 임무와 책임이 다르다.
- 항해 당직은 바다에서의 안전 항해와 전투 임무를 완벽히 수행하기 위하여 각 부서의 임무별 특성으로 당직 근무가 편성되며, 1일 3직제로 1인이 교대로 8시간씩(주간 4시간, 야간 4시간) 연속적인 당직 근무를 수행한다.
- 함정 승조원 모두가 항해 당직에 편성되어 연속적인 당직 근무를 수행하고 있기 때문에, 함정에서의 항해 중 오전 과업은 야간 당직자의 기상 시간을 고려하여 오전 10시부터 시작되는 것이 관례이다. 1일 24시간 당직 근무가 계속됨에 따라 함정에 따라서는 심야 시간대(보통 00:00~04:00)의 당직 근무를 2시간씩 2개 조로 나누어서 근무하는 경우가 있으며, 이를 'Dog-Watch'라는 용어로 표현한다. 이는 당직조 3개 조가 주·야간 총 6회로 구분되어 근무하기 때문에 같은 조가 항상 동일한 시간대에 근무하게 되는 경우를 피하기 위해 7개 조로 구분하여 변화된 시간대에 근무가 가능토록 하기 위한 것이며, 특히 심야 시간대의 당직 근무 부담을 줄이기 위한 방법으로 이용된다.
- 정박 당직은 모항에 입항하여 대기, 수리 및 교육 훈련을 수행할 때 편성되며, 당직사령, 현문 당직과 기관 당직으로 구분된다. 함정의 당직 요원은 제반 당직 임무를 빈틈없이 수행하기 위해 정신적·육체적으로 강인한 인내심을 발휘해야 한다. 일반적으로 함정의 전투력과 명성은 당직 운영의 수준에 의해 결정되며 해군 장교의 함정 경력의 성패 역시 당직 임무의 수행 능력에 의존한다는 점을 감안할 때 당직 조직과 근무의 중요성은 해군이 존재하는 한 결코 간과되지 않을 것이다.

04 공군

1. 공군의 기본

(1) 공군의 마크

① 무궁화: 대한민국의 국화이자 상징인 무궁화를 통해 공군인의 한없는 애국애족 정신을 표현
② 독수리: 국가안보의 핵심전력으로서 대한민국 공군의 용맹과 진취성을 상징
③ 별: 국토방위와 국민의 안녕을 책임지는 대한민국 공군의 막중한 임무를 의미
④ 월계: 호국의 충성심으로 나아가서 싸우면 반드시 이기는 필승공군의 영광을 뜻함

(2) 공군의 역할
① 평시
- 적 징후 감시
- 완벽한 전투준비태세 유지
- 국지도발 대응태세 완비
- 평화유지와 재난구조

② 전시
- 공중우세와 정보우세 확보
- 적의 군사력과 전쟁의지 및 잠재력 파괴
- 지·해상군 작전지원
- 지속작전능력 향상 및 전력보호 임무 수행

2. 공군 더 알아보기

(1) 공군의 목표·비전
① 공군의 목표
대한민국 공군은 항공우주력을 운영하여 전쟁을 억제하고, 영공을 방위하며, 전쟁에서 승리하고, 국익증진과 세계평화에 기여한다.

② 공군의 비전: 대한민국을 지키는 가장 높은 힘, 정예우주공군
- 대한민국을 지키는: 국가방위와 국익수호라는 목표성 제시
- 가장 높은 힘: 우주를 포함하는 활동영역과 강하고 스마트한 공군의 의지 표현
- 정예우주공군: 미래전장 및 국가안보의 영역과 공군작전영역이 우주로 확장되어 감에 따라 '우주'로 영역을 확장해 나가는 공군의 목표와 의지를 명확하고 강력하게 표현

(2) 공군의 핵심가치

(3) 공군의 상징

① 빨간 마후라

'빨간 마후라(Muffler, 머플러)'는 대한민국의 조종사들만이 매고 있다. 전 세계 각국의 공군 조종사들도 머플러나 스카프를 두르지만 우리 군처럼 조종사 전체가 '빨간 마후라'를 착용하는 경우는 없다. 유독 대한민국 공군만이 '빨간 마후라'를 제복의 한 부분처럼 매고 있어 대한민국 공군 조종사의 상징이 되었다.

② 빨간 마후라의 고향, 강릉 기지

'빨간 마후라'는 6·25 전쟁 중 당시 김영환 대령이 지휘하던 우리 공군의 최전방 기지인 강릉 기지 제10전투비행전대 조종사들이 적 상공으로 출격하면서 두른 것이 기원이다. 이후 '빨간 마후라'는 다른 부대의 공군 조종사들에게도 널리 퍼졌다. 이런 이유로 강릉 기지를 빨간 마후라의 고향이라고 부른다. '빨간 마후라'는 단순히 조종사의 상징일 뿐만 아니라 조종사들에게 뜨거운 정열과 불굴의 사명 의식, 그리고 필승의 신념을 고취하는 촉매제가 되고 있다. 또한 대한민국 공군 조종사로서의 긍지와 자부심을 담고 있기도 하다. 오늘날 우리 공군 조종사의 상징이 된 '빨간 마

후라'는 학생 조종사들이 정해진 비행 교육 과정을 마치고 수료할 때 참모총장이 직접 목에 걸어 주는 전통으로 이어지고 있다. 앞으로도 '빨간 마후라'는 공군 조종사들에게 있어 나라를 위해 목숨을 바치겠다는 신념과 결의를 담은 표상으로 영원히 남을 것이다.

05 해병대

1. 해병대의 기본

(1) 해병대 마크

① 리본: 독수리가 입에 물고 있는 리본에 적힌 '정의와 자유를 위하여'는 해병대가 존재하는 목적을 나타낸 글귀로서 내 한 목숨 해병대라는 조직과 조국에 바친다는 의미
② 독수리: 용맹성과 승리의 상징으로 민족과 조국의 수호신이면서 전장에서 승리의 불사신이기를 갈망하는 해병대의 기상을 의미
③ 별: 지상전투를 상징하기도 하는 별은 조국과 민족의 생존을 위한 국방의무의 상징으로 조국과 민족을 지키는 해병대의 신성한 사명을 나타냄
④ 닻: 해양 또는 해군을 상징하기도 하는 닻은 배를 일정한 곳에 머물러 있게 하기 위하여 만들어진 갈고리로서 기울어져 있는 모양의 닻은 함정이 정박 또는 정선하여 해병대 고유의 임무인 상륙작전 개시를 의미

(2) 해병대의 임무

① 국군은 육군, 해군 및 공군으로 구성하고 해군에 해병대를 둔다(국군조직법 제2조 1항).
② 해병대는 상륙작전을 주임무로 하고, 이를 위해 편성, 장비되며 필요한 교육, 훈련을 한다(국군조직법 제3조 2항).

2. 해병대 더 알아보기

(1) 해병대의 핵심가치

구분	정의	포함가치
충성(Loyalty)	창설 이후 싸우면 반드시 승리하는 자랑스러운 전통에 대한 자부심과 소속감에 대한 책임의식을 가지고 이에 걸맞게 사고하고 행동함	애국, 헌신, 단결, 희생
명예(Honor)	전우애와 최고의 팀워크, 희생정신을 기반으로 조국과 해병대, 국민을 위해 목숨까지 바칠 수 있는 자세	성실, 신뢰, 자부심, 정직
도전(Challenge)	강인한 육체와 정신력을 바탕으로 현실에 안주하지 않고 끊임없이 변화하는 자세로 미래를 지향함	용맹, 용기, 열정

(2) 해병대의 상징

① 팔각모

- 팔각모의 팔극(八極)
  - '지구상 어디든지 가서 싸우면 승리하는 해병대'임을 상징
- 팔각모의 팔각(八角)
  - 화랑도 정신인 오계(五戒)와 세 가지 금기(禁忌)를 표현

오계(五戒)	세 가지 금기(禁忌)
국가에 충성하라(事君以忠)	유흥을 삼가라(愼遊興)
뜻 없이 죽이지 말라(殺生有擇)	
벗에게 믿음으로 대하라(交友以信)	전투에 후퇴하지 말라(臨戰無退)
욕심을 버려라(禁慾)	
부모에게 효도하라(事親以孝)	허식을 삼가라(愼虛飾)

- 팔각의 중심점은 지휘관을 중심으로 하여 다음과 같은 여덟 가지 해병대의 길을 나타낸다.

여덟 가지의 해병대 길
• 평화의 독립수호 • 적에게 용감 • 엄정한 군기 • 긍지와 전통 • 희생정신으로 국가에 헌신 • 불굴의 투지 • 가족적인 단결도모 • 필승의 신념으로 승리 쟁취

② 붉은 명찰

- 진홍색(피와 정열)
    - '피'와 '정열, 용기, 신의', 그리고 '약동하는 젊음'을 조국에 바친 해병대의 전통을 상징
- 황색(땀과 인내)
    - 해병대는 신성하며, 해병은 언제나 예의 바르고 명랑하며 활기차고, 땀과 인내의 결정체임을 상징

CHAPTER 05 최신 이슈 & 상식

01 2023 국방 10대 뉴스

정전협정·한미동맹 70주년

2023년은 1953년 7월 27일부로 '한반도 정전협정'이 체결된 지 70주년이 되는 해다. 정전협정은 1953년 7월 27일 국제연합군 총사령관과 북한군 최고사령관 및 중공인민지원군 사령원 사이에 맺은 한국 군사정전에 관한 협정으로, 6·25전쟁이 일시 중단된 정전 상태에서 무력 충돌을 방지하는 핵심 장치다. 정전협정 체결 70주년을 맞아 국방부는 10월 개정·발간한『정신전력교육 기본교재』를 통해 한반도 정전체제의 불안정성을 고조시키는 북한의 위협 행보에 대한 올바른 이해가 장병의 정신전력 확립에 필수임을 강조했다. 이와 더불어 11월에 개최한 '한국·유엔사회원국 국방장관회의'에서 유엔군사령부의 정전협정 관리·유지 임무가 한반도 평화 유지를 뒷받침해 왔다고 평가하며, 협력·연대 강화 의지를 밝혔다.

2023년은 1953년 10월 상호방위조약 체결로 한미동맹이 출범된 지 70주년이 되는 해이기도 하다. 한미동맹은 북한의 군사적 위협에 대응하기 위하여 한미상호방위조약을 기초로 하여 대한민국과 미국 사이에 체결한 동맹으로 한반도 평화와 안전을 위한 제도적 장치로서 성공적인 동맹이라는 평가를 받고 있다. 이를 기념하기 위해 정상회담에서는 글로벌 포괄적 전략동맹, 인도·태평양 전역에서의 협력 확대, 양자 협력 강화 등 동맹의 미래 70년을 향한 3대 노력선을 천명했다. 국방 당국 차원에서는 한미 연합전력의 막강한 화력·기동력을 과시한 '연합·합동 화력격멸훈련'을 대표적으로 '행동'을 통해 '힘에 의한 평화'를 구현하는 데 중점을 뒀다.

방산 수출

국방부의 임시 집계에 따르면 2023년 방산 수출계약 체결액이 130억 달러(약 16조9000억원)~140억 달러(약 18조2000억원)를 기록할 전망이다. 이는 당초 목표였던 200억 달러에 미치지 못했으며 역대 최대 규모인 2022년의 173억 달러와 비교해서 다소 감소한 수치다. 그러나 2022년에 이어 2년 연속으로 글로벌 상위 10위권의 방산 수출국에 진입했으며, 특히 수출 대상국과 무기체계의 다변화로 방산 수출 강국의 입지를 구축했다는 점에 의의가 있다.

방산 수출 대상국은 2022년의 4개국이었던 반면 2023년에는 동남아·중동·유럽 지역 12개 국가로 급증했다. 이 중 2022년 전체 방산 수출액의 약 72%를 차지했던 폴란드의 경우, 2023년에는 K2 전차 수출의 2차 이행계약 협상이 지연되면서 30% 수준으로 비중이 축소 되었으나 이에 따라 우리 정부는 현지화 계획을 적극적으로 반영하여 2차 이행계약 체결에 주력할 방침이다.

수출하는 무기체계 역시 2022년의 6개에서 12개로 늘었다. 말레이시아·에스토니아·필리핀을 상대로 각각 FA-50 전투기 18대, K9 자주포 12문, 연안경비함 탑재용 전투체계와 전술 데이터 링크 공급 등의 수출계약을 체결하는 데 성공했다. 호주와는 레드백 장갑차 129대의 수출계약을 체결하는 한편 2023년 10월 윤석열 대통령이 사우디아라비아 국빈 방문에서 대규모 방산 협력을 논의한 것으로 알려져 천궁-Ⅱ 등 대공방어체계와 같은 화력 무기의 수출도 기대되고 있는 상황이다.

'국방혁신 4.0 기본계획' 발표

국방부는 2023년 3월 3일 '국방혁신 4.0 기본계획'을 통해 "제2의 창군 수준으로 국방태세 전반을 재설계하겠다"는 뜻을 밝혔다. '국방혁신 4.0 기본계획'은 '국방개혁에 관한 법률'을 근거로 작성된 국방기획체계의 기획문서로서 '국방개혁 2.0 기본계획'을 대체하는 위상을 지닌다. 해당 계획의 내용은 첨단 과학기술을 활용한 혁신을 추진한다는 것으로, 미래 국방의 제반 도전을 극복하는 강군 육성의 의지가 투영됐다.

이러한 의지에 따라 국방혁신 4.0 기본계획은 '인공지능(AI) 과학기술 강군 육성'을 목표로 제시했다. 실현 방법으로 북 핵·미사일 대응능력의 획기적 강화, 군사전략·작전개념의 선도적 발전, AI 기반 핵심 첨단전력 확보, 군구조·교육훈련체계 혁신, 국방 R&D 및 전력증강 체계 재설 등 5대 추진 중점과 그에 따른 16개 혁신과제를 구체화했다. 2040년까지의 추진 내용을 망라한 것이다.

기본계획의 추진 기조는 다음과 같다. 첫째, 본질적 변화가 필요한 핵심 분야 혁신에 집중한다. 둘째, 야전 제대에서 체감할 수 있는 발전적 변화를 추진한다. 셋째, 법률·제도·조직의 혁신을 통한 추진 동력을 담보한다. 넷째, 공감·합의·검증을 통한 군구조 재설계를 안정적으로 추진한다. 이러한 추진 기조를 바탕으로 국방부는 혁신 기반 구축, 혁신 성과 가시화, 혁신 성과 가속화 등 3단계 로드맵에 따라 국방혁신 4.0을 추진할 예정이다.

확장억제 실행력 강화

2023년 4월 한미동맹 70주년을 기념한 정상회담에서 미국의 확장억제 강화방안을 담은 '워싱턴 선언'을 채택했다. 해당 선언은 미국이 비핵 동맹국과 정상 차원에서 확장억제에 대해 적시한 최초의 문서이자 미국 대통령이 문서·발언을 통해 직접 확장억제 공약을 확인한 최초의 사례이다. 양국은 이 자리에서 한국에 대한 미국의 확장억제 수단에 핵을 포함한 미국 역량을 총동원하여 지원한다는 점을 명시했으며 한반도 핵 유사시에 대비하도록 연합방위태세를 강화하겠다는 의지를 다졌다.

이러한 한미 워싱턴 선언에 따라 핵 확장억제에 관한 상설협의체인 핵협의그룹(NCG)이 설립됐다. 양국은 NCG를 통해 "확장억제를 강화하고, 핵 및 전략 기획을 토의하며, 비확산 체제에 대한 북한의 위협을 관리하겠다"고 밝혔다. 아울러 한반도 핵 유사시 기획에 대한 공동의 접근을 강화하기 위해 '범정부 도상 시뮬레이션'을 도입하기로 합의했다.

이에 따라 7월 서울에서 개최된 NCG 출범 회의에서 양국은 확장억제 실행력 강화의 구체적 방안을 협의했으며 이어진 12월의 NCG 2차 회의에서 보안 및 정보공유 절차, 위기 및 전시 핵 협의 절차, 핵 및 전략 기획, 한미의 재래식·핵 통합, 전략적 메시지 발신, 위험감소 조치 등 제반 측면에서 동맹 공조가 굳건해졌다고 평가했다.

을지 자유의 방패 (UFS)

2023년 후반기 한미 연합연습인 '을지 자유의 방패(UFS)'가 성공적으로 마무리됐다. 우선 우리 군은 위기관리연습을 통해 북한 도발 시 초기 대응과 한미 공동 위기관리 절차를 숙달했다. 이어진 1부 연습에서 한미는 전시체제 전환과 북한군 공격 격퇴 및 수도권 방어에 주안점을 둔 정부·군사 연습을 통합 시행하면서 국가 총력전 수행체계를 점검했다. 군 단독으로 진행한 2부 연습에서는 수도권의 안전을 확보하기 위한 역공격·반격작전 능력 점검에 주력했다.

이번 연합연습의 성과는 다음과 같다. 첫째, 고도화된 북한의 핵·미사일 능력으로 한반도가 단기간 내 전쟁상태로 전환될 가능성을 고려한 실전적 시나리오의 전구급 시뮬레이션 훈련인 '연합지휘소 훈련(CPX)'을 도입했다. 또한 전년 대비 대폭 확대된 30여 건의 야외

기동훈련(FTX)을 CPX와 연계함으로써 실전적 훈련의 목적을 달성했다. 둘째, 민·관·군·경 등 한미 양국의 가용한 역량을 일원화된 지휘체계로 결집하면서 북한의 전방위적 공격을 격퇴하는 통합방위력 구축을 점검·숙달했다. 기반 시설과 군 기지 피해를 가정한 연합·합동 피해복구훈련도 했다. 적 공격에 따른 피해 최소화와 신속한 복구 능력을 점검할 필요성 때문이다. 셋째, 유엔사 총 17개 회원국 중 10개국이 참여하면서 한미 연합연습에 대한 국제적 지지를 담보했다.

건군 75주년 국군의 날 행사

2023년은 1948년 대한민국 정부 수립에 따라 국군이 정식 편성된 지 75주년이 되는 해다. 이를 기념하기 위한 건군 75주년 국군의 날 행사가 9월 26일 개최됐다. 행사는 '강한 국군, 튼튼한 안보, 힘에 의한 평화'라는 주제로 서울공항에서의 기념행사와 숭례문에서 광화문 일대까지의 시가행진으로 구성됐다. 기념행사에는 장병과 가족, 예비역, 보훈단체, 국민 등 1만여 명이 참석했다.

기념행사 중 워리어플랫폼을 착용한 보병대대의 분열은 과학기술 강군의 면모를 보여주었다. 최첨단 장비부대의 분열에서 유·무인 복합전투체계를 구성하는 무인 수상정과 항공기, 잠수정을 필두로 한국형 무인정찰기, 소형 드론, 아미타이거 제대를 선보이며 미래형 지상전투체계의 위용을 드러냈다. 방산 수출 핵심 무기체계인 K2 전차와 K9 자주포, 한국형 3축 체계 장비가 포함된 기계화 제대도 박수갈채를 받았다.

2013년 이후 10년 만에 부활한 국군의 날 시가행진은 육·해·공군과 해병대 합동전력이 총출동하면서 평화에 대한 의지를 확고히 하는 계기가 되었다.

제55차 한미안보협의회의 개최

2023년 11월 13일 개최된 제55차 한미안보협의회의(SCM)은 한미 양국의 최고위급 국방 협의체로 한미동맹 70년 역사에서 달성한 주요 성과를 평가하는 자리가 됐다. 특히 이 회의에서는 자유·인권·법치 등 공동의 가치를 동맹의 핵심 자산으로 규정하고 '글로벌 포괄적 전략동맹'의 발전을 뒷받침하겠다고 천명했다. 동맹 100주년을 준비하는 미래 청사진인 '한미동맹 국방비전'을 승인하면서 확장억제 지속 강화, 동맹 능력 현대화, 지역 안보협력 강화 등 향후 30년간 동맹 협력의 3대 핵심축을 제시했다.

SCM 공동성명을 통해 한미는 한반도 평화를 위한 공조 의지를 확인하면서 주요 성과를 평가했다. 연합방위태세 제고, 한미 '맞춤형억제전략(TDS)' 개정, 확장억제 실행력 획기적 제고 등이 그 내용이다. 또 전시작전통제권 전환 추진 성과를 평가하면서 향후 추진 방향을 밝혔다. 이와 함께 인도·태평양 지역의 평화·안정을 위한 국방 분야 공조 의지를 발신했다. 아울러 우주·사이버·국방과학기술 분야 협력을 지속 강화해 공동 이익을 증진하기로 합의했다.

한편 제55차 SCM과 연계해 11월 14일에는 '한국·유엔사회원국 국방장관회의'가 사상 최초로 개최됐다. 정전협정 체결 70주년 기념행사인 이 회의를 통해 한반도 평화를 뒷받침하는 유엔사의 역할과 중요성이 재조명됐다. 한반도 평화 수호와 회원국의 연대 강화 의지가 담긴 공동성명을 채택한 점도 큰 성과로 평가받고 있다.

위성 분야 기념비적 성과 달성

우리 군은 한반도와 주변 지역의 영상정보를 수집하는 군 정찰위성 확보 사업을 추진해 왔다. 합성개구레이더(SAR) 탑재 위성 4기와 전자광학(EO)·적외선(IR) 센서 탑재 위성 1기 등 총 5기의 정찰위성을 확보하는 사업이다. 이 가운데 12월 1일(현지시간) 미국 밴덴버그 우주군 기지에서 우리 군 최초의 정찰위성 발사에 성공했다. 미국 스페이스 X의 우주발사체에 실려 발사된 군 정찰위성 1호기는 해외 지상국과 교신에 성공하면서 궤도에 안착했다. 이번에 발사된 EO·IR 센서 탑재 위성은 방위사업청이 사업을 관리하고, 한국항공우주연구원·국방과학연구소·국내업체가 유기적으로 협력하여 개발한 결과물이다. 군의 전력과 함께 국내 우주산업의 역량을 강화했다는 점에서 의미가 크다.

이어 12월 4일에는 고체연료 추진 우주발사체 기술을 활용한 민간 상용위성 발사에 성공하면서 또 다른 쾌거를 달성했다. 국방과학연구소가 개발 중인 고체연료 추진 발사체 및 궤도진입 기반 기술을 바탕으로 민간기업이 발사체와 위성을 제작해 실제 발사를 수행했다. 따라서 위성과 발사체 기술을 연계한 민·군 협력 모범사례인 동시에 민간 주도의 뉴 스페이스 사업 활성화를 지원한 사례로 평가된다. 고체연료 추진 우주발사체의 3차 시험발사로서 기술개발의 성과 달성을 입증했다는 점에서도 의미가 있다.

북 9·19 군사합의 파기

'9·19 군사합의'는 2018년 9월 19일 9월 '평양공동선언'의 부속 합의서로 정식 명칭은 '역사적인 판문점 선언 이행을 위한 군사분야합의서'이다. 이 합의의 핵심은 지상·해상·공중에서 상호 적대행위를 전면 중지하는 것이다.

그러나 북한은 중부전선 비무장지대(DMZ) 감시초소 총격, 해상 완충구역 내 포사격, 동해 북방한계선(NLL) 이남을 향한 미사일 발사, 수도권 상공에 소형 무인기 침투 등 합의 조항을 지속적으로 위반해왔다. 이러한 위반 행위가 반복되자 '9·19 군사합의'는 유명무실해

졌고 결국 북한은 2023년 11월 21일 '군사정찰위성(만리경 1호)' 발사를 감행하기에 이른다. 이는 유엔 안보리 결의에 대한 명백한 위반이자 남북 간 합의의 기본정신을 위반한 행위이다. 이에 우리 군은 합당한 상응 조치로 동 합의 1조 3항의 비행금지구역 설정에 관한 효력을 정지했다. 그러자 북한은 합의에 따라 중지했던 모든 지상·해상·공중에서의 군사적 조치를 즉시 회복한다고 밝혔다. 사실상 '9·19 군사합의'의 전면 파기를 선언한 것이다. 아울러 군사분계선(MDL) 지역에 더 강력한 신형 군사장비 배치를 예고했다. 이에 우리 군은 강화된 한미 연합방위태세를 바탕으로 "어떠한 도발에도 즉각, 강력히, 끝까지 응징하겠다"는 메시지를 발신했다. 2024년 6월 4일 우리 정부가 9·19 군사합의 전체의 효력을 정지하는 안건을 의결함에 따라 9·19 합의는 체결 5년 8개월 만에 전면 무효화 됐다.

2023~2027 군인복지기본계획

국방조직 구성원의 변화와 함께 초급간부 처우 개선의 필요성도 커지면서 다양한 복지 수요가 제기됐기 때문이다.

이에 국방부는 초급간부 연간소득 상향과 생활관 개선 등 향후 5년 동안 추진할 군인 복지정책을 담은 '2023~2027 군인복지기본계획'을 확정했다. 이는 '군인복지기본법'에 근거해 5년마다 작성하는 군인복지정책 기본문서로 매번 재정, 주거·생활, 전직·교육, 문화·여가, 의료, 가족 총 6개 분야에서 20개 추진과제를 선정한다.

재정 분야에서는 병 봉급의 최저임금 수준 보장방안과 간부 처우 개선책을, 주거·생활 분야에서는 병영생활관 및 간부 주거 여건 개선책을 마련했다. 전직·교육 분야에서는 역량 개발 프로그램 확충 방안과 더불어 취·창업 지원책 강화 방안이, 문화·여가 분야에서는 콘텐츠 다양화와 서비스 접근성 향상 방안 등이 포함됐다. 의료 분야에서는 서비스 접근성 제고, 군에 최적화된 의료체계 구축, 정신건강 서비스 제고 강화 방안 등을 제시했다. 가족 분야에는 군인가족의 출산 여건 보장과 함께 군 어린이집과 관사 작은 도서관 확대 등 자녀 양육·교육의 부담 경감 방안 등이 담겼다.

국방부는 관계부처 및 유관기관과 예산, 법령 개정, 제도 개선 등을 긴밀히 협의·조정하면서 정책 추진의 추동력을 담보할 예정이다. 이러한 복지 수요의 맞춤형 충족을 통한 장병 만족도 향상이 더 나아가 국방인력 획득 유인책으로 활용될 수도 있을 것이라는 기대도 높아질 전망이다.

02 군사·안보

KF-21 보라매

KF-21은 초대형 방위 국책사업으로 개발 중인 차세대 한국형 전투기다. 우리 공군의 노후 전투기인 F-4와 F-5를 대체하기 위해 2015년부터 개발이 시작되었으며, 통상 명칭은 'KF-21 보라매'이다. 보라매라는 이름은 미래 자주국방을 위해 힘차게 비상하는 한국형 전투기라는 의미로, 국민 공모를 거쳐 선정되었다.

보라매는 최고속도가 2,200km로 음속의 1.8배에 달하며, 최대 7.7t의 무장을 탑재할 수 있다. 또한 뛰어난 레이더와 컴퓨터 성능을 보유하고 적의 레이더망에 포착되지 않는 스텔스 기술이 적용된 4.5세대 전투기이다. 우리나라는 2022년 7월 시제 1호기가 최초로 시험비행에 성공하며 세계 8번째로 초음속전투기를 개발한 국가가 됐다. KF-21은 2032년에 본격적으로 실전배치 될 계획이다.

• 스텔스(Stealth)

스텔스는 레이더 망에 포착되지 않는 은폐기능을 말한다. 스텔스의 핵심은 '저피탐'으로 적의 레이더에 포착되는 면적이 아주 작아지는 것이다. 포착되는 면적을 줄이기 위해 기체의 모양이나 전파를 흡수시키는 특수 도료 등을 이용한다. 적이 레이더를 통해 보 깨 전투기인지 새인지 구분하기 어려울 정도가 되면 스텔스 기능을 갖췄다고 볼 수 있다.

• KF-21 보라매 공동개발 인도네시아 분담금 대폭삭감

인도네시아가 한국형 초음속전투기 KF-21 개발분담금을 당초 합의한 금액의 3분의 1 정도만 납부를 하겠다는 의견을 우리 정부에 제안한 것으로 알려졌다. 방위사업청에 따르면, 인도네시아의 체계 개발분담금이 6천억 원으로 조정되고, 이번 조정으로 인한 재원 확보 등 후속 조치 계획을 심의·확정했다고 밝혔다. 이번 결정은 인도네시아 측이 재정난을 이유로 분담금을 6천억 원으로 줄이겠다는 요청을 한 데 따른 조치로, 방사청은 이에 따라 협상을 체결했다. 이 가운데 국내에 파견된 인도네시아 기술자들이 KF-21 개발 관련 자료 유출을 시도한 혐의로 수사를 받는다는 사실이 알려지며 이미 기술을 빼돌려 놓고 분담금 대폭 삭감을 요구하는 것 아니냐는 의혹이 제기되기도 하였다.

북한의 탄도미사일 도발

북한은 2024년 9월 19일 고중량 재래식 탄두를 장착한 신형 단거리 탄도미사일(SRBM) 시험발사에 성공했다고 밝혔다.

북한은 그 전날인 18일 새벽 단거리 탄도미사일(SRBM) 도발을 자행했다. 조선중앙통신에 의하면 이번 탄도미사일 시험 발사는 사거리 320km의 명중 정확도와 초대형 탄두의 폭발 위력 확증에 목적을 두고 진행된 것으로 보인다. 탄두 중량이 4.5t에 달하는 이 미사일의 시험 발사는 지난 7월 1일에 이어 두 번째이다. 그러나 7월 첫 시험 발사 때와 달리 이번에는 미사일이 내륙에 떨어지는 장면이 담긴 사진도 공개되었다. 지금껏 발사가 제대로 이뤄지지 않은 미사일이 내륙에 떨어진 적은 있었으나, 북한이 의도적으로 내륙을 향해 쐈다고 밝힌 경우는 이번이 처음이다. 이에 우리 군은 북한의 도발을 실시간 추적·감시했으며, 한미 연합방위태세 아래 군사대비태세를 굳건히 유지하고 있다고 밝혔다.

F-35A 도입 배치

2022년 1월 군 소식통에 따르면 차세대전투기(FX) 1차 사업에 따라 미국에서 순차 도입되는 F-35A 40대 가운데 마지막 남은 4대가 1월 25일 청주비행장에 도착했다. F-35A는 항공기에 탑재된 모든 센서의 정보가 하나로 융합 처리돼 조종사에게 최상의 정보를 제공하는 최첨단 전투기로, 여기에는 7조 7,700억 원가량의 예산이 투입됐다. F-35A는 스텔스 성능과 전자전 능력 등 통합항전 시스템을 갖췄고, 최대 속도는 마하 1.6이며, 전투행동 반경은 1,093km에 달한다. 특히 스텔스 기능으로 적지에 은밀히 침투해 핵과 미사일 시설, 전쟁지휘 시설 등 핵심표적에 치명적인 타격을 가할 수 있는 위력을 갖춰 북한이 도입 초반부터 민감하게 반응하기도 했다.

CVID (Complete Verifiable Irreversible Dismantlement; 완전하고 검증가능하며 돌이킬 수 없는 핵폐기)

2003년 8월 개최된 한반도 6자 회담에서 처음 북핵 문제의 해결방안으로 제시된 것으로 미국이 북미 대화와 경제 제재 해제를 대가로 내건 조건이다.

CVID의 요건으로는 북한에서 물리적 핵 개발 시설을 완벽히 해체하는 것, 추가적 핵 프로그램을 중단하고 핵 시설 사찰을 수용하는 것, 핵확산금지조약(NPT)에 다시 가입하는 것 등이다. 미국은 북한이 이에 응할 경우 체체안전을 보장하겠다 약속하고, 한국과 같은 경제적 번영을 이루도록 대폭적 지원에 나설 뜻을 밝혔다. 미국은 북한의 비핵화 방식으로 단계적 해결이 아닌 일괄타결이 바람직하는 입장을 거듭 주장하면서 2021년 6월 14일 나토(NATO) 정상회의에서 다시 한번 CVID 원칙을 강조했다.

- CVIA(Complete Verifiable Irreversible Abandonment; 완전하고 검증 가능하며 불가역적인 핵 포기)

2021년 5월 G7 외교·개발장관회의 공동성명을 통해 등장한 용어로 통상적으로 사용해 온 CVID에서 '폐기(Dismantlement)'를 뜻하는 D를 빼고 '포기(Abandonment)'를 뜻하는 A를 쓴 것이다. CVIA의 A는 북한의 자발성을 존중하는 뜻으로 외부에서 북한을 비핵화시키는 것이 아니라 북한이 스스로 핵을 포기한다는 의도가 담겨 있다. 향후 북한과 비핵화 협상의 여지를 남기기 위해 선택한 용어이다.

하지만 포기의 대상이 핵무기뿐 아니라 생화학 무기를 포함한 대량살상무기 전체와 탄도미사일 프로그램 전반으로 확장했다는 점에서 CVID보다 엄격한 잣대로 해석할 수도 있다.

군사분계선 (MDL; Military Demarcation Line)

휴전협정에 의해 두 교전국 간에 그어지는 군사활동의 경계선을 말한다. 한국의 경우 1953년 7월 유엔군 측과 공산군 측이 합의한 정전협정에 따라 규정된 휴전의 경계선을 말하며, 휴전선이라 한다. 휴전선의 길이는 약 240km이며, 남북 양쪽 2km 지역을 비무장지대로 설정하여 완충구역으로 둔다. 정전협정 제1조는 양측이 휴전 당시 점령하고 있던 지역을 기준으로 군사분계선을 설정하고 상호 간에 이 선을 침범하거나 적대행위 하는 것을 금지하고 있다.

방공식별구역 (ADIZ; Air Defense Identification Zone)

자국의 영토와 영공을 방어하기 위한 구역으로 국가안보목적상 자국 영공으로 접근하는 군용 항공기를 조기에 식별하기 위해 설정되는 공중구역이다. 자국 공군이 국가 안보를 위해 일방적으로 설정하여 선포하지만 영공은 아니므로 사전에 비행계획을 통보한 외국 군용기의 비행이 금지되지는 않는다. 다만, 자국 국가 안보에 위협이 되면 퇴각을 요청하거나 격추할 수 있다고 사전에 국제사회에 선포해 놓은 구역이다.

- 각 나라별 방공식별구역 표기
  - 국가별 방공식별구역은 앞에 자국의 영문 이니셜을 붙여 표기한다.
  - 한국 방공식별구역은 KADIZ, 중국 방공식별구역은 CADIZ, 일본 방공식별구역은 JADIZ로 표기한다.

유엔사회원국 국방장관회 개최

한반도 평화와 안정에 이바지해 온 유엔군사령부의 역할을 평가하고, 한국과 유엔사회원국 간 협력 강화 방안을 모색하는 회의가 서울에서 열렸다. 한국과 캐나다 국방장관이 공동주관하는 '제2차 한·유엔사회원국 국방장관회의(ROK-UNCMS DMM·ROK-UNC Member States Defense Ministerial Meeting)' 회의가 서울에서 개최되었다. 이번 장관회의는 지난해 한국이 단독으로 주최한 것과 달리 한국·캐나다 국방장관이 공동으로 주최한다.

이번 회의에는 네덜란드 국방장관을 비롯한 18개국의 장·차관 및 대표들이 참석할 예정인 가운데 지난달 신규 가입한 독일의 국방부 차관이 유엔사회원국 자격으로 최초로 참여하는 것이 특징이다.

또한 이번 회의는 '한반도의 자유와 평화를 위하여 하나의 깃발, 하나의 정신 아래 함께 싸운다(Under One Flag, One Spirit, Fight Together for Freedom & Peace)'를 슬로건으로 한반도 및 국제안보환경을 평가하고 한·유엔사·유엔사회원국 간 협력과 연대를 강화하려는 방안을 논의할 계획이다.

'2024 서울안보대화(SDD·Seoul Defense Dialogue)'와 '2024 인공지능(AI)의 책임 있는 군사적 이용에 관한 고위급회의(REAIM 고위급회의·REsponsible AI in the Military domain Summit 2024)'도 연이어 개최된다. 서울안보대화는 11~12일 서울 소공동 롯데호텔에서 열리며, 8개국 장관급 인사와 북대서양조약기구(나토) 군사위원장을 포함해 총 68개 국가, 국제기구에서 900여 명이 참가할 예정이다.

해군 함정 MRO 민간자원 활용

해군이 인구절벽·첨단전력 확대 등 국방환경 변화에 능동적으로 대응하기 위해 민간자원을 활용한 함정 MRO(유지·보수·운영)를 추진한다. MRO는 장비의 성능 유지와 안전 운용을 위한 모든 정비 활동을 의미한다. 해군은 이전에는 정비부대에서 이 역할을 수행했지만, 앞으로는 민간자원을 활용해 함정 MRO를 진행하겠다는 뜻을 밝혔다.

이에 따라 해군은 12일 계룡대 해군본부에서 함정 MRO 추진을 위한 민·군 협의체를 발족하고 첫 회의를 개최했다. 회의에는 국방부, 해군본부, 방위사업청, 한국국방연구원, 국방기술품질원, 한국방위산업진흥회, 대한기계학회, 한국선급, 한화오션, HD현대중공업, HJ중공업, SK오션플랜트 등이 참가했다. 이 회의는 신유찬(준장) 해군본부 군수참모부장이 주관하고 기관·업체 관계자 30여 명이 참석하여 협의체 운영과 MRO 추진계획 발표에 대한 의견을 나누는 자리가 됐다. 해군은 이번에 처음으로 가동한 민·군 협의체를 통해 민·군 공감대를 형성하고, 정기적으로 회의체를 운영하며 함정 MRO 사업을 체계적으로 추진해나간다는 구상이다.

데프콘 (Defcon; Defense Readiness Condition)

데프콘은 북한의 군사활동을 감시하는 대북 정보감시태세인 워치콘의 분석에 따라 정규전에 대비해 전군에 내려지는 전투준비태세이다. 1~5단계로 나눠져 있고 숫자가 낮을수록 전쟁 발발 가능성이 높다. 데프콘의 발령권한은 한미연합사령관에게 있으며 우리나라는 평시 4인 상태로 유지된다.

데프콘5	전쟁 위험이 없는 상태
데프콘4	전쟁 가능성이 상존하는 경우
데프콘3	전군의 휴가외출 금지
데프콘2	휴가, 외박 장병들의 전원복귀, 실탄지급
데프콘1	동원이 선포되는 전시상황

이스라엘 - 레바논

이스라엘군이 2024년 9월 23일 가자 전쟁에 무력으로 개입해온 친이란 무장정파 헤즈볼라를 겨냥해 융단 폭격을 감행하면서 레바논이 2006년 전쟁 이후 최악의 상황을 맞았다.

이스라엘군은 성명을 통해 레바논 전역에서 최근 24시간 동안 약 650차례의 공습을 감행했으며 시설 1600개 이상을 타격했다고 밝혔다. 이번 이스라엘군의 공습은 헤즈볼라 시설이 밀집된 남부에 집중됐지만 국경에서 100km 이상 떨어진 바엘베크 등 동부지역은 물론 수도 베이루트에서도 진행됐다. 레바논 보건부 집계에 따르면 공습으로 지금까지 35명의 아동과 58명의 여성 등 최소 492명이 사망, 1645명이 부상을 당한 것으로 알려졌다. 이번 폭격으로 레바논에서 발생한 사망자 수는 한 달 넘게 이어졌던 2006년 2차 레바논 전쟁 당시 레바논 측의 사망자 추정치인 1191명의 절반에 육박한다.

국제사회는 민간인 피해를 동반한 이스라엘의 폭격을 비난했다. 유럽연합(EU) 외교안보정책 고위 대표는 유엔총회 참석차 방문한 뉴욕에서 기자를 통해 "상황이 극도로 위험하고 걱정스럽다. 거의 전면전 상태라고 볼 수 있다."며 우려를 표했다.

북한 오물(쓰레기)풍선 살포

북한은 2024년 5월 28일을 시작으로 9월 7일까지 17차례에 걸쳐 남쪽을 향해 오물풍선을 살포했다. 해당 풍선들은 서울과 경기 등 수도권을 비롯해 충청, 강원, 경북 등 전국 곳곳에서 발견되었다. 풍선의 내용물은 대부분 생활 쓰레기로 분석 결과 안전 위해물질은 없는 것으로 파악됐으나 우리 군은 혹시 모를 안전 위해요소를 고려해 오물풍선을 탐색·수거하는 방식으로 대응하는 한편 대북 방송을 6년만에 재개했다.

합동참모본부는 8일 "북한이 오늘 오전 9시경부터 쓰레기 풍선을 부양하고 있다"며 "적재물 낙하에 주의하는 한편 떨어진 풍선을 발견하면 접촉하지 말고 가까운 군부대나 경찰에 신고해 달라"고 당부했다. 또한 "군은 국민 안전을 최우선적으로 고려하면서 매뉴얼에 따라 의연하고 차분하게 대응할 것"이라고 전했다.

미사일 지침 종료

2021년 5월 21일 한·미 양국 정상은 42년 동안 이어온 미사일 지침 종료를 발표했다. 미사일 지침을 통해 1979년 미사일 기술을 이전받는 조건으로 미사일의 최대 사거리를 180km로 제한하기로 미국과 합의했다. 이후 미사일 지침은 4차례의 개정을 거쳐 2021년 최종적으로 종료됐다. 지침 종료를 통해 한국군은 미사일 주권을 온전히 되찾게 됐고, 특히 사거리에 구애받지 않는 SLBM 등 탄도미사일 개발이 가능해지고 SLBM을 탑재한 핵잠수함 개발을 적극적으로 추진할 수 있는 조건도 갖추게 됐다. 이와 함께 군사위성 발사용 우주로켓 개발 등 우주군사력 관련 기술 확보의 초석도 마련됐다.

1979년 10월	미사일 지침 합의	최대사거리 180km	탄두중량 500kg
2001년 1월	1차 개정	300km	500kg
2012년 10월	2차 개정	800km	500kg
2017년 11월	3차 개정	800km	무제한
2020년 7월	4차 개정	우주발사체에 대한 고체연료 사용제한 해제	
2021년 5월	미사일 지침 종료	무제한	무제한

나토 퍼블릭포럼 (NATO Public Forum; 북대서양조합기구)

나토 퍼블릭포럼은 나토(NATO·북대서양조합기구)가 유럽과 미국의 5개 싱크탱크와 공동 주최하는 공공 외교 행사로, 2024년 7월에 열린 이번 행사에서는 우리나라의 윤석열 대통령이 초청되어 인도·태평양 세션에서 기조연설을 했다. 해당 연설에서는 나토 회원국과 함께 북한과 러시아의 조약 체결을 규탄하는 메시지를 내고, 국제사회와의 안보 연대 강화의 뜻을 밝혔다.

- **나토(NATO; North Atlantic Treaty Organization)**

  1949년 4월 유럽의 여러 국가와 미국, 캐나다 간에 서유럽에 대한 군사적 · 경제적 원조를 내용으로 하는 조약인 북대서양 조약을 기초로 한 집단 안전 보장 기구로, 북대서양 조약 기구라고 부른다. 창설 당시 NATO는 냉전 체제 상태에서 구소련을 중심으로 한 동구권의 위협에 대한 집단방위기구로 창설되는데, 당시 12개국이었던 회원국은 이후 31개국(2022년 기준)까지 늘어났다.

- **싱크탱크**

  여러 영역의 전문가를 모아 연구 · 개발하고 성과를 제공하는 조직으로 국가나 기업의 정책 · 경영전략을 연구하는 조직 또는 기관을 의미한다. 다양한 분야의 전문 인력이 모여 사안에 대한 분석과 연구를 수행하고 그 성과를 제공하는 것을 목적으로 한다. 싱크탱크의 시초는 제2차 세계대전 후 미국의 인공위성 시스템을 개발한 '랜드코퍼레이션'이라고 할 수 있다. 우리 나라의 경우 한국개발연구원(KDI)이 대표적인 경제정책 관련 국책연구기관으로서 싱크탱크의 역할을 수행한다고 볼 수 있다.

DMZ (Demilitarized Zone; 비무장지대)

국제조약이나 협약에 의해서 무장이 금지된 지대를 말한다. 비무장지대에는 군대의 주둔이나 무기의 배치, 군사시설의 설치가 금지된다. 주로 적대국의 군대 간에 발생할 수 있는 무력충돌을 방지하거나, 운하, 하천, 수로 등의 국제교통로를 확보하기 위해서 설치된다. 한국의 비무장지대(DMZ)는 군사분계선(MDL)을 중심으로 남북 2km, 면적 약 900km2의 완충지대이다.

NLL (Northern Limit Line; 북방한계선)

남한과 북한 간의 해양경계선을 말한다. 해양의 북방한계선은 서해 백령도, 대청도, 소청도, 연평도, 우도의 5개 섬 북단과 북한 측에서 관할하는 옹진반도 사이의 중간선을 말한다. 1953년 이루어진 정전협정에서 남 · 북한 간 육상경계선만 설정하고 해양경계선은 설정하지 않았는데, 당시 주한유엔군 사령관이었던 클라크는 정전협정 직후 북한과의 협의 없이 해양경계선을 일방적으로 설정했다. 북한은 1972년까지 이 한계선에 이의를 제기하지 않았으나 1973년부터 북한이 서해 5개 섬 주변 주역을 북한 연해라고 주장하면서 북방한계선(NLL)을 인정하지 않고 침범하여 남한 함정들과 대치하는 사태가 발생하고 있다.

북한판 태자당

김일성의 빨치산 항일혁명 동지 2세들과 엘리트 출신 2세들이 북한판 태자당으로 당·군 핵심요직에 포진하고 있다. 대표적으로 오진우 전 인민무력부장의 아들 오일정 당 군정지도부장, 최현 전 인민무력부장의 아들 최룡해 최고인민회의 상임위원장, 오백룡의 전 호위총국장 아들 오금철 총참모부 부총참모장, 최영림 김일성 책임서기의 수양딸, 최선희 외무부 1부상 등 모두 대를 이어 충성하는 김정은이 가장 신뢰하는 엘리트 집단이다. 중국과 북한 태자당은 혁명과정에서 맺은 끈끈한 동지애를 바탕으로 권력이나 부를 대물림하는 것이 특징이다. 당의 최고 권력자들은 자신의 권력을 다지거나 유지하기 위해 이를 활용하고, 북한 내 기업이나, 북중 합작기업에 자신의 자녀나 부하의 자제를 배치하여 해당 기업으로부터 뇌물을 받는 등 각종 이권 사업에 개입했고, 위조지폐와 마약 밀거래에 관여하고 있는 것으로 알려졌다.

- 태자당

  중국의 당·정·군·재계 고위층 인사들의 자식들이 정부 요직에 포진하며 혈연과 결혼, 학교, 직장 등을 통해 관계를 맺으며 당·정·군·재계를 장악하고 있는 집단을 일컬어 태자당이라고 한다. 중국 태자당의 대표적인 인물은 현재 중국 국가주석인 시진핑으로 그의 아버지 시중쉰은 마오쩌둥과 덩샤오핑 시절에 모두 국무원 부총리를 지냈다. 양상쿤 전 국가주석의 아들인 양샤오밍, 보이보의 아들인 보시라이, 왕진 전 국가부주석의 아들인 왕쥔 등도 대표적인 태자당이다.

  태자당은 부모의 후광으로 각종 이권이나 특혜를 받았고, 1989년 중국민주화운동 당시 시위자들의 핵심요구 중 하나가 태자당의 비리 척결이었을 정도로 이들에 대한 여론은 부정적이다. 중국 지도부는 1997년 8월 공산당 내부 태자당 출신들의 승진을 늦추도록 결정하기도 했다.

방위사업청과 ASPI의 MOU 체결

ASPI는 호주의 국방·안보전략과 정책을 연구하는 기관이다. 호주 국방부뿐만 아니라 미국, 영국, 일본 등 세계 여러 나라가 지원하는 글로벌 싱크탱크이기도 하다. 2024년 9월 23일 한국과 호주가 국방우주 협력 확대를 위한 전략적 기반을 마련했다. 방위사업청은 최근 호주전략정책연구원(ASPI)과 양국 안보·획득정책의 상호 이해도 제고 및 국방우주 분야 협력 확대를 위한 양해각서(MOU)를 체결했다고 23일 밝혔다. 이를 바탕으로 양 기관은 공동 연구과제를 수행하고 국방과학기술 협력을 확대할 계획이다. 정기적인 학술행사를 개최 및 원활한 업무 수행을 위한 방문연구원 파견 등이 예정되어있다. 앤드루 홀튼

ASPI 최고운영책임자는 "한국과의 지속적인 방산 협력은 인도·태평양 지역 안정과 평화에도 기여할 것"이라는 뜻을 전했다.

아나시스 2호 발사

스페이스X의 팰컨9

육·해·공군 위성통신체계인 아나시스 2호는 우리나라 최초의 군사전용위성으로 2020년 7월 20일 스페이스X의 팰컨9 로켓에 실려 발사되었다. 군 당국은 성능시험 결과를 바탕으로 2020년 10월 아나시스 2호를 최종 인수한 뒤 국방과학연구소 주관으로 개발된 지상 단말기 8종과 연결 후 2020년 말까지 운용성을 확인하는 시험평가를 진행했고, 2021년 초부터 실전에 투입됐다.

그 이전 군사통신용으로 아나시스 1호(무궁화 5호)를 사용해 군 통신체계를 운용해왔지만, 민군겸용 위성이기 때문에 적의 전파교란(재밍) 공격에 취약한 상황이었다. 아나시스 2호는 아나시스 1호에 비해 데이터 전송용량은 기존보다 2배 이상 증가했다. 우리 군은 정보처리 속도, 전파 방해 대응 기능, 통신 가능 거리 등이 향상된 최초의 군 전용 위성을 보유하게 됐다. 무엇보다 전·평시 군 통신 사각지대가 완전히 해소되었다는 데 의미가 있다. 또한 전시작전통제권 전환을 위한 핵심 전력의 한 축을 담당할 것이다.

• 군사위성

군사 목적으로 사용되는 인공위성이다. 상공에서 사진촬영을 하여 조사하는 정찰위성, 미사일 발사를 탐지하여 지상에 알리는 미사일 기습방지위성, 통신연락을 하는 데에 사용되는 군사용 통신위성, 해군·공군이 잠수함이나 항공기에 정확한 위치를 알리는 항행위성, 탄도미사일의 목표를 선정하거나 대륙간의 거리를 정밀하게 측정하는 측량위성, 지상이나 공중에서 실시된 핵실험을 탐지하는 위성, 군용항공위성, 전자정보위성, 해양감시위성 등 다양한 목적을 가지고 사용되고 있다.

한국형 아이언돔 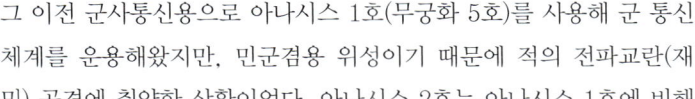(Iron Dome)

2010년 연평도 도발 때부터 한국형 아이언돔 도입의 필요성이 제기됐고, 2021~2025년 국방중기계획에서 북한의 장사정포 위협으로부터 수도권과 핵심 중요 시설을 방호할 수 있는 장사정포 요격체계 개발을 공식화했다. 사업비 2조 8,900억 원이 투입되는 이 사업은 휴전선 주변 곳곳에 유도탄 발사대를 설치해 날아오는 북한의 장사정포를 요격하는 것을 목표로 삼고 있다. 방위사업청은 이 사업을 2022년부터 2035년까지 추진하되 선행적으로 핵심기술을 개발해 2년 이상 개발 기간을 단축시킬 계획이다. 한국형 아이언돔이 구축되면 북한의 방사정포 위협에 대응할 수 있는 전력을 갖출 것으로 기대하고 있다.

- 아이언돔

  이스라엘 라파엘사와 이스라엘 항공우주 산업에서 개발한 이동식 방공 시스템이다. 아이언 돔은 4~70km의 거리에서 발사되는 단거리 로켓포와 155mm 포탄을 요격하기 위해 개발됐으며, 방호 면적은 150km²이다. 이스라엘은 그들을 위협하는 헤즈볼라, 하마스 등의 로켓포 발사로 위협을 받게 되자 2005년부터 연구를 진행, 2년 후인 2007년부터 본격 개발을 시작했다. 아이언 돔은 2011년 베르셰바 부근에서 처음으로 운용되었다. 2011년 4월 7일, 아이언 돔 체계는 최초로 가자 지구에서 발사된 BM-21 로켓을 성공적으로 요격했다. 2012년 3월 10일 예루살렘 포스트는 아이언 돔이 가자에서 발사되어 거주 지역에 떨어졌을 로켓의 90%를 격추시켰다. 2021년 5월 이스라엘-팔레스타인 분쟁에서 하마스가 사흘간 이스라엘로 쏜 로켓은 지금까지 1,050여 발이 넘는데, 이스라엘군은 90~95% 명중률을 기록했으며 2024년에도 이란의 탄도미사일 180여 발 중 90%를 막아낸 것으로 밝혀져 전세계의 이목이 집중됐다.

인포콘 (INFOCON; Information Operations Condition)

국방 정보화 체계에 대한 사이버 공격에 효과적으로 대응하기 위해 2001년 4월부터 시행하고 있는 한국군의 정보작전 방호태세이다. 북한·중국 등 주변국이 정보전을 강화함에 따라 한국군 역시 정보전 능력을 향상시켜야 한다는 현실적 요구를 반영한 것으로, 적이 국방 전산망 등 정보화 체계에 대해 사이버 공격을 가할 경우 이에 단계적으로 대응하게 된다. 방호태세는 총 5단계로 나뉘는데, 통상적 활동인 정상, 증가된 위험을 뜻하는 알파, 특정한 공격위험을 뜻하는 브라보, 제한적 공격을 뜻하는 찰리, 전면적인 공격을 뜻하는 델타로 구분된다. 일단 방호태세가 발령되면 육·해·공군본부, 작전사령부 등에 즉각 보고하고 단계별 방호태세에 따라 대응 조치를 취해야 한다.

SLBM 탑재 전략급 잠수함

국내 방산기업이 독자적으로 설계하고 건조한 3000t급 잠수함 '신채호함'이 2024년 4월 4일 해군에 인도됐다. 이로써 우리 군은 잠수함발사 탄도미사일(SLBM)을 사격 능력을 보유한 전략급 잠수함 3척을 보유하게 됐다. 신채호함은 약 8개월간 전력화 기간을 거친 후 실전에 배치될 예정이다.

신채호함에는 SLBM 발사가 가능한 수직발사관, 잠항 시간을 대폭 늘린 공기불요추진체계(AIP), 승조원의 생존성 강화를 위한 최신 소음저감 기술 등이 적용됐다. 이를 토대로 지상 핵심 표적에 대한 정밀 타격과 은밀하고 안정적인 작전 수행이 가능하다. 또한 신채호함은 3000t급 잠수함 중 마지막에 건조되어 앞선 함정의 시험평가에서 발생한 요구사항을 반영·보완하기도 했다.

그러나 무엇보다 이러한 전투체계와 음파탐지체계(Sonar·소나)를 포함한 핵심 장비를 국산 기술로 개발했다는 점이 가장 주목할 만하다. 국내 기술로 잠수함을 설계·건조하는 '장보고-Ⅲ 배치-Ⅰ'사업이 성공적으로 마무리되면서 세계 방산시장에서 '한국형 잠수함'의 관심 역시 높아질 것으로 보인다.

- SLBM(Submarine-Launched Ballistic Missile; 잠수함발사탄도미사일)

SLBM이란 잠수함에서 발사하는 탄도미사일로 대표적인 비대칭 전력 중 하나이다. 대륙간탄도미사일(ICBM)·다탄두미사일(MIRV)·전략 핵폭격기 등과 함께 어느 곳이든 핵탄두 공격을 감행할 능력을 갖췄는지를 판단하는 기준 중 하나이다. 잠수함발사탄도미사일(SLBM)은 잠수함에 탑재되어 어떤 수역에서나 자유롭게 잠항하면서 발사되므로, 기지에서 발사되는 ICBM이나 전략 핵폭격기보다 적에게 탐지될 확률이 적다. 또한 공격목표와 가까운 곳에서 발사할 수 있고 이동성이 있어 적의 요격망을 돌파하는 데 유리하다. 특히나 핵이 탑재된 SLBM은 매우 위협적인 무기로 보이지 않는 핵주먹이라 불린다. 북한은 오래 전부터 SLBM 개발을 추진하여 상당 부분 진전을 이루었으며, 실제로 2019년 10월 2일에는 잠수함발사탄도미사일인 북극성-3형을 최초 시험 발사에 성공하기도 했다.

- 북한의 SLBM 북극성

추정 제원	북극성-5형	북극성-4형	북극성-3형	북극성-1형
공개 시기	2021년 1월 14일	2020년 10월	2019년 10월	약 2015년 1월
길이	4형과 비슷	두 종류	약 10m	약 7.35m
직경	4형보다 직경 커짐	1.7m 추정	약 1.4m	약 1.1m
탄두부	4형보다 탄두부 길어짐	둥근 모양	둥근 모양	둥근 모양
사거리	사거리 연장가능성	약 2,000km	약 2,000km	약 1,300km

인공지능의 군사적 이용

인공지능(AI)의 발달과 군사적 목적의 활용이 급속도로 진전되고 있는 가운데, 이를 군사적으로 이용하는 것에 대한 국제적 규범을 마련하기 위해 90개국 정부 대표단이 참석하는 '2024 인공지능의 책임있는 군사적 이용에 관한 고위급회의'(REAIM · 리에임 고위급회의)가 2024년 9월 개최되었다. 우리 정부가 외교부와 국방부 공동 주관으로 개최한 이 국제회의는 네덜란드, 싱가포르, 케냐, 영국이 공동주최국으로 참여한다.

이는 전체적으로 본회의와 장관급 일정 및 부대행사로 구성된다. 외교부에 따르면 본회의에서는 군 · 정부 인사와 기업 관계자, 전문가 등이 모여 군사 분야 AI 이용과 관련하여 기본 원칙과 우선순위, 우려 사항 및 과제, 국제협력 전망 등에 대한 각국 입장과 의견을 공유하고 군사 분야 AI의 책임 있는 이용 이행 방안에 대해 논의했다고 밝혔다.

한미 핵협의그룹 (NCG)

한미 핵협의그룹은 북한의 지속적인 핵위협에 대응한 한미 공동의 핵전략과 기획을 통해 대북 확장억제를 강화하기 위해 구성한 한국과 미국 간 양자 협의체를 의미한다. 'Nuclear Consultative Group(NCG)'이라고도 하며 2023년 4월 26일 한미 정상회담에서 채택한 '워싱턴 선언'에 따라 출범했다. 북한이 핵공격을 감행할 경우 핵무기를 포함해 강력한 대응을 하는 등 미국의 대북 확장억제 강화방안 등이 담겼다. 미국이 확장억제 기획 및 실행에 동맹국을 포함한 것은 사실상 북대서양조약기구(NATO)의 핵기획그룹(NPG)을 제외하면 이번이 첫 사례인데, 양국은 워싱턴 선언 발표 당시 차관보급 정례협의체인 NCG를 연 4회 가동한다는 방침을 밝힌 바 있다.

한미는 12월 열린 제2차 핵협의그룹 회의에서 북한의 핵무기 사용에 대비한 핵작전 연습을 시행하기로 합의한 내용에 따라 3월 4~14일 을지 '자유의 방패' 연습에서 북한의 핵위협 무력화 등에 중점을 둔 실전적 연습을 실시했다.

03 정치 · 외교 · 법률

미국 대통령 선거

2024년 11월 5일 시행될 예정인 미국의 제47대 대통령 선거는 당초 조 바이든 대통령과 도널드 트럼프 전 대통령의 재대결로 치뤄질 가능성이 높았으나, 바이든의 후보직 중도 사퇴에 따라 트럼프와 카멀라 해리스 부통령의 대결로 이뤄질 예정이다. 바이든 대통령은 대선 출마 포기 전 몇 달간의 여론조사에서 줄곧 트럼프 전 대통령에게 뒤처진 결과를 보였다. 때문에 당시 이러한 여론조사 결과상 만약 해리스 부통령이 대선 후보가 되더라도 트럼프에 맞서 그리 선전하지 못할 것이라는 예상이 지배적이었다. 그러나 실제로 해리스가 대선 후보로 뛰어들기 시작하면서 치열한 접전 양상이 펼쳐졌고, 해리스 후보는 전국적인 평균 지지율 여론조사에서 트럼프를 소폭 앞서기 시작했다.

그러나 미국의 선거인단 제도 특성상 가장 많은 표를 얻는 것보다는 어느 주에서 승리했느냐가 더 중요할 수 있다. 이 한치 앞을 알 수 없는 치열한 접전은 당분간 계속될 전망이다.

아베 신조 (安倍晋三)

일본의 정치인으로 제90, 96, 97, 98대 내각총리대신을 지냈다. 전후 세대 출신의 첫 번째 총리로 전후 최연소 총리이자 역대 최장 기간 집권한 일본 총리 기록을 보유한 인물이다. 한국과 중국은 아베 신조의 그릇된 역사관이 양국 관계 악화의 원인이라고 지목하고 있다. 2013년에는 과거 태평양 전쟁을 일으킨 A급 전범들이 합사된 야스쿠니 신사의 참배를 강행하기도 했다. 군사적 측면에서도 일본의 재무장 및 군비 증강을 추진하기 위한 헌법개정에 총력을 다했다. 이에 신냉전 구도의 당사자인 중국은 이를 동아시아의 군사적 긴장을 악화시키는 행동이라 주장하고 있으며, 한국도 이를 일본 군국주의 발흥의 전조 증상이라며 비판에 가세하는 중이다. 그러던 중 2022년 7월 8일, 나라현에서 참의원 선거 유세 중 피살당했다. 이로 인해 일본 역대 내각 총리 출신 중 7번째로 피살당한 인물이 되었다. 이튿날 치뤄진 참의원 선거에서 자민당이 압승을 거두었다. 이로써 전쟁 포기, 군대 보유 불가, 교전권 금지를 규정한 헌법 9조를 개정해 자위대 존재를 명기하는 개헌이 가능한 의석을 확보하게 되었다.

- 아베노믹스

  '2~3%의 인플레이션 목표, 무제한 금융완화, 마이너스 금리 정책'을 통해 일본 경제를 장기침체에서 탈피시키겠다는 아베 신조 전 일본 총리의 경제정책을 말한다. 디플레이션(물가의 지속적인 하락)과 엔고(円高) 탈출을 위해 윤전기를 돌려 화폐를 무제한 찍어내는 등 모든 정책 수단을 동원하겠다는 것이 주 내용이다.

Five Eyes

미국, 영국, 캐나다, 호주, 뉴질랜드 등 영어권 5개국이 참여하고 있는 기밀정보 동맹체다. 2013년 6월 미국 국가안보국(NSA) 요원이던 에드워드 스노든에 의해 그 실상이 알려졌다. 당시 스노든이 폭로한 NSA의 도·감청 기밀문서를 통해 미국 NSA가 영국·캐나다·

호주·뉴질랜드 정보기관과 협력해 벌인 다양한 첩보활동의 실태가 드러났다. 파이브 아이즈는 1946년 미국과 영국이 공산권과의 냉전에 대응하기 위해 비밀 정보교류 협정을 맺은 것을 시초로 1960년에 개발된 에셜론(Echelon)이라는 프로그램을 통해 전 세계 통신망을 취합한 정보를 공유하는 것으로 알려졌다. 2021년 왕이(王毅) 중국 외교담당 국무위원 겸 외교부장은 미국 의회가 파이브 아이즈에 한국을 가입시킬지를 검토하고 나선 데 대한 한국 취재진의 질문에 '냉전시대의 산물'이라고 비판했다.

- Five Eyes+3(한국, 일본, 프랑스)

  대북 정보와 관련한 협력을 더욱 강화하기 위한 목적으로 미국, 영국, 캐나다, 오스트레일리아, 뉴질랜드 5개국 기밀 정보 공유 동맹체인 Five Eyes와 한국, 일본, 프랑스가 참여한 'Five Eyes+3' 협력체가 발족했다. 일본 가나가와현 요코스카시를 거점으로 하는 미국 해군 제7함대 소속 블루리지함을 지휘조정소로 삼아 북한 선박의 해상 환적을 막는 감시 활동을 해왔으나 당국 간 정보 교류 및 협력은 하지 않았다. 그러나 이후 협력체 발족을 통해 북한 관련 정보 교류와 협력을 강화하기로 했다.

RCEP (Regional Comprehensive Economic Partnership; 역내포괄적경제동반자 협정)

2022년 2월 1일 우리나라에서도 발효된 세계 최대 규모의 자유무역협정(FTA)이다. RCEP 발효로 우리나라의 '통상영토'가 늘어나면서 자동차, 철강, 부품 등 기존 수출 주력품목에 더해 게임, 영화 등으로 수출영역이 더 확대될 것으로 기대된다. RCEP는 인구나 교역규모, 전 세계 국가의 국내총생산(GDP) 기준으로 3분의 1에 해당하는 메가 FTA다. RCEP에는 아세안 10개국(브루나이, 캄보디아, 인도네시아, 라오스, 말레이시아, 미얀마, 필리핀, 싱가포르, 태국, 베트남)과 호주, 중국, 일본, 한국, 뉴질랜드 등 5개국이 참여한다. 이 중 일본은 우리나라와 개별 FTA를 맺지 않은 국가지만 RCEP를 통해 간접 FTA 체결효과도 발생하게 됐다.

IPEF (Indo-Pacific Economic Framework; 인도태평양 경제프레임워크)

조 바이든 미국 대통령이 '인도태평양 경제프레임워크(IPEF)'를 출범시켰다. IPEF는 인도태평양 지역에서 중국의 경제적 영향력 확대를 억제하기 위해 미국이 동맹, 파트너 국가를 규합해 추진하는 일종의 경제 협의체이다. 조 바이든 미국 대통령이 2021년 10월 처음 제안한 IPEF는 디지털·공급망·청정에너지 등 새로운 통상 의제에 관한 공동 대응을 목표로, 상품·서비스 시장 개방 및 관세 인하를 목표로 하는 기존의 무역협정과는 차별점이 있다. 중국이 '역내 포괄적 경제동반자협정(RCEP)'을 주도하고, '포괄적·점진적 환태평양

경제동반자협정(CPTPP)' 가입을 추진하는 데 대한 상대적 전략이라는 평가도 있다. 과거에도 미국 주도의 대중국 견제를 위해 환태평양경제동반자협정(TPP)을 결성했다. 그러나 체결후 트럼프가 집권하면서 미국 시장개방 확대에 따른 일자리 감소를 우려해 TPP에서 전격 탈퇴했다.

Quad (Quadrilateral Security Dialogue; 4자 안보회담)

중국을 견제하기 위한 아시아 태평양 주변 미국, 일본, 호주, 인도 4개국이 참여하는 안보 회담이다. 쿼드(Quad)는 안보 협의체가 아니라 2004 인도양 지진해일 당시 재해 복구 작업을 돕기 위해 논의하던 '쓰나미 코어 그룹'에서 시작됐다.

- **시작**

  2007년 일본 아베 신조 총리가 인도를 방문하여 아시아-태평양 지역의 자유와 번영을 강조하면서 미국 일본 호주로 이루어진 재난 복구 지원 협의체에 인도를 초대했다. 이때 시작된 4개국 대화체가 쿼드(Quad)의 모태가 됐다. 이후 미국, 일본, 호주, 인도로 이뤄진 쿼드(Quad)는 실무그룹 회의와 해양 훈련을 실시하게 됐다. 2012년 아베 총리의 논문에서 아시아의 민주주의 보안 다이아몬드 구상이 수록됐다. 그 내용은 동중국해와 남중국해에서 늘어나고 있는 중국의 도발적 행동에 맞서 민주주의 가치를 공유하는 아시아·태평양 역내 4개국이 집단 안보를 통해 중국의 진주목걸이 전략을 억제한다는 구상이다. 하지만 중국의 반발과 각국의 정치 사정으로 한 차례 모임을 끝으로 이어지지 못했다.

- **부활**

  2017년 도널드 트럼프 행정부가 들어서면서 상황이 급변했다. 필리핀에서 열린 동남아시아국가연합(ASEAN) 정상회의에서 미국, 일본, 인도, 호주는 쿼드(Quad)의 부활을 선언했다. 그 배경에는 중국과 불공정 무역관행으로 시작된 무역전쟁, 양안관계, 중국의 남중국해 군사기지화 등 주변국들의 안보에 대한 우려가 있었다. 2017년 첫 실무급 회담을 시작으로 6차례 실무급 회담과 2차례 외무장관 회담을 진행했고, 2020년 11월에는 인도양에서 4개국이 처음으로 합동 군사훈련도 진행했다. 중국과의 경제 관계 때문에 군사훈련에 미진한 태도를 보였던 호주가 신종 코로나바이러스 사태를 둘러싸고 중국과 극심한 갈등을 겪으면서 세 나라만 해오던 정기 군사훈련에 합류했다.

- **정상급 회담으로 격상**

  바이든 행정부가 출범하면서 쿼드(Quad)는 정상급 회담으로 격상됐다. 미국은 Quad가 인도·태평양 정책의 토대가 될 것으로 판단하면서 2021년 2월 Quad 외무장관들이 화상 회담을 가졌고, 3월 첫 정상회담에서 자유롭고 개방적이며 포용적이고 민주적인 인도태평양을 위해 협력할 것을 다짐한 '쿼드의 정신(The Spirit of Quad)'이라는 제목의 공동성명을 발표했다.

- 2023년 쿼드 정상회의

미국, 호주, 인도, 일본으로 구성된 안보 협의체인 쿼드(Quad)가 2023년 9월 미국에서 정상회의를 열고 인도 · 태평양을 포함한 해양 진출을 강화하는 중국에 대한 견제와 북 · 러 협력을 포함한 북한 문제 대응방안에 대한 논의가 이루어졌다. 회의에서는 '중국'이라는 단어를 언급하지는 않았으나 '동중국해와 남중국해 상황에 대한 심각한 우려'의 뜻을 표명했고 이에 중국은 중국 관영매체를 통해 이를 강도 높게 비난했다. 더불어 2024년 9월 중국은 남태평양에 대륙간 탄도미사일(ICBM)을 시험 발사하며 쿼드의 압박에 반발하고 태평양 지역에서 미국과 동맹국을 결제하려는 듯한 움직임을 보이기도 했다.

IPCC (Intergovernmetal Panel on Climate Change; 기후변화에 관한 정부 간 협의체)

각국 정책결정자들에게 '과학에 근거한 기후변화 평가'를 정기적으로 제공하고자 1988년 설립됐다. 인간활동에 대한 기후변화의 위험을 평가하고 '기후변화에 관한 국제연합 기본협약(UNFCCC)'의 실행에 관한 보고서를 발행하는 것이 주요 임무이다. 2021년 8월에는 '지구온도가 산업화 이전보다 1.5℃ 상승하는 시점이 2040년 이전일 것'이란 내용의 6차 평가보고서 제1실무그룹(WG1) 보고서를 승인 · 채택한 바 있다. 2월 28일(우리나라 시간), 기후변화에 관한 정부 간 협의체(IPCC)가 '온난화로 작물 생산량이 감소해 앞으로 식량 불안정성이 커질 것이며, 물 부족에 수억 명이 시달리고 수십억 명이 전염병에 위협당할 것'이라고 전망했다.

더 나은 세계 재건(Build Back Better for the World) 프로젝트

중국의 일대일로 프로젝트를 견제하기 위해 G7 정상들이 합의한 대규모 글로벌 인프라 프로젝트이다. 더 나은 세계의 재건을 목표로, 중남미와 카리브해 지역부터 아프리카와 인도-태평양 지역까지 전세계 개발도상국들의 인프라에 투자하는 계획으로 2035년까지 약 40조 달러(약 4경 4,650조 원)를 투자한다. G7 국가들은 다른 나라들과 협력해 기후, 보건, 디지털기술, 그리고 성 평등 등 4가지 항목에 중점을 두고 프로젝트를 진행해 나아갈 것이라고 밝혔다. 하지만 G7 국가들 간에 의견차이가 존재하는데, 특히 중국과 경제적으로 밀접한 독일과 이탈리아는 미국 편에 서서 중국을 압박하는 데 부담을 느끼고 있다. 또한 40조 달러라는 엄청남 금액의 재원을 마련하는 방법 등 구체적인 내용이 발표되지 않았다.

- 일대일로

중국에서 중앙아시아, 동남아, 중동 등 거쳐 유럽에 이르는 육로와 해로로 연결하고, 일대일로 선상에 위치한 국가들과 경제협력을 강화하는 사업이다. 35년간(2014~2049) 고대 동서양의 교통로인 현대판 실크로드를 다시 구축해, 중국과 주변국가의 경제·무역 협력 확대의 길을 연다는 대규모 프로젝트이다. 시진핑 중국 국가주석이 2013년 8월 카자흐스탄에서 최초로 실크로드 경제벨트에 대한 제안을 하면서 주목을 받았다. 중국은 일대일로를 통해 개발도상국 인프라에 투자해 국내 과잉 생산 문제를 해결하고, 이들 지역의 물류, 에너지, 산업 등을 하나로 묶어 자원과 에너지를 안정적으로 확보하여 중국을 중심으로 하는 거대 경제블록을 건설하는 것을 목표로 하고 있다. 하지만 5,200억 달러(약 635조 8,560억 원)이라는 엄청난 규모의 차관을 개발도상국들에게 제공하고 있는 상황에서 빚을 갚지 못하는 국가들이 늘어나자 주변국들에게 부채함정외교로 의심받고 있다.

- 부채함정외교

개발도상국에 대해 인프라 프로젝트 등에 필요한 자금을 대출해주고 이를 빌미로 해당국가의 경제 및 정치적 영향력을 행사하는 전략을 말한다. 중국의 거대 경제권 구상인 일대일로 프로젝트는 참여국들에 무리한 사업을 진행하게 해 과도한 채무부담을 준다는 지적을 받았다. 파키스탄은 중국으로부터 대규모 차관을 들여와 신장에서 파키스탄 과다르항까지 약 3,000km 구간에 도로와 철도, 송유관 등 인프라를 구축하다가 부채를 감당하지 못하고 국제 통화 기금(IMF)에 구제금융을 신청했다. 인도양의 전략적 요충지인 스리랑카는 중국 자금을 빌려 남부 함반토타 항을 조성했지만 빚을 갚지 못하면서 99년간의 항구 운영권을 중국에 넘겨줬다.

한국 선진국 그룹 변경

유엔무역개발회의(UNCTAD)는 우리나라 지위를 개도국에서 선진국으로 변경했다. 2021년 7월 2일에 개최된 제68차 유엔무역개발회의(UNCTAD) 무역개발이사회 폐막 세션에서 한국을 그룹 A(개발도상국)에서 그룹 B(선진국)로 지위 변경한다는 것에 만장일치로 가결했다. UNCTAD는 개도국의 산업화와 국제무역 참여 증진을 지원하기 위해 지난 1964년에 설립됐으며, 1964년 UN 총회 결의에 따라 UNCTAD 회원국은 그룹 A(아시아·아프리카 99개), B(선진국 31개), C(중남미 33개), D(러시아, 동구권 25개)로 구분됐다.

한국은 선진국 그룹으로 이동하면서 국제무대에서 요구하는 책임과 역할에 부합하도록 선진국과 개도국 간의 가교 역할에 더욱 기여할 예정이다.

- **세계무역기구(WTO) 내 개도국 지위를 포기한 한국**

2019년 10월 25일 한국은 앞으로 미래 협상 시 개도국 특혜를 주장하지 않기로 결정했다고 발표했다. 한국은 1995년 우루과이라운드 협상에서 농업 기반의 취약성과 식량자급률을 근거로 농업 분야에 한정해 개도국 지위를 인정받았다. 그동안 농업 분야에서 한국은 특별, 민감 품목 등에 대해 관세 및 이행 기간 등에 대해 혜택을 받았다. 선진국 지위가 되면 전체 농산물의 4%만 민감품목 지정이 가능하고 그 외는 관세를 인하해야 한다. 한국이 개도국 특혜를 주장하지 않기로 한 배경에는 미국의 입김이 작용했다. 미국은 WTO에 G20 회원국, OECD 가입국, 세계은행 분류상 고소득 국가, 세계 전체 무역량의 0.5% 이상을 차지하는 국가 등을 기준으로 제시하며 개도국으로 인정할 수 없다는 입장을 밝히고 WTO가 이 문제에 실질적 진전을 이뤄내지 못하면 미국 차원에서 이들 국가에 대한 개도국 대우를 일방적으로 중단하겠다고 선언했다. 때문에 대만, 싱가포르, 아랍에미리트, 브라질 역시 개도국 지위를 포기했다.

이해충돌방지법

공직자의 부당한 사익추구 행위를 금지해 이해충돌 상황을 예방·관리하는 내용의 법안이다.

공공기관 내부정보를 이용한 부정한 재산 취득, 공직자 가족의 채용이나 수의계약 체결, 직무와 관련된 거래를 할 경우 사전에 이해관계를 신고하거나 회피 등 공정성이 의심되는 상황을 사전에 방지하고, 부정한 사익 추구행위를 근절하기 위해 공직자가 준수해야 할 10가지 행위기준을 담고 있다.

원래 이해충돌방지법은 부정청탁방지법(김영란법)의 초안으로 부정청탁금지와 이해충돌방지 내용이 모두 포함되어 있었다. 2013년 국회에 법안이 제출되었으나 공직자의 직무 범위 등이 지나치게 포괄적이라는 이유로 이해충돌방지 내용이 모두 삭제되었고, 부정청탁금지법만 통과되었다. 8년간 제출과 폐기를 반복하다가 2021년 한국토지주택공사 직원들이 내부정보를 이용해 신도시 땅을 투기한 사실이 적발된 후 논의가 빠르게 진행되면서 2021년 4월 29일 법안이 국회 본회의를 통과했다.

적용대상은 지방의회 의원과 공무직 공무원을 포함한 고위공직자, 공무원, 공공기관 임직원, 국·공립학교 교사와 교직원 등이다. 적용인원은 약 190만 명 정도이고, 가족까지 포함하면 적용대상은 500~600만 명에 달할 것으로 보인다. 현재 이 법은 2022년 5월 19일부터 시행됐다.

- 이해충돌(Conflict of Interest; 利害衝突)

공직자 자신의 공적업무와 개인의 사적이익이 연관되어있고, 개인의 사적이익이 공적업무의 공정한 수행에 부적절한 영향을 미치는 상황을 말한다. 우리나라의 경우 이익충돌 상황을 방지하기 위해 공직자윤리법에 '이해충돌 방지 의무'를 명시하고 있다.

전동킥보드법

최근 공유 전동킥보드가 인기를 끌고 있다. 서울 강남과 대학가 등을 중심으로 공유 서비스를 운영하는 업체가 10곳이 넘고 이용자 수도 급증하는 추세이다. 도로교통법에 따르면 전동킥보드는 운전면허 소지자에 한해 차도에서만 탈 수 있고 헬멧 착용도 필수로 정해져 있지만 이를 지키는 이용자는 거의 없다. 이러한 문제점을 해결하기 위해 전동킥보드 규제 강화를 내용으로 하는 개정법을 시행했다. 주요개정사항은 원동기면허 이상 소지, 동승자 탑승금지, 안전모 착용 등이다. 헬멧 착용의무화로 전동킥보드 업체에서 안전 헬멧을 부착한 공유 킥보드를 선보였고, 이를 도입한 업체들의 이용 실적이 눈에 띄게 개선되면서 시장의 분위기도 헬멧을 제공하는 방향으로 점차 바뀌고 있다. 면허 없이 전동 킥보드 등 개인형 이동장치를 운전하면 10만 원, 헬멧 등 인명 보호장구를 착용하지 않으면 2만 원, 두 명 이상이 전동 킥보드를 같이 타면 4만 원의 범칙금을 내야 한다. 또한 만 13세 미만의 어린이가 전동 킥보드를 운전하면 보호자는 10만 원의 과태료를 내야 한다. 경찰청은 만16세 이상만 취득할 수 있는 '제2종 원동기장치 자전거면허' 이상의 운전면허증 보유자만 전동 킥보드를 운전할 수 있게 하는 내용을 담은 도로교통법 개정안을 시행 중이다.

청렴계약제

건설공사, 기술용역, 물품구매 등의 입찰, 계약체결, 계약이행과정에서 업체와 계약담당자 간에 뇌물을 주고받지 않겠다는 청렴계약 이행 서약서를 교환하고 위반시에는 제재를 하는 부패방지제도이다. 1994년 에콰도르 정부는 정부가 조달하는 대규모의 사회간접자본관련 수주에서 25~30%정도의 뇌물이 오가고 있다는 사실을 발견하고 국제 투명성 기구(International Transparency)에 자문을 요청했다. 국제 투명성 기구는 몇 가지 제안을 하였는데, 그중 하나가 청렴계약제도이다.

국내에서는 서울시가 처음 도입했다. 서울시가 도입한 청렴계약제에 따르면 입찰업체와 관계공무원이 부정한 거래를 하지 않는다는 서약을 의무적으로 하고, 일정 규모 이상의 계약은 시민 옴부즈만에게 공개하며, 이를 위반할 경우 해당업체는 일정기간 입찰자격이 박탈된다.

촉법소년

법령에 저촉되는 행위를 한 10세 이상 14세 미만인 소년을 말한다. 촉법소년은 형사책임 능력이 없다고 보고, 소년원 송치나 사회봉사 등 보호처분만 내리도록 하고 있다. 보호처분 가운데 가장 무거운 처분은 10호 처분인데, 소년원에서 최대 2년 동안 지내게 되며, 전과기록은 남지 않는다.

촉법소년 범죄는 점점 늘어나는 추세로 2015년 6,551명에서 2019년 8,615명으로 31.5% 증가했다. 이에 법무부와 교육부는 최근 촉법소년 연령을 13세 미만으로 조정하는 방안을 검토하겠다고 발표했고, 21대 국회에서도 촉법소년 연령을 1~2세 더 낮추자는 소년법 개정안을 두 차례 발의하기도 했다. 현재 촉법소년 연령 하향 방안을 법무부에서 검토 중에 있으나, 해당 건 관련 논의의 주체에 관한 이슈 그리고 '처벌 효과'와 '교화 효과'에 관한 이슈가 사회 내에서 꾸준히 제기되고 있다.

민법상 '인격권' 도입

입법예고안은 인격권을 '사람의 생명, 신체, 건강, 자유, 명예, 사생활, 성명, 초상, 개인정보, 그 밖의 인격적 이익에 대한 권리'라고 정의한 민법 제3조의2 제1항을 신설, 인격권으로 보호될 수 있는 이익의 예시를 구체적으로 규정했다. 또 인격권이 침해된 경우 사후적 손해배상청구권만으로는 권리구제의 실효성을 확보하기 어렵다는 점을 보완하기 위해 인격권 침해의 중지를 청구하거나 필요하면 사전적으로 침해의 예방을 청구할 수 있는 법안도 마련했다. 기존의 민법체계는 소유권과 채권을 중심으로 구성돼 있었으나 이와 대등한 권리로 인격권을 주장할 수 있도록 한 것이다. 인격권 명문화로 인한 효과에 대해서는 '사람의 인격권이 침해됐지만 형법상 죄로 명확하게 인정되지 않는 경우라도 민법상 인격권이 인정되면 손해배상이나 침해 중지, 예방 등을 청구할 수 있는 실익이 있다'고 설명했다.

피선거권 만 18세로 하향

국회가 2021년 12월 31일 본회의에서 총선·지방선거 피선거권 연령 기준을 만 25세에서 만 18세로 낮추는 내용의 공직선거법 개정안을 의결하면서 만 18세 이상이면 누구나 국회의원 선거와 지방선거에 출마할 수 있게 됐다. 이에 고3 학생도 선거일을 기준으로 생일이 지났을 경우 총선과 지방선거 출마가 가능하다. 2022년 3월 9일 대통령선거와 함께 치러지는 국회의원 재·보궐선거부터 적용됐다.

검·경 수사권 조정안

국회는 2020년 1월 13일 검찰 권한을 분산시키는 내용의 검경 수사권 조정법안(형사소송법·검찰청법 개정안)을 통과시켰다. 이로써 검찰의 수사지휘권은 1954년 형사소송법이 제정된 지 66년 만에 폐지됐다. 그간 형사소송법은 검사를 수사권의 주체로, 사법경찰관은 검사의 지휘를 받는 보조자로 규정해왔으나 개정안 통과로 검·경 관계는 '지휘'에서 '협력'으로 바뀌었다. 경찰에 1차 수사 종결권을 부여한 점도 개정안의 핵심이다. 경찰은 혐의가 인정되지 않는다고 판단한 사건을 자체 종결할 수 있다. 검찰의 직접수사 범위도 제한됨에 따라 검찰은 부패범죄, 경제범죄, 공직자범죄, 선거범죄, 방위사업범죄, 대형참사 등 대통령령으로 정하는 중요 범죄와 경찰공무원이 범한 범죄로 한정된다. 2020년 10월 29일 검·경 수사권 조정을 위한 검찰청법과 형사소송법 시행령이 국무회의를 통과해 2021년 1월 1일부터 시행됐다. 시행령에 따르면 검찰 직접수사 대상은 4급 이상 공직자, 3,000만 원 이상의 뇌물 사건, 5억 원 이상의 사기·횡령·배임 등 경제범죄, 5,000만 원 이상의 알선수재·배임수증재·정치자금 범죄 등이다.

검수완박법

문재인 전 대통령이 이른바 '검수완박(검찰 수사권 완전박탈)' 법안 공포안을 의결했다. 이로써 검수완박 법안의 모든 입법·행정 절차가 사실상 마무리됐다. 이 법안으로 검찰의 직접 수사권이 대폭 축소될 수밖에 없기 때문에 여당과 검찰의 반발이 거세졌다. 검찰이 수사를 개시할 수 있는 범죄를 부패범죄와 경제범죄로 규정하는 등 검찰의 직접수사 범위를 축소하고 검찰 내에서도 수사와 기소를 분리해 나가는 한편, 부당한 별건수사를 금지하는 등의 내용을 담고 있다.

현역 장교, 군사기밀 유출 시도

북한 해커(공작원)가 가상화폐를 대가로 우리나라 현역 장교 B대위를 포섭해 군사기밀을 빼내고 전산망 해킹까지 시도한 사건이 발생하면서 군이 대책 마련에 착수했다. 특히 현역 장교가 북한 공작원과 직접 대면 없이 SNS만으로 포섭된 첫 사례다. 이번 사건은 비트코인을 지급하겠다는 북한 해커의 제안에 넘어간 민간인과 현역 군인이 각자 지령을 받고 간첩활동을 벌였다. 민간인 이씨는 군사기밀 탐지에 사용되는 USB 형태의 해킹장비(포이즌 탭) 부품도 구매한 것으로 파악됐다. 이 부품들을 노트북에 연결하면 북한 해커가 원격으로 프로그래밍을 할 수 있다. 이 과정에서 B대위는 해커와 이씨에게 한국군 합동지휘통제체계(KJCCS) 로그인 자료 등을 제공한 사실도 확인됐다. 또한 북한 해커의 지령을 받고

KJCCS 해킹시도를 돕기 위해 각자 부여받은 '임무'에 따라 사전에 준비한 것도 확인됐다.

- **포이즌탭**

  컴퓨터의 USB포트에 꽂아 사용하는 해킹장비로 미국의 해커인 새미 캄카르가 개발했다. 개발 당시 5달러라는 저렴한 가격으로 화제가 됐으며, 피해 컴퓨터가 인터넷에 접속해 있는 것처럼 속여 정보와 트래픽을 탈취해 원격 사용이 가능하도록 한다.

하이브리드 전쟁

군사적 수단과 비군사적 수단을 동원해 전쟁 상대국의 혼란과 불안을 야기하는 것을 말한다. 재래전을 포함해 가짜뉴스, 정치공작, 사이버공격, 난민유입 등 여러 방법으로 상대국에 공포와 혼란을 일으킨다. 모든 수단을 총동원한다는 특징 때문에 '복합전쟁', '비대칭 전쟁'이라고도 한다. 전쟁에는 무력충돌이 반드시 수반되는 데 비해 하이브리드 전쟁은 군사력 사용을 줄임으로써 공격 주체 및 의도가 잘 드러나지 않기 때문에 피해자 입장에서는 신속한 방어가 어렵다. 가능한 모든 수단을 동원해 내부분열, 여론악화, 사회혼란 등을 일으켜 상대에게 투입한 비용이나 노력보다 훨씬 더 큰 타격을 가하는 데 목적이 있다. 러시아가 2014년 크림반도를 강제병합한 것을 두고 서방에서는 하이브리드 전쟁의 첫 사례로 거론하고 있으며, 2021년 9~11월 폴란드와 벨라루스 국경에서 일어났던 난민 월경사태도 하이브리드 전쟁이라는 의혹이 제기된 바 있다.

다르푸르 학살

국제형사재판소(ICC)가 2022년 4월, 사건 발생 20여 년 만에 처음으로 수단 다르푸르 학살 관련 재판을 열었다. 이번에 재판을 받는 알리 무하마드 압드 알 라흐만은 잔자위드의 전 지도자로 혐의를 전면 부인했다. 다르푸르 학살은 2003년 당시 기독교계 흑인 반군조직이 바시르정부의 차별에 맞서 무장투쟁을 전개하면서 시작된, 아랍계 주축이었던 당시 대통령 오마르 알 바시르의 수단정부와 비 아랍계 토착 아프리카계 반군 사이에 벌어진 정부 주도 학살사건이다. 대통령의 지시로 조직된 '잔자위드(Janjaweed)'라는 이름의 아랍계 무장민병대가 반군세력만이 아닌 기독교계 흑인과 민간인 등 비아랍계 30만 명을 학살했다. UN에 따르면 당시 사건으로 30만 명이 사망했고 250만 명의 난민이 발생했다.

홍콩 국가보안법

정식명칭은 '홍콩 국가안보 수호를 위한 법률제도와 집행 기제 수립에 관한 결정'이다. 2019년 홍콩 범죄인 인도 법안으로 6개월 동안 이어진 대규모 집회 이후 중국은 홍콩을 통제하기 위해 새로운 법 제정에 나섰다. 2020년 6월 30일, 제13기 중국 전국인민대표대회에서 홍콩 국가보안법 최종안을 표결에 부쳤고, 상무위원 162명 전원 찬성으로 통과되었으며, 홍콩 반환기념일인 7월 1일 본격 시행됐다. 홍콩 국가보안법은 홍콩을 중국으로부터 갈라놓는 분열행위, 중앙정부의 권력과 권위를 해치는 전복행위, 사람들에게 폭력과 위협을 사용하는 파괴행위, 홍콩에 간섭하는 외세의 침투행위 등의 반중국 행위를 금지하고, 처벌을 집행할 기관을 설치하는 내용을 담고 있다. 홍콩 국가보안법으로 인해 중국을 비판하는 사람들이 본토에서 겪는 것처럼 홍콩에서도 처벌을 받게 될 수 있는 근거가 생겼다.

- 문제점

  홍콩 국가보안법은 홍콩을 비판하면 국적이나 소재지에 관계 없이 지구상에 있는 모든 사람이 범죄인으로 간주될 수 있으며, 중국 사법 관할권을 지나가기만 해도 체포되어 기소될 수 있다. 홍콩 국가보안법에 따라 용의자는 중국 본토로 추방되어, 본토의 형사사법제도 내에서 재판을 받을 수 있게 됐다. 중국 본토에서 기소되면 임의 구금되거나 비밀 구금될 수 있고, 피고인은 지정된 장소에서의 거주지 감시에 처해질 경우 가족과 연락이 불가능하고, 원하는 변호사와 접견하지 못할 수도 있다.

  수사당국은 광범위한 권한으로 언론, 학교, 사회단체, 인터넷 등을 검열하고, 통신 감청 등의 비밀 감시 활동을 수행할 수 있게 됐다. 2020년 8월 홍콩 시민사회 원로이자 중국에 비판적인 신문인 핑궈일보가 폐간됐으며, 사주 지미 라이와 논설위원 2명 등 관계자 7명이 홍콩 국가보안법 위반으로 체포됐다. 또한 민주화단체 데모시스토는 해산을 발표했고 법안 시행 1주일 만에 7개의 정치활동 단체들이 연이어 해산하면서 홍콩 야당은 완전히 와해되어버렸다.

04 경제·경영·금융

2023년 1인당 국민소득 (GNI)

한국은행이 2024년 3월 5일 발표한 '2023년 4분기 및 연간 국민소득(잠정)' 통계에 따르면 2021년 우리나라 1인당 국민총소득(GNI)은 3만 3745달러로 2022년(3만 2886달러)보다 2.6% 증가했다. 원화 기준으로는 4405만 1000원으로 1년 전(4248만 7000원)보다 3.7%

늘어난 수치이다.

우리나라의 1인당 GNI는 2017년(3만 1734달러) 처음 3만 달러대에 들어선 뒤 2018년 3만 3564달러까지 늘었다가 코로나 19의 영향으로 인해 2019년~2020년 2년 연속 뒷걸음질을 쳤다. 특히 2022년 급격한 원화 절하와 함께 달러 기준 1인당 국민총소득(GNI)은 7.4%나 감소하기도 했었다.

2022년 종합부동산세

종합부동산세는 대한민국 국세청이 일정 기준을 초과하는 토지 및 주택의 소유자에게 부과하는 세금 또는 그 제도이다. 종부세는 종합부동산세법에 따라 부과되며, 고액의 부동산 보유자에게 종합부동산세를 부과하여 부동산 보유에 대한 국민 조세부담의 형평성과 부동산 가격안정을 도모함으로써 지방재정의 균형발전과 국민경제의 건전한 발전을 위한 것이다. 2022년 정부는 주거 안정을 위해 1세대 1주택자의 평균적 세 부담은 가격 급등 이전인 2020년 수준으로 되돌리고, 국회의 공전 상황을 고려해 2021년 공시가를 한시 적용하는 방식을 내놓았다. 이는 공시가를 되돌리려면 지방세법과 종부세법을 개정해야 하는데 지방세법은 이미 올해 시한을 넘긴 상태이기 때문이다. 재산세는 공정시장가액비율을 60%에서 45%로 낮추고, 종부세는 공정시장가액비율을 100%에서 60%로 낮추면서 1세대 1주택자에 한해 특별공제 3억 원을 추가로 주기로 했다. 1세대 1주택자는 종부세 과세 기준선이 공시가 11억 원에서 14억 원으로 올라간다는 의미인데, 이 내용이 담긴 조세특례제한법(조특법) 개정안이 여야 간 이견으로 국회 처리가 무산되었다.

임금피크제 (성과연급제)

임금피크제는 노동자가 일정한 연령에 도달한 뒤 고용보장이나 정년연장을 조건으로 임금을 감축하는 제도이다. 고령화 추세 속에서 기존 연공급 임금체계로는 임금이 노동생산성을 따라잡지 못할 것이므로 기업의 부담 경감과 고용 안정을 위해 정년 보장과 임금 삭감을 맞교환하자는 취지로 2000년대 들어 도입이 시작됐다. 처음에는 공공기관을 중심으로 일부 사업장에서만 적용되다가 2013년 고용상 「연령차별 금지 및 고령자 고용 촉진에 관한 법률(약칭: 고령자고용법)」 개정으로 노동자의 정년이 60세 이상으로 늘면서 산업계 전반에 확산됐다. 2022년 합리적인 이유 없이 연령만을 이유로 직원의 임금을 삭감하는 임금피크제는 「고령자고용법」을 위반한 것이므로 무효라는 대법원의 판결로 임금피크제를 통해 인건비를 절감해온 기업들에 비상이 걸렸다. 향후 유사한 소송이 이어질 것이라는 예상처럼 이후 제도의 정당성에 문제를 제기하며 임금 차액 반환을 요구하는 근로자의 소송이 끊임없이 이어졌다. 대법원 판결문 열람시스템에 따르면 2023년 임금피크제 관련 소송은 선고일자 기준 213건으로 전년(111건) 대비 두 배 가까이 증가했다. 특히 1심 사건은 같은 기간 80건에서 187건으로 크게 늘었다. 새롭게 법원에 접수된 사건이 특히 많이 증가한 것으로 보인다. 2024년 전체 사건도 9월 기준 89건에 달해 연간 기준으로 2022년 수준을 웃돌 것으로 전망된다.

그러나 법원이 사건마다 엇갈린 판단을 내리면서 임금피크제를 두고 기업과 근로자들의 혼란이 증폭되고 있다. 이에 따라 고령자 고용 안정을 위해 도입된 임금피크제가 결국 노사 갈등의 원인으로 고착화하고 있다는 지적도 피할 수 없을 것으로 예상된다.

가상화폐

화폐 개발자가 온라인에서 발행하여 온·오프라인의 특정 커뮤니티에서 거래 수단으로 사용하는 화폐이다. 즉, 가상화폐는 컴퓨터 등에 정보 형태로 남아 실물 없이 온라인에서 지불 수단으로 사용된다. 가상화폐는 공인기관이 관리에 관여하지 않으므로, 개발자가 화폐 발행 규모를 자율적으로 관리한다. 전자화폐와 달리 발행 주체가 금융회사 또는 전자금융업자가 아닌 기업이므로 정부의 통제를 받지 않으며 구입을 위해 지출한 돈만큼의 가치를 가지지만 발행 기업의 서비스 내에서만 통용된다.

일반적으로 암호화폐인 비트코인을 가상화폐로 부르고 있으나 암호화폐는 개발자가 발행에 관여하지 않으며 인터넷 같은 가상공간뿐 아니라 현실에서도 통용되므로 가상화폐와는 차이가 있다. 가상화폐에는 인터넷 쿠폰, 모바일 쿠폰, 게임 머니 등이 있다. 한편, 2012년 유럽 중앙은행(European Central Bank)은 가상화폐를 "가상화폐 발행자가 발행·관리하고, 특정 가상 커뮤니티의 구성원들 사이에서 이용되며 대부분 법적 규제를 받지 않는 디지털 화폐"라고 정의했다.

이커머스 (E-commerce)

이커머스란 컴퓨터(PC)통신 또는 인터넷을 이용해 온라인으로 이뤄지는 전자상거래를 일컫는 말로 'Electronic Commerce'의 약자다. 일상적인 상품거래뿐만 아니라 고객 마케팅이나 광고, 정부의 제품조달, 서비스 등의 거래도 포함하는 개념이다. 스마트폰의 보급 이후 PC를 기반으로 하던 전자상거래시장이 모바일 쇼핑으로 빠르게 변화하고 있다.

또한 이러한 변화에 중국 전자상거래(이커머스) 플랫폼 알리익스프레스(알리)발 '쓰나미'가 시작되면서 국내 이커머스시장 구도가 한 치 앞을 내다보기 힘든 안갯속에 빠졌다. 국내업체를 비롯해 중국과 미국 등 타 국적의 업체까지 경쟁에 가세하면서 한국이 글로벌 이커머스 격전지가 될 전망이다.

- **알리익스프레스의 글로벌 셀링 프로그램**

  알리익스프레스가 국내 중소 판매자들의 해외 시장 진출을 지원하기 위한 전략으로 역직구(해외 직접판매) 서비스를 제공하며 5년간 수수료와 보증금을 받지 않겠다고 밝혔다. 초기 비용 부담을 최소화하는 방식을 통해 국내 판매자 유입을 늘리겠다는 취지로 보인다. 또한 알리익스프레스는 외국어 지원 백엔드, 다국어 무료 번역 시스템 등을 제공하여 한국 셀러들의 해외 상품 판매를 돕고 향후 판매목록을 확장할 계획이라고 밝혀 국내 중소 판매자들의 관심이 집중되고 있다.

구글세

정식명칭은 '디지털세'로 특허료 등 막대한 이익을 올리고도 조세 조약이나 세법을 악용해 세금을 내지 않았던 글로벌 정보통신기술 업체들에게 부과하기 위한 세금이다. 다국적 IT 기업의 독과점 및 조세회피 문제를 해결하고 방지하기 위해 부과하는 세금과 이들이 사용하는 콘텐츠에 부과하는 이용 요금을 포함한다. 처음 해당 논쟁이 구글을 대상으로 시작되어 구글세라고 부르기도 한다.

구글세는 세율이 낮은 나라로 소득을 이전하여 회피하는 법인세에 부과하려는 세금까지 통칭한다. 실례로 구글은 2011년 영국에서 32억 파운드(약 5조 4,000억 원)의 매출을 올렸다. 하지만 이 기간 동안 구글이 영국 정부에 낸 법인세는 600만 파운드(약 100억 원)가 전부다. 영국 법인세율이 20%라는 점을 감안하면 세금을 안 냈다고 봐도 무방하다. 하지만 구글 측은 자사 사이트를 통한 신문 게재가 언론사 트래픽을 늘리는 데 기여했기 때문에 사용료 지불은 부당하다는 입장이다. 구글세는 특히 유럽에서 이슈이며, 스페인 정부는 2014년 10월 구글세 법안을 통과시켰다. 스페인은 '지식재산권법'을 개정해 구글이 신문·잡지 기사에 대해 저작권료를 내지 않고 발췌나 링크하면 30~60만 유로의 벌금을 부과할 수 있게 했다.

경제협력개발기구(OECD) · 주요 20개국(G20) 포괄적 이행체계(IF)는 디지털세 도입을 추진하고 있으며 공청회를 거쳐 최저한세 과세 관련 절차를 지원하기 위한 'GloBE 이행체계'를 마련하여, 구체적인 신고 서식이나 정보 교환 방법 등 세부 사항을 포함하고, 기획재정부는 국제 합의 결과를 반영하여 올해 세법 개정안에 반영하기로 했다.

• 디지털세 합의안 주요 내용

필라1(매출발생국에 과세권 배분)

일정규모 이상인 다국적기업이 얻은 글로벌 초과이익의 일정 부분에 대해 과세권을 시장소재국(매출발생국)에 배분

적용대상	연결매출액 200억 유로(27조 원) 및 이익률 10% 이상 기준을 충족하는 글로벌 다국적기업
	※ 채굴업, 규제 대상 금융업 등 일부 업종 제외 → 삼성전자·SK하이닉스 해당 전망
과세대상	글로벌 이익 중 통상이익률 10%를 넘는 초과이익에 배분율 25% 적용
도입시기	2024년 시행 계획

필라2(글로벌 최저한세 도입)

다국적기업의 소득에 대해 특정 국가에서 최저한세율보다 낮은 세율 적용시(실효세율<최저한세율) 다른 국가에 추가 과세권을 부여

적용대상	연결매출액 7.5억 유로(1조 원) 이상 다국적 기업
	※ 정부기관, 국제기구, 비영리기구, 연금펀드·투자펀드, 국제 해운 소득 등은 제외
최저한세율	최저한세율 15%
도입시기	2023년 시행

자료: 기획재정부

인앱결제

구글이나 애플이 자체 개발한 내부결제시스템을 이용해 스마트폰 애플리케이션 안에서 유료콘텐츠를 결제하는 것이다. 자사의 앱 안에서 유료앱이나 콘텐츠 등을 각국의 신용카드, 각종 간편결제, 이통사 소액결제 등으로 결제하는 방식이다. 구글에서 앱을 유통하는 디지털콘텐츠 사업자는 인앱결제시스템을 이용하는 모든 결제 건에 대해 수수료 15~30%를 지급해야 한다. 구글플레이스토어 등록 애플리케이션(앱)에 인앱결제시스템 적용을 의무화했다. 사용자들이 인앱결제시스템을 쓰지 않도록 앱 업체들이 외부결제를 유도하는 아웃링크를 앱 내에 넣는 것이 전날까지는 허용됐으나, 인앱결제 의무화에 따라 이날부터 이런 앱은 업데이트가 금지된다.

디지털 서비스법 (DSA; Digital Service Act)

유럽연합(EU)이 월별 활성이용자가 4,500만 명 이상인 거대 글로벌 IT기업에 유해콘텐츠 검열의무를 규정한 법이다. 2020년부터 논의됐으며 2022년 4월 벨기에 브뤼셀에서 열린 의회에서 유럽의회가 제정에 합의했다. 규제대상인 기업들은 자사 플랫폼에서 미성년자를 대상으로 한 부적절한 콘텐츠, 허위정보, 특정 인종·성·종교에 대한 차별적 콘텐츠, 아동학대, 테러선전 등의 불법 유해콘텐츠를 의무적으로 제거해야 하며 삭제정보도 공개해야 한다. 이 법안에는 알고리즘의 설계원리를 투명하게 공개하는 내용도 포함된 것으로 알려졌다. 추후 EU 회원국과 유럽의회의 승인을 거쳐 2024년 시행될 예정이다. 유럽의회가 디지털 서비스법 제정에 합의하면서 규제대상인 거대 IT기업들은 자사 플랫폼에서 불법 유해콘텐츠를 삭제하지 않을 경우 매출의 최대 6%에 달하는 과징금을 부여받게 됐다.

국가데이터정책위원회

DNA(데이터·네트워크·인공지능) 산업생태계 조성을 위해 향후 3년간 20조 9,000억 원의 재정을 투자하고, 모빌리티와 바이오헬스 분야도 규제샌드박스 적용을 추진한다. 혁신성장 BIG3 추진회의에서 이 같은 'DNA 추진현황과 발전방향'을 논의하면서, 정부는 데이터산업법 시행과 함께 공공·민간부문 데이터 정책을 총괄하는 컨트롤타워인 국가데이터정책위원회를 신설했고 위원장은 국무총리가 맡는다. 데이터산업법 시행령·규칙을 제정하고, 데이터사업자 신고제·가치평가제도 같은 신규제도 설계 등의 후속조치도 추진한다. 또한 자율주행, 금융재정, 재난안전, 생활환경, 스마트시티, 헬스케어 등 수요가 많은 6개 분야의 국가중점데이터는 고품질로 추가 개방한다.

규제샌드박스

신산업 혁신 성장을 위해 새로운 제품·서비스에 대해 일정기간 동안 기존 규제를 면제 또는 유예시켜 주는 제도로, 국무조정실과 산업통상자원부, 과학기술정보통신부, 금융위원회, 국토교통부 등 관련 부처의 승인을 받아야 한다. 규제샌드박스에서는 새로운 가치 창조 활동의 개념을 폭넓게 판단하며, 크게 제품융합, 서비스융합, 제품·서비스 융합으로 나눈다. 예를 들어 제품융합으로 2개 이상 제품의 기능 속성을 하나로 합쳐 새로운 가치를 창조하는 자율주행자동차, 수동식 휠체어 전동보조키트, 서비스융합으로 2개 이상 서비스의 기능 속성을 하나로 합쳐 새로운 가치를 창조하는 건강관리서비스, 공유주방서비스 등이 있다. 또한 기존 제품에 부가 서비스를 제공하여 새로운 가치를 창조하는 것으로 공유퍼스널모빌리티, 라테아트 3D프린터, 디지털사이니지서비스 등이 있다.

- **규제샌드박스의 명(明)**

    지난 2019년 1월부터 2022년 1월말까지 총 632건의 규제샌드박스 과제를 승인한 결과 기업들은 약 4조 8,837억 원 이상의 투자를 유치했고, 매출은 약 1,561억 원 증가했으며, 6,355개의 일자리를 창출했다. 정부는 재외국민 비대면 진료, 안면인식 비대면계좌 개설, 손목시계형 심전도 장치 등을 성과사례로 꼽으며 규제샌드박스를 '혁신의 실험장'이라고 강조한다.

- **규제샌드박스의 암(暗)**

    현장에선 정반대의 목소리가 들려온다. 규제샌드박스가 '조건부 승인'을 내줘 사업이 쉽지 않다는 하소연이다. 일례로 규제샌드박스를 통과한 '내국인 공유숙박'은 집주인이 실거주해야 하며, 서울지하철 역사 반경 1km 이내에 집이 있어야 한다는 조건이 붙었다. 영업일수도 180일 이내로 제한했다. 사업성을 판단하고 수익을 내는 것은 기업의 역할이지만, 이같이 규제샌드박스를 통과하더라도 실효성이 떨어지는 수준으로 사업·서비스를 승인해 주는 사례가 많아 스타트업들은 '굵직한 성과'를 낼 수 없는 경우도 있다.

- **규제샌드박스 플러스 신설**

    현장에서의 실효성을 고려하고 보완하기 위해, 정부는 실증 및 규제개선 과정 등에 이해관계자, 전문가가 참여하는 갈등 해결형 규제샌드박스 플러스를 신설할 예정이다.

IPO (Initial Public Offering; 기업공개)

비상장기업이 정해진 절차에 따라 일반 불특정 다수의 투자자들에게 새로 주식을 발행하거나 기존 주식을 매출하여 유가증권시장 또는 코스닥시장에 상장하는 행위를 말한다. 투자자 입장에서 IPO는 상당히 좋은 기회이다. 비상장회사들 중에서도 의외로 우량기업들이 많기 때문이다. IPO를 하게 되면 필연적으로 이런 주식의 가치는 재조정되게 되고, 그럼 투자자들은 저렴한 가격에 유망한 주식을 살 수 있다. 물론 이런 주식에도 주의가 필요하다. 상장하는 회사들에 흔히 나타나는 현상인 공모가에 비해서 주가가 떨어지는 경우가 있기 때문이다. 가장 큰 이유는 시장이 생각하는 가격과 매출, 순이익 등을 고려하여 산출한 가격의 괴리 때문이다.

- **따상**

    주식시장에 신규 상장하는 종목이 거래 첫날 공모가 대비 두 배로 시초가가 형성되는 것을 뜻한다. 시초가는 시장이 처음 열렸을 때 결정된 가격이다. 따상을 기록하게 되면 당일 수익률이 공모가보다 160%에 달한다. 그래서 투자자들은 상장 전 공모주 청약을 통해 주식을 배정받기 위해 증거금을 예치한다. 공모주 청약은 경쟁률에 비례해 주식을 배분받게 된다. 많은 사람들이 청약에 나설 경우 그만큼 경쟁률이 높아지고 받을 수 있는 주식 수가 줄어들게 된다.

선학개미

다른 사람보다 먼저(先) 잠재력이 있는 기업을 알아보고 상장 전에 매수하는 비상장주식 투자자들을 뜻한다. 주로 20~30대가 주도하고 있으며 비상장종목을 빠르게 매수해 상장 이후 큰 이익을 거두는 것이 목적이다. 그러나 비상장기업의 경우 공시정보가 많지 않기 때문에 투자위험이 높으므로 주의가 필요하다. 외국인 투자자들의 대규모 매도에 대응하는 한국의 개인 투자자를 일컫는 '동학개미'와 미국 등 해외 주식에 투자하는 개인 투자자를 일컫는 '서학개미'에 빗댄 용어다. 카카오뱅크, SK아이테크놀로지 등이 잇따라 상장하면서 공모주에 대한 관심이 커지자 선학개미도 늘어나는 추세였으나, 2024년 하반기 국내 증시에 입성한 새내기주들의 부진한 성과에 기업공개(IPO)를 추진 중인 비상장사들의 주가도 타격을 받고 있다. 이에 따라 비상장 기업에 선제적으로 투자하는 선학개미들의 움직임도 약화되는 양상이 보이기 시작했다.

공기업 민영화 논란

2022년 6월 기획재정부 장관은 "전기, 가스, 철도 등 국민에게 필수적 서비스를 제공하는 공기업의 민영화를 검토한 적도, 검토할 계획도 없다"는 뜻을 밝히며 정부가 추진하는 공공기관 개혁이 민영화로 이어질 수 있다는 일각의 우려에 대해 이 같은 입장을 명확히 밝혔다. 그는 "공공기관이더라도 공익성도 있지만 운영은 효율화해야 한다"라는 언급을 했다. 또한 "일을 더 잘하는 공공기관을 만들기 위한 개혁을 추진하는 것"이라며 "주요 공기업을 민영화해서 정부가 전기, 철도, 공항 등의 서비스를 운영하지 않는다는 것은 절대 아니다"라는 뜻을 밝혔다.

수소법 시행

산업통상자원부는 '수소경제 육성 및 수소 안전관리에 관한 법률'(수소법) 개정안의 연말 시행을 앞두고, 수소 신기술에 대한 안전관리 방안을 마련하기로 했으며, 정책위원회 회의를 개최했다. 수소경제 활성화로 수소 생산·저장·유통·활용 등 전(全)주기에 걸쳐 다양한 수소 신기술 개발·도입이 추진되고 있으며 동시에 해당 신기술에 대한 안전관리 방안 필요성 또한 높아지는 상황이다. 이에 산업부는 올해 11월까지 '수소 전주기 안전관리 종합계획'을 수립하기로 하고, 산·학·연 전문가가 참여하는 수소 안전관리 정책위원회를 구성해 수소 신기술 개발·도입에 필요한 안전기준을 마련하기로 했다.
수소법 개정안은 청정수소 산업 생태계를 생산·저장·유통·활용 등 전주기에 걸쳐 조성하기 위한 것으로, 청정수소 판매량·사용량, 수소발전량 의무 구매·공급 등을 명시하고 있다.

포모 (FOMO; Fear Of Missing Out) 증후군

최신 트렌드를 파악하지 못하거나 타인으로부터 소외·단절되는 것에 불안함을 느끼는 것을 말한다. 포모증후군에 걸린 이들은 SNS에서 손을 떼지 못하거나 자신의 모든 일상을 습관적이고 강박적으로 타인에게 공유하는 모습을 보인다. FOMO는 원래 마케팅 분야에서 사용하던 용어로 홈쇼핑에서 흔히 볼 수 있는 '한정수량', '매진임박'이 FOMO 전략의 예시이다. 최근에는 비트코인, 주식이 성행하는데 본인만 돈을 벌지 못하는 것 같아 무작정 투자하거나, 초조함, 열등감을 느끼는 이들에게도 사용된다. 포모증후군은 심하면 우울증, 불면증까지 유발할 수 있다.

MS 클라우드 서비스 오류

미국 마이크로소프트(MS)가 제공 중인 클라우드 서비스에 장애가 발생하면서 전 세계적인 사이버 대란이 벌어졌다. 미국과 호주, 유럽 등에서는 금융·공항·방송·통신 등 이와 관련된 시스템이 마비되었고, 이날 미국의 아메리칸항공과 델타항공, 유나이티드항공 등 여러 항공사에서 예약과 체크인이 지연되어 항공기 운영이 중단되는 사태까지 벌어졌다. 국내에서도 이스타항공과 에어프레미아, 제주항공 등 일부 항공사들의 발권이 중단되어 수기 발권을 통해 체크인을 진행하는 등의 상황이 벌어졌다.
미국 보안 기업 크라우드스트라이크가 배포한 업데이트 패치가 MS 윈도 운영체제(OS)와 충돌한 것이 오류의 원인으로 지목되고 있다. 이날 MS 클라우드 서비스에 오류가 발생하며 항공뿐만 아니라 전 세계의 정보기술, 방송·통신, 금융기관 등이 잇달아 마비됨에 따라 클라우드 시장을 약 70% 점유 중인 AWS·MS·구글 3사의 독과점으로 인한 이런 대형 사고 반복 가능성 우려가 잇따를 전망이다.

넥스트레이드 (Nextrade)

금융감독원이 2025년 3월 대체거래소(ATS)인 '넥스트레이드' 출범을 앞두고 증권사가 투자자 주문을 최선의 거래조건으로 처리하게 하기 위해 최선 집행의무 가이드라인을 발표했다.
넥스트레이드란 현재 한국거래소가 독점하고 있는 증권시장을 경쟁이 가능한 복수시장 체제로 전환해 자본시장의 인프라를 질적으로 발전시키겠다는 목표하에 추진 중인 다자간매

매체결회사(ATS · Alternative Trading System)를 의미한다. 자본시장법에 따르면 ATS는 전산시스템과 네트워크를 활용하여 동시에 다수의 거래자를 대상으로 경쟁매매 등 방법을 통해 상장주권 등을 매매하거나 그에 대한 중개 · 주선 · 대리 업무를 하는 투자매매업자 또는 투자중개업자로 정의된다. 금융투자협회와 주요 증권사 등 34곳이 출자한 넥스트레이드는 2022년 설립돼 2023년 7월 금융위원회의 예비인가를 취득했고, 2025년 초 거래업무를 수행할 예정이다.

슬로우플레이션 (Slowflation)

경기회복 속도가 더뎌지는(Slow) 저성장상태에서도 물가상승(Inflation)이 발생하는 현상을 가리키는 말이다. 스태그플레이션(Stagflation)보다는 경기하강의 강도가 약할 때 사용된다. 스태그플레이션이 경제성장률이 마이너스로 내려간 상태에서 물가가 급등하는 상태라면 슬로우플레이션은 마이너스 성장까지는 아니지만 저성장상태가 계속되는데 물가가 상승하는 현상을 가리킨다.

E플레이션 (Eflation)

'에너지(Energy)'와 '인플레이션(Inflation)'의 합성어로 에너지 자원의 수급문제로 물가가 지속해서 오르는 현상을 말한다. 코로나19로 인한 공급망 불안과 탄소중립정책, 지정학적 갈등 등으로 에너지 생산 및 공급에 차질이 생겼는데, 침체했던 세계경제가 점차 회복세를 보이면서 무너진 에너지 생산 · 공급량이 회복되지 않아 공급이 수요를 따라가지 못하는 현상이 발생했다. 이 때문에 전 세계적으로 천연가스, 원유, 석탄 등 에너지 가격이 급등했고 에너지 수입 부담도 커졌다.

왝플레이션 (Whackflation)

'세계 후려치다'를 뜻하는 '왝(Whack)'과 화폐가치가 하락해 물가가 오르는 '인플레이션(Inflation)'을 합친 신조어다. 팬데믹에 타격을 입은 복잡한 경제시스템이 안정화되는 과정에서 벌어지는 불안정한 상태를 의미한다. 2021년 11월 미국의 경제매체 『블룸버그』는 "초인플레이션이나 스태그플레이션 등 기존의 경제용어로는 현재의 인플레이션 현상을 정확히 설명할 수 없다"며 왝플레이션을 언급하고 이를 '호황과 불황 사이에서 벌어지는 물가파동'이라고 규정했다. 극심한 인플레이션 현상을 뜻하는 초인플레이션은 과도한 표현이고, 경기불황 속 물가상승을 뜻하는 스태그플레이션은 '경기불황'에 대한 해석의 여지가 있다는 이유에서다. 『블룸버그』는 2021년 11월 세계 곳곳에서 나타난 물가상승세를 '왝플레이션'이라고 명시하며 그 어떤 인플레이션보다도 갑작스럽고 예측이 불가능하다는 입장을 내놨다.

미국 연방준비제도 금리 인상

40년 만에 최악의 인플레이션에 직면한 미국이 가파른 금리 인상을 단행했다. 미국 연방준비제도(이하 연준)는 2022년 5월 연방공개시장위원회(FOMC) 정례회의 종료 후 "현재 0.25~0.5%인 기준금리를 0.5%p 인상한다"고 밝혔으며 미국 기준금리는 0.75~1.0% 수준으로 상승했다. 연준이 통상적으로 기준금리를 0.25%p 올려 왔던 점을 고려하면, 금리 0.5%p 인상은 앨런 그린스펀 의장이 재임한 지난 2000년 5월 이후 22년 만의 최대 인상폭이다.

연준은 "인플레이션 위험에 매우 높은 주의를 기울이고 있으며 중국에서 코로나19로 인한 봉쇄로 인해 공급망 사태를 악화할 가능성이 크다"고 지적했다. 또한 "러시아의 우크라이나 침공은 심각한 경제적 위기를 초래하고 있으며, 이에 따라 미국 경제에 미치는 영향은 극도로 불확실하다"며 "침공과 그에 따른 사태가 물가 상승을 추가로 압박하고 있다"는 점도 언급했다.

한편, 연준의 FOMC는 지난달 10월까지 사상 초유의 4연속 '자이언트 스텝(한 번에 기준금리 0.75%p 올림)'을 단행하였고, 다음 FOMC는 12월 13~14일 예정되어 있다.

인플레이션 감축법 (IRA)

2022년 8월 16일 발효된 미국의 '인플레이션 감축법'은 급등한 인플레이션 완화를 위한 것으로, 기후변화 대응·의료비 지원·법인세 인상 등을 골자로 한다. 특히 이 법안의 전기차 대중화를 위한 보조금 조건이 중국 원자재 의존도를 낮추고 북미 생산을 늘리는 기업에 지급한다는 방침이다. 따라서 우리나라 전기차의 미국 수출에 있어서 보조금 혜택을 받지 못할 경우, 미국 시장에서의 가격 경쟁력이 떨어지게 되어 미국 내 판매량에 부정적인 영향을 끼칠 것으로 보인다.

세계국채지수 (WGBI; World Government Bond Index)

블룸버그-버클레이즈 글로벌 종합지수와 JP모건 신흥국 국채지수와 함께 세계 3대 채권지수로 꼽힌다. 전 세계 투자기관들이 국채를 사들일 때 지표가 되는 지수로 영국 런던증권거래소(LSE) 파이낸셜타임스 스톡익스체인지(FTSE) 러셀이 발표한다. 현재 미국, 영국, 일본, 중국 등 주요 23개국의 국채가 편입돼 있다. WGBI에 편입되기 위해서는 발행

잔액(액면가 기준) 500억 달러 이상, 신용등급 스탠더드앤드푸어스(S&P) 기준 A- 이상, 외국인 투자자의 시장접근성 등의 요건을 갖춰야 한다. 우리나라의 경우 외국인 투자자의 시장접근성 요건을 충족하지 못해 지난 2009년 추진이 무산된 바 있다. 한국정부가 세계국채지수(WGBI) 편입을 재추진하고 있는 가운데 편입될 경우 국내 채권에 60조 원 내외의 자금이 유입되고, 총 60bp 내외의 금리하락 효과가 있을 것이라는 분석이 나왔다.

망고 (MANGO)

2022년 3월 뱅크오브아메리카(BoA)가 발표한 반도체 유망 기업들을 일컫는 말이다. 마벨테크놀로지(MRVL), 브로드컴(AVGO), 어드밴스트 마이크로 디바이스(AMD), 아날로그 디바이스(ADI), 엔비디아(NVDA), 글로벌파운드리(GFS), 온 세미컨덕터(ON)의 앞글자를 딴 것이다. BoA는 최근 전 세계적인 인플레이션 현상과 공급망 병목 등으로 투자심리가 위축되고 있으나 높은 전략적 가치를 가진 반도체기업들에 투자를 권고했으며, 특히 망고 기업들은 반도체사업의 수익성 혹은 성장가능성이 높거나 타 산업의 성장과 연계돼 수요가 계속 증가할 것으로 전망된다고 평가했다.

05 사회 · 노동 · 환경

인구전략기획부

윤석열 대통령이 2024년 5월 9일 저출생 · 고령화를 대비하기 위해 신설한다고 발표한 기획부처로 부총리급 중앙행정기관이다. 기존 대통령 자문기구로서 구속력 있는 권한이 없던 저출산고령사회위원회와 달리 인구전략기획부는 중앙행정기관의 지위로 예산을 사전심의하고, 각 부처 사업을 평가 · 조정하는 권한을 갖는다. 특히 '일 · 가정 양립, 양육, 주거'를 3대 정책 분야로 선정해 집중적으로 지원하고, 전담부처인 인구전략기획부와 대통령실 내 저출생수석실을 신설해 국가적 역량을 결집하는 등 범정부 차원에서 저출생 문제에 대응한다는 데 역점을 두겠다고 밝혔다.

초고령사회

우리나라 고령화가 급속히 진행되면서 2020년 전국 시군구 10곳 중 4곳은 이미 '초고령사회'에 진입한 것으로 나타났다. 현재 추세라면 2025년 우리나라 전체가 초고령사회가 된다. 우리나라가 고령사회에서 초고령사회로 넘어가는 데 걸리는 기간은 7년으로 다른 경제

협력개발기구(OECD) 국가들과 비교하면 압도적으로 짧다. 나라 전체가 빠르게 늙어감에 따라 잠재성장률은 점점 떨어지고 재정부담은 급격히 늘어날 것으로 예상된다. UN 기준 고령인구는 65세 이상으로, 고령인구가 총인구에서 차지하는 비율이 7% 이상인 사회는 '고령화사회', 14% 이상인 사회는 '고령사회', 20% 이상인 사회는 '초고령사회'로 분류되는데, 2020년 전국 261개 시군구(행정시·자치구가 아닌 구 34개와 세종시 포함) 중 초고령사회에 진입한 곳은 41.8%인 109개였다. 유례없이 빠른 고령화 진행속도로 우리나라의 미래 경제상황은 녹록지 않아 보인다. 연금 등 복지혜택이 필요한 연령층은 급격히 늘어나는 반면 일하며 세금을 내는 노동연령층 비율은 점차 줄어들기 때문이다. OECD는 2021년 10월 발표한 재정전망 보고서에서 정책 대응 없이 현재 상황이 유지된다고 가정할 때 우리나라의 1인당 잠재 국내총생산(GDP) 성장률은 0.8%까지 떨어질 것으로 추정했다. OECD는 2020~2030년에 우리나라(1.9%)가 OECD 평균(1.3%)보다 잠재성장률이 높지만, 인구구조 변화 등의 영향으로 2030~2060년에는 캐나다와 함께 OECD 회원국 중 잠재성장률 '꼴찌'가 될 것으로 예상했다.

인구 데드크로스

사망자 수가 출생아 수보다 많아 인구가 자연적으로 감소하는 현상을 말한다. 이는 평균수명의 증가에 따른 고령화와 사망률 증가, 출산 연령층 인구 감소, 비혼 및 만혼의 증가, 출산율 저하 등의 요인으로 인해 나타난다. 우리나라는 이미 저출산 고령사회로 접어들었고, 이러한 상황이 지속될 경우 40년 뒤에는 국가 존립 자체가 위태할 것이라는 예측이 계속되고 있어 대책 마련이 시급하다. '데드크로스(Dead-cross)'는 원래 주식시장에서 주가나 거래량의 단기 이동평균선이 장기 이동평균선을 뚫고 내려가는 현상을 지칭하는 용어로 주식시장이 약세로 전환된다는 신호로 해석한다. 2020년 우리나라는 출생아가 27만 명에 그친 반면 사망자는 30만 명으로 출생아가 사망자를 밑도는 '인구 데드크로스'가 발생했다. 출생아는 2017년 40만 명 아래로 떨어진 뒤 3년 만에 30만 명 선이 무너지며 인구지진의 초기 단계에 접어들었다. 홍남기 전 경제부총리 역시 "특단의 대응이 없을 경우 우리나라는 2030~2040년부터 인구절벽에 따른 '인구지진'이 발생할 것으로 예상된다"고 밝힌 바 있다.

- 인구지진(Age-quake)

  인구 감소와 고령사회의 충격을 지진에 빗댄 용어로 영국의 작가이자 인구학자인 폴 윌리스가 그의 저서 『에이지퀘이크』에서 언급하였다. 윌리스는 자연현상인 지진보다 훨씬 파괴력이 크며, 지진에 비유했을 때 그 강도가 리히터규모 9.0에 달할 것으로 예상했다. 특히 베이비붐 세대가 은퇴하는 2020년경 경제활동인구 대비 고령인구가 많아져 세계경제가 엄청난 격변을 겪을 것이며, 한국도 피해를 크게 입는 국가 중의 하나로 예측했다.

RE100 (Renewable Energe 100%)

2050년까지 필요한 전력의 100%를 태양광, 풍력 등 재생에너지로만 충당하겠다는 기업들의 자발적인 약속이다. 2014년 영국의 다국적 비영리기구인 더 클라이밋 그룹이 처음 제시했다. 가입 기업은 2022년 2월 7일 기준으로 미국(85개), 일본(56개), 영국(44개) 등 총 349곳에 이른다. 한국은 기업이 부담해야 할 비용이 막대해 RE100 가입이 전무했으나 RE100의 세계적 확산에 따라 2020년 말부터 LG화학, SK하이닉스, 한화큐셀 등이 잇따라 참여를 선언하고 있다. RE100 이행 지원을 위한 직접 전력구매계약(PPA) 도입으로 2021년 10월부터 재생에너지 전기공급자가 재생에너지를 이용해 생산한 전기를 전력시장을 거치지 않고 직접 전력사용자에게 공급할 수 있게 됐다. 이를 통해 기업은 재생에너지 전기를 사용했음을 인증받아 RE100 캠페인에 참여할 수 있다.

의료수가

의사나 약사 등의 의료서비스 제공자에게 제공하는 비용으로 환자가 지불하는 본인부담금과 건강보험공단에서 지급하는 급여비의 합계를 말한다. 의료수가 결정과 인상은 환자에게 제공되는 서비스의 정도와 서비스 제공자의 소득, 물가상승률 등 경제지표 등을 토대로 건강보험정책심의위원회에서 진행한다. 다만 의료수가가 건강보험료 인상 및 건강보험재정 부담에 영향을 미치는 만큼 수가 결정과정에서 각 가입자단체와 건강보험공단이 치열한 협상을 펼친다.

최근 의사들이 집단행동을 확산하는 상황에서 정부는 중증심장질환 환자의 혈관 스텐트 시술에 대한 수가를 최대 2배로 높이는 등 필수의료분야의 '공정한 보상' 확대방침을 비롯해 의료개혁특별위원회를 통해 뇌혈관질환, 장기이식 등 고위험·고난도 필수의료행위에 대한 보상 강화방안의 내용 및 지불제도 개편 등 의료개혁을 지속해서 논의·추진한다는 입장이다.

탄소중립기본법

2030년까지 중장기 국가 온실가스 감축목표(2030 NDC)를 2018년 대비 35% 이상 감축하도록 명시한 법안으로 2021년 8월 31일 국회 본회의를 통과했다. 2050년 탄소중립을 국가비전으로 명시하고, 이를 달성하기 위한 국가전략, 기본계획 수립 및 이행점검 등의 절차를 체계화했다. 또한 전문가와 산업계 위주로만 참여했던 거버넌스의 범위를 미래세대와 노동자, 지역주민 등이 참여할 수 있도록 확대할 예정이다. 해당 법안 제정으로 우리나라는 유럽연합(EU)·스웨덴·영국·프랑스·독일·덴마크·스페인·뉴질랜드·캐나다·일본 등에 이어 전 세계에서 14번째로 2050 탄소중립 비전과 이행체계를 법제화한 국가가 됐다. 탄소중립기본법이 국회를 통과함에 따라 정부는 2021년 10월 중 2030년 중장기 국가 온실가스 감축목표(2030 NDC)를 확정해 11월 제26차 유엔기후변화협약 당사국총회(COP26)에서 발표했다.

탄소국경세 (CBAM; Carbon Border Adjustment Mechanism)

이산화탄소 배출이 많은 국가에서 생산·수입되는 제품에 부과하는 관세로 '탄소국경조정제도'라고도 한다. 미국 조 바이든 행정부와 유럽연합(EU)이 주도적으로 추진하고 있다. 특히 EU는 2021년 7월 14일, 탄소국경세를 2030년 유럽의 평균 탄소 배출량을 감축하기 위한 '핏포 55(Fit for 55)'의 핵심 내용으로 발표했다. 이는 유럽으로 수입되는 제품 중 자국 제품보다 탄소 배출량이 많은 제품에 관세를 부과하는 조치를 말한다. EU는 2023년부터 시멘트·알루미늄·철강 등 탄소배출이 많은 품목에서 시범적으로 시행한 뒤 2025년부터 단계적으로 시행한다는 계획이다.

신재생에너지

2021년 태양광·풍력·수력 등 신재생에너지 발전 비중이 7% 선을 넘어 사상 최고치를 기록한 것으로 나타났다. 이는 10년 전과 비교해 3배 수준으로 늘어난 것이다. 반면 온실가스 감축과 기존의 '탈원전정책' 영향으로 석탄과 원자력 비중은 하락했다. 2021년 신재생에너지의 발전설비 용량이 원자력을 처음으로 앞지르는 역전현상도 벌어졌다.

윤석열 대통령은 제28차 세계가스총회(WGC) 개회식 축사를 통해 "한국은 글로벌 리더 국가로서 탄소중립을 달성하려는 국제사회의 노력에 책임과 역할을 다하겠다"며 "원자력 발전과 재생에너지, 천연가스 등을 합리적으로 믹스(전원별 구성비율)해나가야 한다"고 밝혔다. 이는 탄소중립 목표달성을 위해 석탄발전의 비중을 계속 줄여나가되 신재생에너지에 더해 원전비중도 확대하겠다는 의지의 표현으로 해석된다. 이 때문에 윤석열 정부가 원전비중 확대 목표치를 어느 정도로 설정할지가 초미의 관심사다.

그린 택소노미 (Green Taxonomy)

녹색산업을 뜻하는 그린(Green)과 분류학을 뜻하는 택소노미(Taxonomy)의 합성어다. 환경적으로 지속가능한 경제활동의 범위를 정하는 것으로 친환경산업을 분류하기 위한 녹색산업 분류체계를 말한다. 녹색투자를 받을 수 있는 산업 여부를 판별하는 기준으로 활용된다. 2020년 6월 세계 최초로 유럽연합(EU)이 그린 택소노미를 발표했을 당시만 해도 원자력발전을 포함한 원자력 관련 기술이 포함되지 않았지만, 2021년 12월에 마련한 그린 택소노미 초안에 방사성폐기물을 안전하게 처리할 계획을 세우고 자금과 부지가 마련됐을 경우 친환경으로 분류될 수 있다는 내용이 새롭게 포함됐다. 유럽연합(EU) 집행위원회는 2022년 1월 원전과 천연가스를 환경친화적인 녹색분류체계인 그린 택소노미에 포함하기로 결정했다.

- **EU 택소노미(EU Taxonomy)**

  유럽연합(이하 EU)이 원자력발전과 천연가스에 대한 투자를 환경·기후 친화적인 녹색산업으로 분류하기로 한 규정을 확정·발의했다. EU가 '환경적으로 지속가능한 경제활동의 기준'을 위해 제정한 분류체계이다. 어떤 에너지원이 친환경·녹색 사업인지 여부를 알려주는 기준이라는 의미에서 '녹색분류체계(Green Taxonomy)'라고 하며 녹색투자를 받을 수 있는 산업인지를 판별하는 기준으로 활용한다. 2020년 6월에 처음 발표했으며 2022년 2월 세부기준을 확정했다. 택소노미에 포함된 에너지업종에 대해서는 각종 금융 및 세제 지원을 제공해 투자를 육성한다.

- **'K-택소노미' 확정**

  2021년 12월 30일 환경부는 어떤 경제활동이 친환경적이고 탄소중립에 이바지하는지 규정한 '한국형 녹색분류체계(K-택소노미, K-Taxonomy) 지침서'를 공개했다. 환경개선을 위한 재화·서비스를 생산하는 산업에 투자하는 녹색금융의 투자기준으로서 역할을 할 것으로 기대된다. 환경에 악영향을 끼치면서도 '친환경인 척'하는 위장행위(그린워싱, Greenwashing)를 막는 데 도움될 것으로 보인다.

  한국형 녹색분류체계에는 모두 69개 경제활동이 포함됐는데, 이 중 '녹색부문'이 64개, '전환부문'이 5개다. 녹색분류체계에 포함됐다는 것은 온실가스 감축, 기후변화 적응, 물의 지속가능한 보전, 자원순환, 오염방지 및 관리, 생물다양성 보전 등 '6대 환경목표'에 기여하는 경제활동이라는 의미이다.

- **그린워싱(Greenwashing)**

  'green'과 '세탁'을 뜻하는 'white washing'의 합성어로 실제로 친환경적인 제품이 아닌데도 광고 등을 통해 친환경적인 것처럼 홍보하는 '위장환경주의'를 말한다. 대중들이 환경에 관심을 가지고 친환경 제품을 선호하면서 나타난 현상이다.

바이오 연료

바이오 연료는 2005년 세계 에너지 소비량의 15%를 담당하지만 거의 대부분 산업화 이전 단계의 국가에서 난방과 취사용으로 사용되고 있다. 선진국들은 거의 대부분 화석연료를 주 에너지원으로 하고 있으나 기술개발을 통해 바이오 연료의 사용을 확대해 나가고 있다. 북유럽의 스웨덴과 핀란드는 이러한 노력으로 전체 에너지의 17~19%를 바이오 연료를 통해 얻고 있다. 바이오 연료는 연소를 통해 대기 중으로 방출되는 이산화탄소의 농도를 증가시키지 않는 친환경 에너지이다. 바이오 연료의 소비에서 방출되는 이산화탄소는 식물의 성장을 통해 이전 몇 해 동안 대기 중에서 얻은 것이므로 대기 중 이산화탄소 변화는 없다는 장점이 있다.

MZ세대

MZ세대는 밀레니얼과 Z세대가 합쳐진 말로, 1981~2010년생을 일컫는 말이다. 이 중 밀레니얼 세대는 1981~1996년생으로 컴퓨터와 인터넷을 하면서 자란 세대이며, Z세대는 1995~2004년생으로 태어나면서부터 디지털 기기에 익숙한 디지털 세대이다. 행정안전부에 의하면 2021년 4월 기준 밀레니얼 세대가 22%, Z세대가 14%로 MZ세대는 약 1,700만 명으로 총인구의 36%를 차지하고 있다. 지금 이 세대가 관심을 받는 이유는 시장에서 생산과 소비능력이 가장 뛰어날 뿐 아니라 시장 전반에 큰 영향을 미치기 때문이다. MZ세대를 무시하고는 비즈니스를 할 수 없게 됐다.

엠제코 (MZ-ECO)

'MZ세대'와 생태·환경을 뜻하는 'ECO'를 합친 용어다. 환경을 중요한 가치관으로 삼아 환경보호를 실천하는 MZ세대를 의미하는 말이다. 환경파괴로 인한 기후위기에 직접적으로 피해를 입고 있는 MZ세대가 심각성을 인지함에 따라 긍정적인 변화를 이끌기 위해 직접 행동에 나서면서 등장했다. 이들은 친환경적인 소비습관과 조깅을 하면서 쓰레기를 줍는 플로깅, 쓰레기 배출량을 줄이는 제로 웨이스트 챌린지 등 다양한 환경보호 캠페인을 주도하며 기성세대의 변화도 촉구하고 있다. 최근 엠제코의 영향력이 커지면서 기업에서도 플라스틱 용기 줄이기, 친환경 포장재 사용, 재활용이 가능한 소재의 의류 출시 등 이들을 겨냥한 친환경 마케팅을 펼치며 환경보호에 동참하고 있다.

미포머족 (Meformer族)

'나(me)'와 '알리다(informer)'가 합쳐진 단어로 개인 블로그나 인스타그램, 페이스북, 유튜브 등 각종 SNS를 이용해 '나'를 알리는 일에 적극적인 사람들을 일컫는 말이다. 미국 러트거스대 연구진이 트위터 이용자 350명을 대상으로 조사한 결과를 발표하면서 이용자의 80% 가량이 '미포머'에 해당된다고 밝힌 바 있다. 이들은 뉴스나 요리법 등 다른 사람에게 유용한 지식이나 정보를 제공하는 것이 아니라 개인의 생각이나 감정, 사생활 등 개인과 관련된 게시물을 올리고 타인과 공유한다. 기업들은 미포머족이 인간관계를 유지하기 위해 인터넷을 적극적으로 활용한다는 점을 이용해 이들과 공감대를 형성하여 브랜드 친화력을 높이는 방향으로 마케팅을 확대하고 있다.

파이어족 (FIRE族)

'FIRE'는 'Financial Independence, Retire Early'의 약자이다. 젊었을 때 '극단적'으로 절약한 후 노후 자금을 빨리 모아 이르면 30대, 늦어도 40대에는 은퇴하고자 하는 사람들을 의미한다. 파이어족은 심플한 라이프스타일을 통해 저축금을 빨리 마련하고 조기에 은퇴함으로써 승진, 월급, 은행 대출 등의 고민에서 벗어나고자 한다. 주로 고학력·고소득 계층을 중심으로 파이어 운동이 확산되고 있는데, 이는 일에 대한 불만족도, 높은 청년실업률, 경제적 불확실성 확대 등과 관련이 있다는 분석이다. 금융전문가는 "파이어족 확산이 시사하는 바는 소비 패러다임의 거대한 변화"라며 "표면적으로 돈을 저축하는 것처럼 보이지만, 이들이 궁극적으로 저축하는 것은 미래의 시간"이라고 분석하고 있다.

기후변화

2023년 미국 비영리 연구기관 클라이밋 센트럴(Climate Central)의 보고서에 따르면, 175개국 920개 도시의 평균기온이 점차 상승하고 있고, 이는 산업화 이전보다 1.32도 상승한 수치라고 밝혔다. 아울러 클라이밋 센트럴은 이러한 지구 평균기온이 가파르게 상승하는 이유로 화석연료 사용, 해양의 열 흡수기능 한계 등을 꼽았으며, 이에 대한 본격적인 영향은 2024년부터 나타날 것이라고 경고하기도 했다.

이러한 온난화의 영향으로 극한기후현상의 강도 및 빈도가 증가함에 따라 사회·경제적 피해가 우려되고 있다. 특히 도시는 인구·재산의 밀집으로 이러한 피해에 취약할 것으로 보인다.

우리나라에서도 제3차 국가 기후위기 적응 강화대책(2023~2025)에서 '기후탄력성' 개념을 제시하며 기후탄력성 확보를 위한 지역 중심의 대응체계 강화 필요성을 강조했으나, 이를 실현하기 위한 구체적인 시스템과 관련 정책은 아직 미비한 상태다.

우리 환경부는 2024년 9월 10일 여의도 국회의사당에서 '기후탄력도시 조성을 위한 제도 개선 방향'에 대한 논의에서 기후위기적응정보 통합플랫폼 구축, 폭염·홍수·가뭄 등 기후변화 위험지도 구축, 기후위기 취약계층 실태조사 등을 계획하고 있다고 밝혔다. 이러한 국내 기후탄력성을 증진할 수 있는 제도기반과 정책 추진을 통해 국가·지자체·공공기관의 적응정책을 강화해 나가겠다고는 구상이다.

기후변화

장기간에 걸친 기간(대체로 수십 년 또는 그 이상) 동안, 기후의 평균 상태나 그 변동 속에서 통계적으로 의미 있는 변동을 일컫는 말로 지구 온도의 상승, 해수면의 상승, 이상기후 현상 등이 빈번하게 일어나고 있다. 기후변화는 온실효과로 발생한다. 온실효과는 온실가스가 지표면을 보온하는 역할을 하여 지구 대기의 온도를 상승시키는 작용을 하는 현상을 말한다. IPCC 4차 보고서에 따르면 현재 지구의 온도는 지난 100년간(1906~2005년) 지구 평균 온도가 0.74℃ 상승했으며, 전세계 해수면은 28년 동안 평균 9.8cm 상승했다. 세계 곳곳에서 이상기후 현상이 발생하고 있다.

- 빙하의 녹는 속도 증가

  지구가 가열되면서 극지, 고산지대 빙하는 급감하고 있다. 미국 항공우주국(NASA) 등에 따르면, 북극 해빙은 최근 40년 새 375만km2 감소했다. 남극 대륙, 알래스카·히말라야 등지 빙하도 각각 매년 평균 1,510억~4,000억t씩 감소하고 있다고 NASA는 밝혔다. 그린란드 빙하가 녹은 담수가 바다로 흘러들면서 수천에서 수만년 동안 안정적으로 이어온 해류 순환에 변화가 생겼다. 20세기 중반 이후 해류 순환 속도가 15% 줄었고, 최근에는 1000년 만에 가장 느리게 움직이고 있다는 분석도 나왔다. 해류 순환이 느려지면 남쪽 바다의 열이 북쪽으로 올라가지 못하고 정체돼 유럽과 북아프리카 등은 가뭄이 심해지고, 대서양에는 허리케인이 증가하는 등 재앙에 가까운 기후변화가 일어날 수 있다는 게 학자들의 우려다.

- 온실가스 상승

  지난해 전 세계 이산화탄소 농도는 2.6ppm에서 412.5ppm까지 높아져 국립해양대기청이 기록을 시작한 지 63년 만에 5번째로 높은 증가 폭을 기록한 것으로 나타났다. 또 이산화탄소보다 지구 온난화 유발 효과가 큰 메탄의 농도는 지난해 14.7ppb 증가해 1983년 이후 최대 증가 폭인 것으로 조사됐다. 온실가스 농도는 360만 년 동안의 데이터 중 2020년 관련 데이터가 가장 높은 수치를 보였다. 전 세계가 코로나19로 공장이 문을 닫고 상점과 가게가 셧다운 됐음에도 여전히 이산화탄소 농도는 줄지 않고 있다. 이는 지구 가열화(Heating)가 이미 많이 진행됐음을 의미한다.

- 탄소중립

이산화탄소를 배출한 만큼 이산화탄소를 흡수하는 대책을 세워 이산화탄소의 실질적인 배출량을 '0'으로 만든다는 개념이다. 탄소중립을 실행하는 방안으로는 첫째, 이산화탄소 배출량에 상응하는 만큼의 숲을 조성하여 산소를 공급하거나 화석연료를 대체할 수 있는 무공해 에너지인 태양열·풍력 에너지 등 재생에너지 분야에 투자하는 방법, 둘째, 이산화탄소 배출량에 상응하는 탄소배출권을 구매하는 방법 등이 있다. 탄소배출권(이산화탄소 등을 배출할 수 있는 권리)이란 이산화탄소 배출량을 돈으로 환산하여 시장에서 거래할 수 있도록 한 것인데, 탄소배출권을 구매하기 위해 지불한 돈은 삼림을 조성하는 등 이산화탄소 흡수량을 늘리는 데에 사용된다.

펫셔리 (Petxury)

반려동물 관련 시장에서 고급화된 서비스를 의미한다. '펫(Pet)'과 '럭셔리(Luxury)'의 합성어로 반려동물을 위해 아무리 비싼 상품 또는 서비스라고 하더라도 기꺼이 값을 지불하는 소비자들이 증가하면서 만들어진 용어다. 실제로 여러 명품 브랜드에서 이러한 소비자를 타깃으로 한 반려동물용 옷, 목줄, 캐리어 등 다양한 상품을 출시하고 있다. 이에 대해 반려동물을 향한 사랑이라는 긍정적인 시선이 있는 반면, 단순히 과시욕을 뽐내기 위한 수단이라는 부정적인 시선도 있다.

티슈인맥

자신이 필요할 때만 관계를 맺고 필요 없으면 미련 없이 관계를 끊어버리는 '일회성 인간관계'가 한 번 사용하고 버리는 티슈(휴지)와 비슷하다는 의미로 만들어진 신조어다. 이러한 개념이 등장한 데에는 인간관계에서 오는 스트레스의 영향 때문이라는 분석이 많다. 즉, 억지로 인맥을 유지·관리하는 것에 피로를 느낀 현대인들이 자신의 뜻이나 생각과 맞지 않는 경우 더 이상 관계를 지속하지 않아도 된다는 점 때문에 일회성 인간관계를 선호한다는 것이다. 또한 모바일메신저와 SNS의 발달로 타인과 관계 맺기가 쉬워진 점, 혼자만의 시간을 즐기는 경향이 늘어난 점 등도 관련이 깊다. 사회적 변화로 티슈인맥과 같은 새로운 인간관계가 등장하면서 전문가들은 이러한 관계형성이 인간관계에서 오는 스트레스를 줄여주는 긍정적인 역할도 하지만 극단적인 관계단절은 정서적 고립, 정서장애 등의 부작용을 일으킬 수 있으므로 주의가 필요하다고 말했다.

팸잼족 (Fam-Zam族)

'가족(Family)'과 '재미(ZAM)'가 합쳐진 신조어다. 코로나19로 인해 지인과의 만남 및 외부활동이 감소하면서 가족 중심의 소비성향이 강하게 나타나는 것을 말한다. 이들은 집에서 보내는 시간이 늘어남에 따라 간편한 가정생활을 위해 로봇청소기, 식기세척기 등의 제품을 선호하며 셀프 인테리어 제품에 관심을 보인다. 또한 빠르고 편리하게 먹을 수 있는 냉동·즉석식품과 전문 레스토랑에서 접할 수 있는 고급 식재료의 수요 증가현상이 동시에 나타났는데, 이는 집에서 간단하게 끼니를 해결하고자 하는 심리와 외식 분위기를 내려는 심리가 반영된 것이다.

전장연 시위 논란

출근길 서울 지하철 시위를 두고 여당 대표와 전장연(전국장애인차별철폐연대) 간 갈등에서 논란이 정점에 다다랐다. 전장연은 '장애인 권리 예산 확보', '장애인 이동권 보장' 등을 주장하며 2021년 12월부터 지하철 출근시간대에 기습시위를 해왔다. 이를 두고 이 대표가 자신의 페이스북에 공개저격 글을 잇달아 게시하면서 논란이 격화됐다. 이에 대해 출근시간 기습적인 시위로 불편하다는 의견과 그럼에도 권리보호를 위해서는 필요하다는 의견이 대립양상을 보이고 있다.

- **오이도역 장애인 노부부 추락사고**

  2001년 1월 22일 4호선 오이도역에서 장애인 노부부가 수직형 리프트를 이용하다가 추락해 한 명은 중상, 한 명은 사망한 사고이다. 이 사고로 장애인 이동권 보장을 요구하는 시위가 본격화됐다. 이후 승강기안전관리법 개정으로 안전기준에 부합하는 수직형 리프트가 설치됐으나 수직형 리프트 관련 사고는 매년 꾸준히 발생하고 있다.

개인정보 처리 표시제

개인정보위원회가 공개한 자료에 따르면 개인정보처리자가 개인정보 처리 동의서를 받을 때 홍보목적이나 민감정보 처리 등 중요한 내용은 활자크기 9포인트(pt) 이상으로 다른 내용보다 20% 이상 크게 표시해야 한다. 또 개인정보 처리방침을 작성할 때는 정보주체가 핵심 사항을 쉽게 알아볼 수 있도록 기호로 구성한 개인정보 처리 표시제(라벨링)가 도입된다. 이는 '알기 쉬운 개인정보 처리 동의 안내서'와 '개인정보 처리방침 작성지침'을 통해 공개했다. 이번 안내서와 작성지침은 개인정보 처리자가 정보주체에게 과도하게 동의를 요구하거나 정보주체가 개인정보 처리내용을 제대로 확인하지 않고 동의하는 관행을 개선하기 위해 마련됐다.

- 개인정보 관련 개념
    - 개인정보 처리: 개인정보의 수집, 생성, 기록, 저장, 보유, 가공, 편집, 검색, 출력, 정정, 복구, 이용, 제공, 공개, 파기 등 개인정보와 관련된 모든 행위를 말한다.
    - 정보주체: 처리되는 정보에 의해 알아볼 수 있는 사람으로서 그 정보의 주체가 되는 사람을 말한다.
    - 개인정보 처리자: 업무를 목적으로 개인정보파일을 처리하는 공공기관, 법인, 단체 및 개인 등을 말한다.

스토킹 처벌

스토킹범죄 처벌법은 스토킹 행위 · 범죄에 대한 정의 및 처벌규정을 담고 있는 법안으로, 2021년 3월 24일 국회를 통과했다. 스토킹은 경범죄 처벌법상 지속적 괴롭힘으로 분류돼 '10만 원 이하 벌금이나 구류 또는 과료'에 그쳐 왔다. 그러다 1999년에 첫 발의된 스토킹 범죄 처벌법이 22년 만에 통과되면서, 앞으로 스토킹 범죄자에게는 최대 5년 이하 징역이나 5,000만 원 이하의 벌금이 부과된다. 법안은 스토킹 행위를 상대방 의사에 반해 정당한 이유 없이 접근하거나, 따라다니거나 진로를 막아서는 행위, 주거 · 직장 · 학교 등 일상적으로 생활하는 장소 또는 그 부근에서 기다리거나 지켜보는 행위, 우편 · 전화 · 정보통신망 등을 이용하여 물건 · 글 · 말 · 영상 등을 도달하게 하는 행위 중 상대방에게 불안감이나 공포심을 일으키는 행위를 했을 경우로 정의했다. 그리고 이러한 행위가 지속되거나 반복될 경우를 스토킹 범죄로 정의하고, 스토킹 범죄자에게 3년 이하 징역이나 3,000만 원 이하의 벌금에 처할 수 있게 했다. 만약 흉기 등 위험한 물건을 이용할 경우에는 5년 이하 징역이나 5,000만 원 이하의 벌금형으로 형량이 가중된다. 법안은 이 밖에도 스토킹 행위에 대한 신고가 있는 등의 경우 경찰이 100m 이내 접근금지 등의 긴급조치를 한 후 지방법원 판사의 사후승인을 청구할 수 있도록 했다.

윤창호법 위헌

2회 이상 음주운전으로 적발될 경우 징역 · 벌금형으로 가중처벌 받게 되는 도로교통법(일명 윤창호법)이 헌법에 어긋난다는 헌법재판소의 판단이 2021년 11월 25일 나왔다. 헌재는 2018년 12월 24일 개정돼 2020년 6월 9일 다시 바뀌기 전까지의 구 도로교통법 제148조 2의 규정 중 '음주운전 금지규정을 2회 이상 위반한 사람' 부분이 죄형법정주의의 명확성 원칙과 과잉금지원칙 등을 위배했다는 내용의 헌법소원에서 재판관 7대 2의 의견으로 위헌결정을 내렸다. 다수의견은 해당 조항이 "가중요건이 되는 과거 음주운전 금지규정 위반행위와 처벌대상이 되는 재범 음주운전 금지규정 위반행위 사이에 시간적 제한이 없다"며 "과거의 위반행위가 형의 선고나 유죄 확정판결을 받은 전과일 것을 요구하지도 않는다"고 지적하면서 위헌의견을 냈다.

- **죄형법정주의**

  어떤 행위가 범죄가 되고 어떤 처벌을 할 것인가는 미리 성문법률에 규정되어 있어야 한다는 원칙이다. 즉, '법률이 없으면 범죄도 없고 형벌도 없다'는 것을 의미한다. 법적 안정성을 보호하고 형벌권의 자의적 행사로부터 개인의 권리를 보장하기 위한 것이다.

정인이 사건

생후 16개월 된 입양아 '정인이'를 학대해 숨지게 한 혐의로 기소된 양모에게 징역 35년형이 확정됐다. 2022년 4월 28일 대법원 3부(주심 김재형 대법관)는 살인 등 혐의로 기소된 양모 장모 씨의 상고심에서 징역 35년을 선고한 원심을 확정했다. 아동복지법 위반(아동유기·방임) 등 혐의를 받았던 양부 안모 씨도 징역 5년형이 확정됐다.

징벌적 손해배상 제도

처벌적 손해배상이라고도 하며, 민사재판에서 가해자가 피해자에게 악의를 품고 불법행위를 한 경우 징벌을 가할 목적으로 부과하는 손해배상으로, 실제 손해액보다 훨씬 많은 액수를 부과하게 하도록 하는 제도이다. 우리나라는 징벌적 손해배상액을 실제 손해액의 3~5배로 제한하고 있다. 2021년 7월 더불어민주당이 임시국회에서 언론사에도 징벌적 손해배상 제도를 도입하는 언론중재법 처리 방침을 공개했다. 언론사에 대한 징벌적 손배제 도입의 핵심 쟁점 사안은 오보·가짜뉴스에 대해 손해액의 3~5배 범위 내에서 손해배상을 청구하도록 하는 것이다. 이에 대해 언론 유관단체들은 국정 현안에 대한 언론의 비판 기능이 제한되면서 국민의 알 권리와 언론의 자유가 훼손된다고 주장하면서 반발했다.

중대재해처벌법

기업에서 중대한 인명피해를 주는 산업재해가 발생했을 경우 사업주에 대한 형사처벌을 강화하는 내용의 법안이다. 법안에 따르면 안전사고로 근로자가 사망할 경우 사업주 또는 경영책임자에게 1년 이상의 징역 혹은 10억 원 이하의 벌금을 부과할 수 있고, 법인에는 50억 원 이하의 벌금을 부과할 수 있다. 또 노동자가 다치거나 질병에 걸리는 경우 7년 이하의 징역 또는 1억 원 이하의 벌금에 처한다. 중대재해처벌법은 2021년 1월 국회 본회의를 통과하여 2022년부터 근로자 50인 이상 기업에 적용되기 시작하여 2024년 1월 27일부터 전면 시행되었다. 서울시에 따르면, 어린이집 급식소 등 관내 5인 이상 50인 미만 사업장 약 16만 곳 이상이 적용대상이 될 것으로 예상된다.

주52시간제 유연화

개인의 일(Work)과 생활(Life)이 조화롭게 균형을 유지하도록 하기 위해 주52시간제가 2021년 7월부터 5인 미만의 기업을 제외하고 전면적으로 적용됐다. 그러나 2022년 5월 윤석열 행정부가 출범하면서 정부가 주52시간제의 '유연화'를 추진하겠다며 연장 근로시간 체계를 손보겠다고 밝혔다. 이에 노동계는 앞으로 근로자들이 일주일에 92시간 근무하는 것이 가능해졌다며 이번 개편 방향을 '노동 개악'이라고 비판했다. 노동계의 주장에 대해 정부는 '주92시간 근무'는 매우 극단적인 경우로, 연장 근로시간 총량 관리 단위를 바꾸려면 노사 합의가 필요하고 정부 또한 과로 방지 대책을 마련할 예정이라며 실제로는 불가능하다고 반박했다. 향후 민간 전문가들의 논의 과정이 필요하다는 점에서 논란은 당분간 계속될 것으로 보이는 가운데, 고용노동부는 윤석열 정부에 제안할 노동개혁 정책을 마련하기 위해 산하 연구기관으로 2022년 7월 '미래노동시장연구회'를 발족했다.

차별금지법

성별, 장애, 병력, 나이, 성적지향성, 출신국가, 출신민족, 인종, 피부색, 언어 등을 사유로 합리적 이유 없이 고용, 교육기관의 교육 및 직업훈련 등에서 차별을 받지 않도록 하는 내용의 법률을 말한다. 2007년, 2010년, 2012년 3차례에 걸쳐 차별금지법 입법을 시도했으나 모두 회기 종료와 함께 폐지됐다. 장혜영 정의당 의원이 대표발의한 '차별금지법안'은 최근 국회 국민청원 10만 명을 넘기면서 소관 상임위인 법제사법위원회가 본회의 부의 여부를 놓고 논의하기도 했으며 이상민 더불어민주당 의원은 포괄적 차별금지법인 '평등에 관한 법률안'을 대표발의했다. 현재 민법에서는 피해자가 그 책임을 입증해야 하는데, 차별금지법안 규정은 가해자가 입증 책임을 지도록 한 것이다. 가해자로 지목된 사람이 차별행위가 존재하지 않았다거나, 차별을 하게 된 정당한 사유를 입증하지 못하면 손해배상 책임을 져야 한다.

용산공원 시범 개방

대통령 집무실 인근의 용산공원 부지가 편의시설 확충을 마치고 지난 2022년 6월 10일부터 26일까지 일반 시민에게 시범 개방되었으며 미군 기지의 숙소 등이 있던 주요 장소들뿐만이 아니라 대통령 집무실 앞뜰 등도 관람이 가능했다. 그동안 일반에게 공개되지 않았던 지역이었으며 시민들은 대부분 호기심과 기대에 차 있는 모습들로 투어 가이드의 안내에 따라 이동하거나 카트를 탔다.

다만 녹색연합 등 환경단체들은 개방 첫날 용산 부근에서 기자회견을 열고 "유해성 조사 보고서에 따르면 현행법상 공원으로 사용할 수 없을 정도로 오염이 심하므로 국민 건강을 위해서라도 오염정화부터 이뤄져야 한다"고 주장했다. 이에 대해 원희룡 국토교통부 장관은 "오염 논란은 '과장된 얘기'이며 철저하고 신중한 자세로 접근하겠다"고 반박했다.

특수고용직 고용보험 적용

2021년 7월부터 보험설계사, 택배기사, 학습지 방문 강사 등 12개의 특수고용직 종사자에게도 고용보험이 적용되었다. 특수고용직이 고용보험 적용 대상이 되려면 노무 제공 계약으로 얻는 월 보수가 80만 원 이상이어야 한다. 2022년 1월부터는 특수고용의 노무 제공 계약이 2개 이상이고 월 보수 합산액이 80만 원 이상인 경우도 고용보험 적용 대상에 포함한다.

안경덕 전 고용노동부 장관은 "코로나19로 어려움을 겪는 특수형태근로종사자가 고용보험 혜택을 받을 수 있도록 적극적으로 노력하겠으며, 고용보험이 모든 취업자에게 안전망 역할을 하도록 적용 대상을 지속적으로 확대할 계획"이라고 발표했다.

이태원 사고

2022년 10월 29일, 핼러윈을 앞둔 주말 저녁에 서울특별시 용산구 이태원동 해밀톤호텔 옆 골목에 많은 인파가 몰리면서 압사 사상자가 300명 넘게 발생한 대규모 참사이다. 2020년 코로나19 확산 이후 3년 만에 사회적 거리두기 없는 핼러윈을 맞아 수많은 인파가 모였고, 사망자 가운데는 외국인도 포함되어 있다. 정부는 10월 30일부터 11월 5일까지 국가애도기간으로 정하고, 서울시 용산구를 특별재난지역으로 선포했다.

06 과학·IT

누리호 발사 성공

과학기술정보통신부(과기정통부)와 한국항공우주연구원(항우연)은 2022년 6월 21일 국내 우주수송 능력을 확보하기 위한 독자 개발형 한국형발사체 누리호 2차 발사를 국민의 관심과 성원 속에 성공했다고 공식 발표했다. 대한민국은 세계 7번째로 1t 이상의 실용적 인공위성을 우주 발사체에 실어 자체 기술로 쏘아올린 우주 강국으로 도약하였다.

과기정통부는 "이번 누리호 발사 성공은 우리나라가 독자적인 우주운송 능력을 확보하고, 자주적인 국가 우주 개발 역량을 온전히 갖추게 됐다는 점에서 큰 의의를 가진다"고 평가했으며 향후 2027년까지 신뢰성 향상을 위해 4차례의 추가적인 반복발사를 실시할 계획이라고 발표했다. 더불어 정부는 "앞으로 누리호 개발의 경험과 기술을 토대로 성능이 향상된 우주발사체 개발을 추진해 우리나라의 위성 발사 능력을 더욱 향상시켜 나갈 계획"이라는 뜻을 밝혔다.

- 뉴 스페이스(New Space)

우주개발이 정부에서 민간 주도로 이전되는 것을 말한다. 정부 주도의 '올드 스페이스(Old Space)'에 대비되는 개념으로 우주항공산업이 민간·중소기업으로 옮겨지면서 나타난 우주항공산업 생태계의 변화를 포함한다. 뉴 스페이스는 국가 소유로 여겨왔던 발사체와 위성분야 기술이 개방되고 생산비용이 완화되는 것과 같은 배경에서 등장했다. 현재 민간기업의 우주항공산업은 테슬라의 '스페이스X', 아마존의 '블루오리진', 버진그룹의 '버진갤럭틱' 등이 이끌고 있다. 정부는 뉴 스페이스 시대를 맞아 우주산업의 발전을 위해 위성, 발사체 등 국방분야 선도기술에 대한 민간기업과의 협력 강화를 추진하겠다고 밝혔다.

세종1호 (Sejong-1)

한글과컴퓨터(한컴그룹)의 우주사업 자회사인 한컴인스페이스가 개발한 한국 최초 지구관측용 민간위성이다. 크기 100×200×300mm, 무게 10.8kg의 나노급 초소형 저궤도 인공위성으로 지상으로부터 500km 궤도에서 하루 12~14회, 약 90분에 한 번씩 지구를 선회할 예정이다. 발사 후 약 한 달간 시험테스트 과정을 거쳐 5m 해상도의 관측 카메라를 통해 지구관측 영상 데이터를 확보하게 된다. 한컴그룹은 우주사업을 위해 2020년 9월 우주·드론 전문기업인 '인스페이스'를 인수했으며, 이후 미국 민간위성기업 스파이어 글로벌과 협력하여 인공위성 및 탑재체를 개발해왔다. 2022년 5월 25일 오후 2시 35분(현지시간) 미국의 민간 우주기업 스페이스X의 '팰컨9' 로켓에 실린 '세종1호'가 미국 플로리다주 케이프커내버럴 소재 케네디 우주센터에서 발사됐으며, 발사 후 지상국과의 교신이 성공적으로 완료됨에 따라 궤도진입에 성공했음을 확인했다.

달궤도선·국가위성 2기

2022년 하반기에 우리나라가 제작한 달궤도선과 다목적실용위성(아리랑) 6호, 차세대 중형위성 2호 등 국가위성 2기를 우주로 발사한다. 국내 역대 최대 규모 우주개발 프로젝트인 '한국형 위성항법시스템(KPS)' 사업도 2022년 준비를 본격적으로 시작한다. 2022년 2월 25일 과학기술정보통신부(과기정통부)는 제40회 우주개발진흥실무위원회를 열고 '2022년 우주개발진흥시행계획', '위성정보 활용 시행계획', '우주위험대비 시행계획', '한국형발사체개발사업 추진현황 및 향후계획' 등 모두 6건의 안건을 심의해 확정했다고 밝혔다. 2022년 우주개발 관련 예산은 7,340억 원으로 2021년보다 18.9% 늘었다.

인스퍼레이션 4 (Inspiration 4)

스페이스X의 민간우주관광 프로젝트로 2021년 7월 버진갤럭틱과 블루오리진의 우주관광에 이어 민간업체로는 3번째로 민간인을 태우고 우주관광에 성공했다. 2021년 9월 15일 스페이스X의 우주선 크루 드래건은 민간인 4명만을 태운 채 케네디 우주센터에서 발사됐으며, 3일 동안 575km 고도에서 지구 주위를 1시간 30분에 한 번씩 선회했다는 점에서 그 성과를 인정받고 있다. 한편 버진갤럭틱은 지구 상공 88km까지 올라갔지만 카르만 라인을 넘지 못한 채 4분 동안 무중력 체험에 성공하였고 블루오리진은 106km까지 올라가 카르만 라인을 돌파한 후 3분 동안 무중력 체험을 하는 데 성공한 바 있다. 인스퍼레이션 4 프로젝트를 성공적으로 마친 스페이스X는 우주관광에 더욱 박차를 가할 것이라고 밝혔다. 해당 프로젝트에는 억만장자 재러드 아이잭먼과 일반 시민 3명이 참여한 것으로 알려졌다.

키홀 (Key Hole)

'열쇠구멍으로 훔쳐 본다'라는 의미의 미국의 대표적인 정찰위성이다. 정확한 제원이나 성능에 대해 공식적으로 밝혀진 바는 없지만, 직경 2.4m의 반사망원경이 장착되어 있으며 최대 600km 고도에서 지상에 있는 15cm 크기의 물체를 식별할 수 있는 성능을 갖춘 것으로 알려져 있다. 특히 광학카메라와 적외선카메라를 모두 장착하고 있어 야간이나 구름이 낀 흐린 날씨에도 지상감시가 가능하다. 평소에는 600km 고도를 유지하다가 목표물을 세밀하게 관찰할 필요가 있을 때는 고도를 200~300km까지 낮춘다. 특히 키홀이 촬영한 영상이나 사진은 높은 해상도로 화제가 되었다. 러시아의 우크라이나 침공 전 미국은 키홀 등의 첩보위성을 통해 러시아군의 움직임을 예측한 바 있다.

스타라이너 결함

2024년 9월 6일 기체 결함으로 유인 시험 비행에 실패한 미국의 항공기 전문업체인 보잉의 우주캡슐 '스타라이너'가 국제우주정거장(ISS)을 떠나 지구로 귀환했다. 스타라이너는 2022년 5월 무인 시험 비행에서 ISS에 도달한 후 지구에 무사히 귀환하였다. 2024년 6월에는 첫 유인 시험 비행을 위해 NASA 소속 우주비행사인 부치 윌모어와 수니 윌리엄스를 태우고 지구를 떠났다. 그러나 ISS 도킹 이후 헬륨 누출 및 기동 추진기 고장 등 기체 결함이 확인되어 지구 귀환이 미뤄졌다. 결국 NASA는 9월 24일 스타라이너의 무인 귀환을 결정했다. ISS에 남은 우주비행사들의 귀환에는 스페이스X '드래건' 활용될 2025년 2월 복귀할 수 있을 것으로

인터넷에 대한 공정 (FAIR) 기여법

미국 공화당 상원이 발의한 '인터넷에 대한 공정(FAIR) 기여법'은 구글, 애플, 페이스북 등 빅테크 기업에 농어촌 · 학교 등 네트워크 투자 비용을 분담하도록 하는 내용을 핵심으로 담고 있다. 법률안 발의 자체로 빅테크 기업의 인프라 비용과 관련한 사회적 책임을 환기시켰으며 세계 시장 제도 개선 논의에 상당한 영향을 미칠 것으로 보인다.

'인터넷에 대한 공정(FAIR) 기여법'이 통과될 경우 미국 연방통신위원회(FCC)는 구글, 애플, 넷플릭스, 아마존 등을 대상으로 하여 보편서비스기금(USF) 부과를 위한 정확한 대상과 여부 · 규모 등을 결정한다. 빅테크 기업을 제외한 주요 이해관계자는 상당한 관심과 지지를 표명하기도 했다. '인터넷에 대한 공정(FAIR) 기여법'은 빅테크 기업이 네트워크를 이용해 방대한 부를 창출하는 만큼 사회적인 책임을 확대할 필요성이 있다는 취지로 추진된다. 기존 통신요금 이외에 정부와 통신사, 이용자가 별도 기금을 부담해서 농어촌과 학교 네트워크 인프라를 확충하던 체제에 빅테크 기업을 편입하려는 방안이다. 브랜든 카 FCC 상임위원은 구글, 넷플릭스, 디즈니플러스 등 빅테크 기업은 농어촌 데이터 트래픽의 75%를 차지하므로 이 같은 인프라를 무료로 이용하여 사업하는 빅테크 기업이 매출에서 0.009%만 부과해도 연간 100억 달러에 이르는 보편기금을 완전히 대체할 수 있을 것이라고 전망했다.

향후 세계 시장에서 이와 유사한 논의가 확산할 것으로 전망된다. 우리나라에서는 양정숙 의원(무소속)이 구글, 네이버, 카카오 등 부가통신사업자를 전기통신사업법상 보편역무제공 의무사업자 예외규정에서 제외하는 법률 개정을 추진하고 있으며 주요 부가통신사업자에 보편기금 등 의무를 부과, 소외지역 통신망 구축 등에 활용하려 한다는 점에서 미국의 인터넷에 대한 공정 기여법 추진과 맥락이 유사한 측면도 있다. 프랑스와 독일은 구글, 넷

플릭스에 영상콘텐츠 기금을 부과하도록 하는 법률을 개정하여 시행에 들어갔다. 통신과 방송으로 분야는 다르지만 사회 인프라를 이용해 수익을 창출한 기업에 국민 서비스 확대를 위한 공적 책임을 부과한다는 점에서 미국의 인터넷에 대한 공정 기여법과 유사한 맥락이다.

전기차 배터리 관리 시스템 (BMS)

잇따라 발생한 전기자동차에서 화재로 전기차의 안전성에 대한 우려가 커지고 있다. 전기차에 화재 발생 시 열폭주로 인해 온도가 1000℃ 이상으로 올라 순식간에 차량이 전소될 수 있다. 또한 주변 차량에 피해를 줄 뿐 아니라 정확한 화재 원인도 파악하기 어렵다.
전문가들은 이에 대해 전기차의 배터리 관리 시스템(BMS)이 잘 작동할 수 있도록 배터리 완전 충전과 방전을 피하라고 당부하였다. 또한 배터리 데이터 관련 규제가 개선 및 배터리 관리 시스템의 고도화를 논의 중인 상황이다. 그러나 이 또한 시간이 걸릴 것으로 보여 당분간 전기차에 대한 우려를 잠재우기는 어려울 것으로 보인다.

실증특례

신기술이나 새로운 서비스를 시험 및 검증하기 위해 제한된 범위(규모, 지역 등)에서 테스트를 허용하는 제도이다. 실증특례를 신청하기 위해서는 새로운 기술을 활용한 제품·서비스일 것, 근거 법령에 기준·요건 등이 없거나 금지되어 사업추진이 어려울 것, 실증(시험 및 검증)기간에 이를 가로막는 규제가 존재하여 해당 규지의 적용을 배제할 특례가 필요할 것의 세 가지 조건이 필요하다. KT의 '자율주행 배송로봇 서비스 사업'이 실증특례 승인을 받았다. KT는 서울시 아파트 단지, 충북 내 리조트와 주변 지역에서 최대 300대의 자율주행 로봇을 활용해 음식·물품과 택배 배달 서비스를 선보일 계획이다. 현행법상 실외 자율주행 로봇은 도로교통법상 '차'에 해당해 보도·횡단보드 주행이 금지됐고 개인정보 수집·이용이 제한돼 있다. 규제특례심의위원회는 해당 사업이 기술·안전성 검증을 통한 자율주행 로봇 상용화에 기여한다며 자율주행 로봇이 개인정보를 수집하고 실외를 다닐 수 있게 실증특례를 부여했다.

콘티 (Conti)

친 러시아 성향으로 추정되는 세계 최대 규모의 랜섬웨어 해킹 조직이다. 조직 내 주요 해커가 러시아어를 사용하며 거점 역시 러시아 상트페테르부르크에 위치한 것으로 알려졌다. 이들은 기업뿐만 아니라 국가 등의 주요 인프라를 비롯해 학교, 의료기관 등을 가리지 않고 공격한다. 2020년 5월 무렵 활동을 시작했으며, 기업의 전산망에 침투해 내부기밀을 훔치거나 시스템을 마비시키고 시스템 복구를 조건으로 대가를 요구하는 수법을 사용하고 있다. 현재 스턴이라고 불리는 인물이 조직을 총괄하고 있고, 조직원은 350명 이상으로 이 중 30여 명이 관리자 역할을 수행하고 있는 것으로 추정된다. 러시아와 연계된 해킹그룹 '콘티'로 인한 피해가 커지자 지난 5월 6일 미국 정부는 최대 1,500만 달러(약 193억 원)의 현상금을 걸었다.

제로 트러스트 (Zero Trust)

사이버 보안 전문가이자 포레스터 리서치 수석연구원인 존 킨더버그가 2010년에 제시한 사이버 보안모델이다. '신뢰가 곧 보안 취약점'이라는 원칙을 내세워 내부에서 접속한 사용자에 대해서도 검증을 거치는 것을 기본으로 한다. 전체 시스템에서 안전한 영역이나 사용자는 전무하다는 것을 기본전제로 한 뒤 내부자 여부와 관계없이 인증절차와 신원확인 등을 거쳐 철저하게 검증하는 한편 접속권한을 부여한 뒤에도 최소한의 신뢰만 부여해 접근을 허용한다. 코로나19에 따른 원격·재택 근무의 확산으로 네트워크 보안이 더욱 중요해짐에 따라 제로 트러스트가 그 대안으로 주목받고 있다.

- **매터(Matter) 인터넷 기반 표준 프로토콜**

  민간 표준단체 CSA(Connectivity Standards Alliance)가 개발 중인 인터넷(IP) 기반 표준 프로토콜(통신 표준)로 플랫폼과 사물인터넷(IoT) 기기 간에 주고받는 통신언어를 단일화하는 것을 말한다. 개발에는 구글, 애플, 아마존, 삼성전자, LG전자, 퀄컴 등을 비롯해 플랫폼·기기·부품 분야의 220여 개 기업이 참여하고 있다. 사물인터넷 기기는 앱이나 AI 스피커 등을 통해 연동되는데, 이 과정에서 통신언어를 주고받는다. 기존에는 기업마다 개별적인 통신언어를 갖고 있어 상호연동에 제한이 있었으나, 통신언어가 매터로 통일되면 하나의 앱이나 허브를 통해 제어할 수 있게 된다. 플랫폼과 사물인터넷 기기 간 통신언어가 달라 상호연동성에 제한이 있어 스마트홈 서비스의 실효성이 떨어지자 이를 표준화한 통신언어 개발의 필요성이 대두되면서 매터가 추진 중이다.

딥페이크 (Deepfake)

인공지능을 활용해서 인간의 이미지를 합성하는 기술이다. 합성하려는 인물의 얼굴이 나오는 동영상을 딥러닝하여, 대상이 되는 동영상을 프레임 단위로 합성하는 원리이다. 영상의 화질과 처리되는 데이터의 질에 따라 딥페이크 영상은 원본 영상과 구분이 어려울 정도로 발전하는 추세이다. 온라인에 공개된 데이터의 양이 많은 유명인들을 대상으로 영상 합성이 용이하다는 점을 이용하여 다양한 딥페이크 영상이 업로드 되고 있다.

이는 2017년 미국 온라인 커뮤니티 레딧(Reddit)에 '딥페이크(Deepfakes)'라는 아이디를 가진 네티즌이 할리우드 배우의 얼굴과 포르노를 합성한 편집물을 올리면서 시작됐다. 최근 국내에서도 연예인, 정치인 등 유명인은 물론 일반인까지 대상이 되면서 사회적 문제가 되고 있다.

딥페이크는 온라인에 공개된 무료 소스코드와 머신러닝 알고리즘으로 쉽게 제작이 가능하고 제작물이 진위 여부를 가리기 어려울 만큼 정교하다는 점에서 그 문제가 심각하다. 여기에 피해자의 신고가 없으면 단속이 어렵고, 주로 SNS을 통해 제작을 의뢰하고 합성물을 받기 때문에 계정을 폐쇄할 경우 단속을 피할 수 있어 처벌이 어렵다는 문제가 있다.

가상인간

인공지능을 활용해 온라인상의 가상인물을 실제 사람과 유사한 모습으로 만들어 내는 것을 의미한다. 1998년 국내 최초 가상인간인 아담은 당시에 많은 관심을 끌었다. 현재는 아담보다 사람과 더 유사한 모습을 가진 다양한 가상인간들이 SNS 활동과 광고 출연 등 다양한 분야의 마케팅 수단으로 활용되고 있는데 이들을 '버추얼 인플루언서(Virtual Influencer)'라고 부르며, 대표적인 예로 로지와 김래아가 있다. 기업에서 이들을 마케팅 수단으로 선호하는 이유는 시공간 등 여러 제약에 관계없이 자유롭게 CG로 모든 장면을 연출할 수 있고, 기업 이미지에 영향을 미칠 수 있는 '모델' 관리에 효과적이기 때문이다. 이러한 장점으로 가상인간 시장은 게임, 영화 등 엔터테인먼트를 넘어 홍보, 유통, 교육, 헬스케어, 제조업 등 다양한 산업 분야에 걸쳐 성장세를 보이고 있지만, 한편으로는 금전적 피해를 유발하는 등 온라인 범죄에 악용 될 수 있다는 점과 일자리 감소 등에 관한 우려의 목소리가 있다. 이처럼 상업적 측면에서의 장점만을 앞세워 인간 고유의 존엄성과 가치가 훼손되어서는 안 된다는 경계 섞인 시각도 있다.

랜섬웨어

몸값(Ransom)과 악성코드(Malware)의 합성어로 사용자 동의 없이 무단으로 사용자 파일을 모두 암호화하고 시스템 복구를 위해 돈을 요구하는 악성 프로그램을 말한다. 암호화 알고리즘으로 파일 데이터를 암호화하여 사용자가 사용할 수 없게 되는 원리를 이용하였고, 사용자는 시스템에 접근이 제한되므로 시스템 복구를 위한 돈을 낼 수밖에 없다. 최근에는 홈페이지를 접속하기만 해도 랜섬웨어에 감염되는 '드라이브 바이 다운로드(Drive by Download)'가 발견되었다. 이것은 해커가 보안이 취약한 웹사이트를 노리고 악성코드를 숨기면 홈페이지 접속 시 사용자 모르게 자동 다운되어 감염되는 방식이다.

로지스틱스 4.0

물품을 이동·보관하는 경제 제반 활동, 즉 유통을 효율적으로 운영하는 시스템을 말하며, 총 3세대에 걸친 혁신 과정을 거쳤고, 현재 4.0세대에 진입하였다.

로지스틱스 1.0은 '수송의 기계화'로 육상수송의 고속화, 대용량화와 선박 보급에 의한 해상수송의 확대로 설명할 수 있다. 로지스틱스 2.0은 '하역의 기계화'로 컨테이너를 활용한 해운-육운의 일관 수송 실현 등이 있고, 로지스틱스 3.0은 '물류관리의 시스템화'로 WMS, TMS 등 물류관리시스템과 통관정보시스템의 등장이 핵심 내용이다. 이어진 로지스틱스 4.0 시대에는 정보통신기술을 활용해 기존의 전통적인 구조를 디지털 구조로 전환하는 디지털 트랜스포메이션이 활발하게 전개될 것으로 전망되는데, 대표적으로 거래 플랫폼 구축, 물류센서 등 건물 내 배송 자동화, 라스트 마일 배송 효율화 등이 있다.

메타버스

가상이라는 의미의 'Meta'와 우주를 뜻하는 'Universe'의 합성어로 3차원 가상 세계를 말하며, 구체적으로 사회의 전반적인 측면에서 현실과 비현실이 공존할 수 있는 가상 세계라는 넓은 의미로 쓰인다. 메타버스의 특징은 증강현실(Augmented Reality), 라이프로깅(Lifelogging), 거울세계(Mirror Worlds)가 있다. 증강현실은 현실 공간에 가상의 물체를 겹쳐 보이게 하고, 라이프로깅은 사물이나 사람의 일상적인 정보와 경험을 저장하고 공유할 수 있으며, 거울세계는 현실 세계를 있는 그대로 반영하지만 훨씬 많은 정보를 축적하여 이를 통해 많은 정보를 얻을 수 있는 것을 말한다.

정부는 '메타버스 신산업 선도전략'을 발표했다. 현재 우리나라의 메타버스 세계 시장점유율은 12위 수준으로 추정되며, 정부는 일상생활과 경제활동 등 다양한 영역에서 기존 플랫폼과 차별화된 새로운 유형의 메타버스 플랫폼을 발굴·지원하기로 하였다. 특히 한류 콘텐츠의 위상 및 경쟁력을 메타버스 플랫폼의 글로벌 국가 경쟁력으로 이어가기 위해 전통문화·예술, 게임·애니메이션, 패션, 스포츠 등 다양한 분야에서 맞춤형 사업을 지원한다. 메타버스 기업 통합지원 거점은 판교를 시작으로 4대 초광역권(충청·호남·동북·동남)에 '메타버스 허브'를 단계적으로 확대할 예정이다. 이곳에서는 메타버스 서비스 개발에 필요한 실증 시설과 기업 육성 및 인재 양성을 위한 공간을 제공하며, 아울러 공동체 가치 실현을 위한 서비스 개발과 수요 창출을 돕는 메타버스 사회 혁신센터도 운영하기로 했다.

- 메타버스(Metaverse) 성범죄 처벌 추진

    한편 국내에서 현실과 가상의 경계가 모호해진 틈을 타 메타버스의 성범죄가 늘고 있으나 현재로써는 마땅히 제재할만한 법적 근거가 없는 실정이다. 이와 관련하여 정부는 10대들이 주로 이용하는 가상공간에서의 청소년을 대상으로 한 각종 범죄에 대한 우려를 인지하고 대책 마련에 나섰다. 정부는 제4차 '청소년보호종합대책'으로 디지털미디어 윤리 정립을 도모하고, 메타버스 내 아바타를 대상으로 한 성범죄에 대응하기 위해 아바타의 인격권 인정여부를 연구한 뒤 가상공간에서의 범죄에 관한 처벌의 실효성을 확보하겠다고 밝혔다.

- 메타버스(Metaverse) 근무제

    장소에 구애받지 않고 가상의 공간에서 온라인으로 업무를 처리하면서 실시간 소통이 가능한 근무형태를 말한다. 카카오가 7월부터 도입하겠다고 밝히면서 국내에 회자되기 시작했다. 코로나19 이후 해외에선 알파벳(구글)과 메타(페이스북) 등 빅테크기업들이 이러한 원격근무형태를 선도하고 있으며, 국내에선 네이버와 카카오 등을 중심으로 확산하고 있다. 그러나 메타버스 내에서 직원의 아바타가 괴롭힘을 당하거나 감시를 당할 경우 회사가 이를 보호할 수 있는 관련 규정이 갖춰져 있지 않아 노동자의 권리가 침해당할 수 있고, 회사로부터 감시를 당하거나 근무 여건이 악화할 수 있다는 논란도 커지고 있다.

반도체 파운드리

반도체는 메모리 반도체와 비메모리 반도체로 나뉘고, 그중 비메모리 반도체는 팹리스(설계)와 파운드리(위탁제조)로 나뉜다. 이전의 파운드리는 주조(금속 제품을 만드는 방식)하여 금속 제품을 생산하는 것을 일컬었지만, 현재는 반도체 산업에서의 위탁제조 업체를 말한다. 반도체를 제조하는 회사가 설계에 따라 제조만 하는 파운드리 업체로 탈바꿈한 것은 제조업체들이 보유한 설계기술의 한계와 민감한 기밀 유지 문제 때문이다.

한국은 메모리 반도체에선 강한 편이지만, 비메모리 반도체에선 취약한 편이다. 비메모리 반도체 분야에서는 대만의 TSMC가 독보적인 점유율을 기록하고 있고 삼성전자는 이 분야에서 2위이지만 격차가 커서 어려운 경쟁을 하고 있다. 더욱이 러시아-우크라이나 전쟁에 따른 공급망 불안과 인플레이션(물가 상승), 소비심리 위축 및 제품 판매 부진, 금융시장 불안 등으로 반도체 시장경제에 위기의식이 고조되고 있는 현시점을 고려할 때, 글로벌 IT(정보통신) 및 가전업계 매출 성장세가 둔화되고 원자재 가격 부담 등으로 수익성이 떨어질 가능성을 배제할 수 없으므로, 삼성전자는 글로벌 전략회의에서 이런 대내외 여건을 총체적으로 점검하고 위기 타개 방안을 모색하고 있다. 하반기 사업 목표의 공통 의제로 글로벌 공급망 위기에 대응하여 공급망관리(SCM) 혁신, 재고 건전화, 전사적 자원 효율적 운영 방안 등을 다룰 것으로 알려졌다.
한편, 대만의 TSMC는 일본 정부로부터 구마모토 반도체 공장 건설 계획과 관련 투자금 약 4조 5,700억 원(4,760억 엔)을 승인 받았다.

블록체인

효율적인 데이터 처리 기술 중 하나로 네트워크에 접속하는 참여자의 거래 내역 등 데이터를 분산하고 저장하는 기술을 말한다. 블록체인은 정보를 분산해 저장하는 형태로 관리되어 특정 주체가 통제권을 갖지 못하고, 기록된 정보는 변경 없이 영구히 기록되며 누구나 볼 수 있다. 블록체인의 장점은 네트워크에 접속한 참여자들이 공동으로 정보를 기록하고 검증하며 보관함으로써 금융기관이나 정부가 없어도 데이터의 신뢰성을 확보할 수 있다는 점과 절차가 간소하고 비용이 절감되며 데이터 위조 및 변조 방지가 가능하다는 점이다. 이러한 장점 때문에 월마트, 화이자, IBM 등의 거대 기업들은 이미 사업 영역에서 블록체인을 도입하고 있다. 반면 익명성으로 인한 불법 거래대금 결제, 비자금 조성, 탈세가 가능하다는 점과 문제 발생 시 책임소재가 모호하고, 개인키를 분실하거나 해킹당하게 되면 해결 방법이 없는 점이 단점으로 꼽힌다. 또 다른 문제는 기록된 데이터를 다시는 변경할 수 없기에 참여자가 지우고 싶은 데이터가 있더라도 지울 수 없다는 것이다.

스타링크

스페이스X에 의해 건설되고 있는 세계 최초의 우주 인터넷망이다. 고도 1,200km 이하의 지구 저궤도에 1만 2천 개의 위성을 띄워 지구 전역에 초고속 인터넷 서비스 제공을 목표로 만들어졌다. 저궤도 인터넷 위성은 고도 3만 6,000km의 정지궤도 통신위성을 이용하는 기존 위성 인터넷보다 거리가 훨씬 가깝고 위성 간 통신도 가능할 뿐 아니라 데이터 전송 속도가 빠르기 때문에 광케이블이 깔려 있지 않은 곳에도 고속 인터넷 서비스가 가능하다. 하지만 일각에서는 천체 관측 방해와 충돌 위험을 우려하는 목소리도 있다.
스페이스X가 2019년 5월 처음으로 60개의 위성을 쏘아 올린 것을 기점으로 2년 만인 2021년 5월 지구 궤도상에 1,584개의 스타링크 위성을 배치했다. 2022년에는 러시아의 침공으로 인해 통신 시설이 파괴된 우크라이나에 스타링크 단말기 15,000여 대를 배송하여 우크라이나의 통신 회복을 지원하기도 했다.

양자 컴퓨터

0, 1 그리고 0과 1의 조합을 동시에 나타내고 저장할 수 있는 양자 비트(Quantum Bits) 또는 큐비트(Qubit)를 이용하여 데이터를 처리할 수 있다. 따라서 모든 정보를 0 아니면 1로만 저장할 수 있는 기존 컴퓨터보다 데이터 처리 속도가 훨씬 빠르다. 양자 컴퓨터는 오늘날 가장 빠른 슈퍼컴퓨터보다 훨씬 빠르게 데이터를 처리할 수 있으나 큐비트 수가 증가할수록 양자 결집 상태를 유지하는 것이 어려워지는 문제가 있기 때문에 양자 컴퓨터의 성능은 양자 오류를 최소화하는 데 달려 있다. 양자 컴퓨터는 특히 기존의 컴퓨터가 해결할 수 없었던 문제에 이용된다. NP-하드 문제, 순회 세일즈맨 문제(Travelling Salesman Problem)가 대표적이다.

- **양자기술**

  미국의 리처드 파인먼 교수가 1982년에 더 이상 나눌 수 없는 에너지 최소단위인 양자의 성질을 컴퓨터 개발에 활용하자는 생각에서 시작된 기술이다. 양자의 중첩성, 불확정성, 비가역성 등의 원리를 활용해 0 또는 1 하나만 표현하는 기존 컴퓨터에 비해 0과 1을 동시에 가지는 것을 큐비트(Qbit)라 하며 폭발적인 능력을 낸다. 큐비트 2개는 00, 01, 10, 11이라는 4개 값, 큐비트 3개와 4개는 각각 8개와 16개 값으로, 그 값이 기하급수적으로 늘어나기 때문에 연산능력이 급증하고 정보누출 우려가 없다. 특히 양자기술로 머신러닝 알고리즘을 더 빨리 처리하면 인공지능 도입이 가속화되는 동시에 효율화될 것으로 기대된다.

- **양자우위**

  양자 컴퓨터가 뛰어난 연산능력으로 기존의 가장 강력한 슈퍼컴퓨터를 넘어선 전환점을 말한다. 미국 캘리포니아공대 물리학자 존 프레스킬 교수가 처음 사용한 개념이다. 50큐비트의 양자 컴퓨터라면 양자우위를 달성할 수 있다고 알려졌고, 구글은 2019년 당시 가장 빠른 슈퍼컴퓨터인 IBM 서밋이 1만 년 동안 풀어야 할 문제를 자사 양자 컴퓨터가 약 200초 만에 풀었다고 주장했다. 구글의 양자우위 실험은 여러 차례 신뢰성에 의문이 제기되지만, 넓은 의미에서 기본적인 양자우위는 달성됐다고 볼 수 있다.

자율주행

사람이 운전하지 않아도 기계가 알아서 원하는 목적지까지 운전하는 것을 말하며 0부터 5까지의 다섯 단계가 있다. 레벨 0 비자동화(No Automation) 단계는 운전자가 주행의 모든 것을 통제하고 책임진다. 레벨 1 운전자 보조(Driver Assistance) 단계는 차선유지 기능을 통해 운전자를 보조한다. 레벨 2 부분 자동화(Partial Automation) 단계는 특정 조건

내에서 일정시간 동안 차량의 조향과 가감속을 차량이 인간과 동시에 제어할 수 있다. 레벨 3 조건부 자율주행(Partial Automation) 단계는 고속도로와 같은 특정 조건의 구간에서 시스템이 주행을 담당하며, 위험 시에만 운전자가 개입한다. 레벨 4 고등 자율주행(High Automation) 단계는 대부분의 도로에서 자율주행이 가능하다. 주행 제어와 주행 책임이 모두 시스템에 있다. 레벨 5 완전 자율주행(High Automation) 단계는 운전자가 불필요하며, 탑승자만으로 주행이 가능한 단계이다.

현재 레벨 2까지 도달했으며, 조건부 자율주행의 기술적 한계가 조금씩 해결되고, 각국의 규제와 제도들이 정비되면 레벨 3 수준의 자율주행차가 보급될 것으로 전망된다. 우리 정부는 레벨 4 이상의 자율주행 상용화를 앞당기기 위해서 2021년 1월부터 2027년까지 1조 974억 원을 투입하는 '자율주행기술개발혁신사업'을 추진한다는 계획을 발표했다. 하지만 자율주행을 가로막는 몇 가지 문제가 있다. 기술 개발과 인프라 구축 비용이 막대하고, 택시 기사 등 기존 노동자의 반대, 완성차 판매의 감소 우려, 보안 사고 책임 제도 정비 등으로 사회가 신기술을 수용하는 데 상당 시간 걸릴 것이라는 우려의 목소리도 있다.

전기차

전기차가 주목받는 이유는 세계 각국이 내연기관차의 배기가스 배출을 규제하고, 친환경 자동차 도입을 위한 각종 지원정책을 이어가고 있기 때문이다. 전기차가 빠른 기간 내에 시장을 형성하고 규모를 키울 수 있던 이유는 보조금 외 다양한 정책 지원으로 비용 면에서 소비자의 부담을 줄였기 때문이다. 현재 전기차는 내연기관 자동차보다 가격은 비싸지만 보조금을 통해 내연기관 자동차와 경쟁할 수 있는 여건이 마련되고 있다.

보조금 외에 전기차를 살 때 받을 수 있는 각종 세제 혜택도 전기차를 선호하게 만든다. 차량 구매 시 납부하는 세금 혜택, 연마다 납부하는 자동차세, 주차요금, 통행료 등 다양한 혜택을 받을 수 있다. 또한 전기차의 동력인 전기 이용금이 내연기관 자동차의 연료인 화석연료보다 저렴하기 때문에 유지 비용이 적게 들며, 소음과 진동이 거의 발생하지 않아 조용한 주행이 가능하다는 장점도 있다.

하지만 충전 시간이 오래 걸리고 충전소 인프라가 적으며, 한 번 충전 시 주행 가능한 거리가 내연기관 자동차 대비 짧다는 단점도 있다. 이를 해결하기 위해 전기차 배터리에 대한 연구가 활발히 진행 중이고, 정부 또한 전기차 충전 인프라 로드맵을 통해 2022년까지 완속 충전기는 1만 2천 개, 급속 충전기는 1만 개를 확보하겠다고 밝혀 지속적인 인프라 구축에 대한 의지를 드러냈다.

키오스크

원래 '신문이나 음료 등을 파는 매점'을 뜻하는 영어 단어로, 오늘날 공공장소에 설치한 무인 디지털 단말기를 말한다. 건물 안내, 시설, 행사, 박람회 등에서 정보를 제공하는 용도로 사용하는 것도 해당된다.

최근 코로나19 상황으로 직원이 직접 대면주문을 받는 경우보다 훨씬 안전하며, 고용주 입장에서 인건비를 줄이고 직원을 효율적으로 배치할 수 있다는 장점이 있다. 하지만 종업원의 노동을 소비자에게 강요한다는 점, 일자리 감소의 문제, 터치스크린의 오작동으로 인한 기계 결함과 디지털기기 사용에 취약한 노령층과 휠체어 사용자나 시각장애인 등의 사회적 약자의 경우 사용에 불편을 느끼기도 한다.

CES 2022

세계 최대 IT·가전 전시회인 'CES 2022'에서 우리나라 기업은 역대 최대 규모 참석뿐만 아니라 기술·제품 139개가 'CES 혁신상'을 받아 역대 최다 수상기록을 경신했다. 한국무역협회 국제무역통상연구원이 2022년 1월 10일 발표한 'CES 2022를 통해 본 코로나19 공존시대 혁신 트렌드' 보고서에 따르면 2022년 전체 CES 혁신상 623개 중 22.3%인 139개를 우리나라 기술·제품이 받았다. 이는 2020년과 2021년의 101개 수상을 뛰어넘은 역대 최다 기록이다. 우리나라 기술·제품이 수상한 혁신상을 분야별로 보면 먼저 지속 가능성 분야에서 33개 중 10개로 30.3%를 차지했고, 헬스·웰니스 분야에서는 75개 중 14개(18.7%)를 차지했다. 이외에 소프트웨어·모바일 웹 분야에서는 전체 33개의 절반에 가까운 16개(48.5%)를 차지하는 성과를 냈다. 2022년 CES 혁신상은 전체적으로 27개 분야의 623개 기술·제품에 수여됐다.

- CES(Consumer Electronics Show)

  미국 라스베이거스에서 매년 1월에 열리는 세계 최대 규모의 가전제품 전시회로 1967년 시작되어 2017년 50주년을 맞았다. 2000년대 초반까지는 TV, 냉장고 등의 가전제품 위주로 전시가 진행됐으나, 정보통신기술이 급격하게 발달하면서 인공지능, 자율주행차 등 첨단 IT 기술을 적용한 제품들을 선보이는 행사가 됐다.

07 문화·스포츠·미디어

지구촌 한류 팬

한국의 음악, 드라마, 예능 등의 전방위적 미디어 컨텐츠의 인기로 지구촌 한류 팬이 10년 새 17배나 늘었고 약 1억 5천만 명을 넘어섰다. 한국국제교류재단(KF)은 관련 내용이 담긴 '2021 지구촌 한류현황' 보고서를 발간했으며, 재외공관 150여 곳과 협력해 조사한 결과에 따르면 2020년 연말을 기준으로 전 세계 한류 팬은 116개국의 1억 5,660만 명으로 집계됐다고 한다. 조사를 시작한 2012년(926만 명)보다 무려 17배 불어난 수치이며, 집계 시작 이후 처음으로 1억 명을 돌파했던 전년(2020년)보다 29% 급증한 수치이기도 하다.

해당 보고서는 각국의 한류 관련 온라인 커뮤니티와 오프라인 동호회 회원, 소셜미디어(SNS) 가입 회원, K팝 앨범 판매 사이트 가입자 등을 바탕으로 산출했으며, 음악, 드라마, 예능 프로그램, 관광, 음식, 한국어, 미용, 문학, e스포츠, 전통문화, 웹툰, 태권도 등 주요 한류 컨텐츠 키워드를 토대로 활동 회원 수를 집계한 뒤 이를 더한 수치이다.

아시아 지역의 한류 팬은 1억 1,575만 명으로 전년(9544만 명)보다 21% 증가했으며, 미국, 캐나다, 아르헨티나 등 미주 지역의 한류 팬은 전년도에 조사된 1,459만 명보다 무려 102% 증가한 2,888만 명으로 산출 집계되었다. 이집트, 사우디아라비아, 요르단 등 아프리카·중동 지역의 한류 팬은 전년(112만 명)보다 92% 급증한 233만 명으로 산출되었다.

K-브랜드 열풍

올해도 한국의 국가 브랜드 이른바 'K-브랜드'에 대한 인기는 지속될 것으로 보인다. 굳이 수출과 직결된 산업 종사자가 아닌 일반 국민도 한국이라는 국가 브랜드 위상이 달라지고 있음을 체감하는 요즘이다. 한국을 찾는 외국인 관광객도 부쩍 늘었다.

법무부 출입국 자료에 따르면 2024년 1월 한국에 입국한 외국인 수는 92만5000명으로, 전년 동기 대비 2배가량 증가한 수치를 보였다. 또한 한국문화관광연구원이 2023년 4분기 외래 관광객 4000여 명을 조사한 결과 한국 여행에 관심을 두게 된 계기는 '한류 콘텐츠(31.9%)'가 가장 많은 것으로 밝혀졌다. 단순히 과거에 중국, 일본 등 동아시아 등지를 여행하다가 한국을 거쳐 가는 것이 아닌 한국이라는 국가에 관심을 가지고 방문을 하는 것이다.

세종학당 증설

해외에서 한국어와 한국문화를 알리는 세종학당이 2022년 19개국에 걸쳐 23곳이 새로 지정됐다. 이로써 2007년 3개국 13곳으로 처음 시작한 세종학당은 84개국 244곳으로 확대됐다. 2022년에는 한류 열풍과 교역 증가 추세를 반영해 방글라데시·사우디아라비아·쿠웨이트 등 아시아 3개국, 남아프리카공화국·튀니지 등 아프리카 2개국, 룩셈부르크·핀란드 등 유럽 2개국에 신규 세종학당이 들어설 예정이다. 인도네시아와 베트남에서는 각각 3곳과 2곳을 추가로 확대 운영하며, 올해 한국과의 수교 60주년을 맞은 멕시코에도 1곳이 추가 운영된다.

유네스코 세계유산 체계적 보존·활용

국내에 있는 유네스코 세계유산을 체계적으로 보존하고 활용하기 위한 5개년 계획이 추진될 예정이다. 문화재청은 '세계유산 보존·관리 및 활용 종합계획'을 수립해 2026년까지 이행한다고 밝혔으며, 세계유산의 보존·관리 및 활용에 관한 특별법이 지난해 2월 시행된 이후 처음 마련된 중장기 계획이다. 문화재청은 5개년 중장기 계획의 목표로 '세계유산의 탁월한 보편적 가치(OUV)를 온전하게 미래 세대로 전하다'를 내세웠다. 4개의 전략과제로 세계유산의 지속 가능한 보존체계 마련, 포괄적·체계적 관리역량 강화, 탁월한 보편적 가치 활용과 문화자원화, 세계유산 분야 국제협력 강화를 내세우기도 했으며, 해당 전략과제에 따른 핵심과제 16개를 별도로 선정했다.

- 세계유산 영향평가(HIA)
  세계유산에 위협이 되는 다양한 요소가 미치는 영향을 평가하는 것을 뜻한다.

『무예제보』 보물 지정

우리나라에 현존하는 최고(最古) 무예서로 알려진 수원화성박물관 소장 『무예제보(武藝諸譜)』가 국가지정문화재 보물로 지정되었다. 『무예제보』는 임진왜란을 겪은 조선이 명나라 군대 전술을 참고해 곤봉, 방패, 창, 삼지창, 장검 등 다양한 무기의 제조법과 조련술을 한문, 한글, 그림 등으로 설명한 책이다.

'청년 Dream, 국군 드림' 지원 제도

현재 국방부가 전 군을 대상으로 추진하고 있으며, 2019년 장병들이 군 복무 중 미래를 설계하고 꿈을 가꿔나갈 수 있도록 도움을 주기 위해 '청년들의 꿈을 우리 군이 이뤄 드린다'

는 뜻의 '청년 Dream, 육군 드림'에서 비롯됐다. 국방부와 군은 '청년 Dream, 국군 드림'을 통해 군복무 중에 있는 장병들이 전역 후 미래를 준비하는 여건을 마련할 수 있도록 심혈을 기울여 시행하고 있다. 해당 정책을 바탕으로 장병들은 군 생활을 하면서 원격강좌를 통한 학점 취득, 군 복무경험 학점 인정, 국가기술 자격증 및 어학 자격시험, 학용품비 지원 등을 받을 수도 있다. 학습뿐만 아니라 다양한 자기계발이 가능하도록 한 사람이 1년에 최대 12만 원까지 소요비용을 지원받는 '병 자기계발비용 지원사업'도 활성화하고 있으며 장병들은 이 제도를 활용해 자기계발을 위한 도서 구입, 어학·자격 취득, 능력검정 응시료, 온·오프라인 강좌 수강료 등을 지원받을 수 있다. 가장 많은 병력을 보유한 육군은 앞으로도 '청년 Dream, 국군 드림' 지원 제도를 통해 장병들의 자기계발을 지원하는 동시에 전투력을 향상할 수 있는 선순환 구조를 만들겠다는 방침이다.

안데르센상 영예 이수지 작가

그림책 『여름이 온다』의 이수지(48) 작가가 아동문학계에서 최고의 권위를 인정받는 한스 크리스티안 안데르센상을 받았다. 국제아동청소년도서협의회(IBBY)는 2022년 3월 이탈리아 볼로냐에서 열린 국제아동도서전 개막식에서 이수지 작가가 안데르센상 일러스트레이터 부문 수상자로 선정됐다고 밝혔다. 이번 수상은 한국 작가로서 최초의 안데르센상 수상이며, 아시아에서는 1984년 일본 작가 미쓰마사 아노 이후 38년 만의 수상이다. 이수지 작가의 수상으로 한국은 세계 아동문학계가 주목하는 안데르센상의 수상자를 배출한 28번째 국가가 됐다. 2022년 후보로는 32개국에서 62명이 등록했고 최종 후보 6명이 선정된 가운데 수상의 영예는 이수지 작가에게로 돌아갔다. 안데르센상은 특정 작품이 아니라 작가가 지금까지 창작한 모든 작품을 대상으로 한다는 점에서 수상자에게는 대단한 명예로 여겨진다.

대한민국 최초 필즈상 수상

허준이 교수가 대한민국 최초로 필즈상을 수상하는 영예를 거머쥐었다. 수학자들에게 가장 큰 영예로 여겨지는 필즈상(Fields Medal)은 국제수학연맹(IMU)이 4년마다 개최하는 세계 수학자 대회(ICM)에서 40세 미만의 수학자들에게 수여하는 상으로써 '수학의 노벨상'이라고 불리기도 한다.

칸 영화제

2022년에 열린 제75회 칸 국제영화제에서 박찬욱 감독은 영화 '헤어질 결심'으로 감독상을, 송강호는 '브로커'로 한국 배우 최초로 남우주연상을 품에 안았다. 국제영화 시장에서의 한국 영화의 입지를 넓히게 된 중요한 의미가 있는 수상이며, 한국 영화의 세계적인 경쟁력 및 저력을 입증한 수상으로 평가되기도 한다.

베니스, 베를린과 함께 '세계 3대 국제영화제'로 꼽히는 칸 국제영화제는 가장 높은 권위를 자랑하며 2019년에는 봉준호 감독의 '기생충'이 황금종려상을 받았다. 올해의 황금종려상은 스웨덴 출신의 감독 루벤 외스틀룬드의 '트라이앵글 오브 새드니스'에 돌아갔다. 한국 감독이 칸 국제영화제 감독상을 받은 것은 '취화선'(2002)을 연출한 임권택 감독에 이어 두 번째다. 박 감독은 '헤어질 결심'으로 4번째로 칸에 진출했으며 이전에는 심사위원대상(올드보이)과 심사위원상(박쥐)을 수상하기도 했다. 칸 국제영화제 경쟁 부문에 진출한 것은 '아가씨' 이후 6년 만이다. 송강호는 2006년 '괴물' 이후 '밀양', '좋은 놈 나쁜 놈 이상한 놈', '박쥐', '기생충', '비상선언'에 이어 '브로커'로 7번째 칸에 방문했다. 경쟁 부문에는 4차례의 초청을 받기도 했으며 지난해에는 시상식의 심사위원으로 위촉되기도 했다. 한국 배우가 칸에서 주연상을 받은 것은 두 번째다. 여우주연상은 배우 전도연이 2007년 '밀양'으로 한국인 최초 수상의 영예를 안았다.

보편적 시청권

전 국민적 관심을 받는 스포츠를 시청할 수 있는 권리이다. 이 권리가 보장되기 위해서는 무료 지상파 채널이 우선으로 중계권을 소유해야 한다. 해당 제도는 유럽의 '보편적 접근권'을 원용한 것으로 2007년 방송법이 개정되면서 처음 도입됐다. 방송통신위원회는 모호한 의미였던 '국민적 관심이 매우 큰 체육경기대회'를 구체화하면서 2016년 방송수단을 확보해야 하는 시청범위를 90%와 75%를 기준으로 나눴다. 90%는 동·하계 올림픽과 월드컵, 75%는 WBC(월드 베이스볼 챔피언) 등이다. 한편, 방송통신위원회는 2022년 내에 시청각미디어서비스법을 만들어 인터넷동영상서비스(OTT)를 제도 안으로 끌어들인다는 입장이다.

파리 올림픽

33번째 하계올림픽은 프랑스 파리에서 개최되었다. 이로써 파리는 100년 만에 다시 올림픽을 열게 되었으며, 런던(1908년, 1948년, 2012년)에 이어 역사상 올림픽을 세 번 여는 도시가 되었다.

2017년 9월 페루의 수도 리마에서 열린 IOC(International Olympic Committee, 국제올림픽위원회) 제131차 총회에서 개최지가 결정되었는데, IOC는 최종 후보였던 파리와 LA(Los Angeles, 로스앤젤레스)의 순차적인 개최를 만장일치로 확정하였다. 개최 도시를 동시에 선정한 것은 IOC 사상 최초이다. 또한 올림픽 사상 최초로 경기장이 아닌 야외에서 개막식이 열렸는데, 주무대는 파리를 관통하는 센강이었다. 선수들은 배를 타고 오스테를리츠 다리부터 이에나 다리까지 약 6km의 구간에서 수상(水上) 퍼레이드를 벌인 뒤 트로카데로 광장 경기장에서 개막식을 마쳤다.

파리 올림픽은 에펠탑, 베르사유 궁전, 콩코르드 광장 등 파리의 대표 문화유적지들이 경기장으로 활용되었으며, 친환경·저탄소 올림픽을 표방하여 새 경기장 건설을 최소화하였고 경기장의 약 95%를 기존 건물과 임시구조물로 구성하였다.

2024년 7월 26일부터 8월 11일까지 진행된 2024 파리 올림픽은 초반 우려했던 것과 다르게 긍정적인 평가가 이어졌다. 미국 일간지 뉴욕타임스(NYT)는 프랑스가 올림픽 직전 조기 총선을 치른 후 새 정부를 구성하지 못한 상황에서도 사회 전 부문의 기여로 놀라운 업적을 남겼다고 평가하기도 했다.

NFT 아트

NFT와 Art의 합성어로, 실물로 존재하는 것이 아니라 미술작품의 증명서(토큰)로서 존재하는 예술작품을 말한다. 블록체인으로 유통되는 토큰이 지니고 있는 고유값으로 인해 다른 토큰으로 대체하는 것이 불가능하며, 소유권·저작권·판매이력 등을 기록할 수 있어 지적재산권 보호에 효과적이다. 기존의 디지털 아트는 원본과 사본을 구별하기 힘들어 작가들이 작품에 대한 저작권이나 수익성을 보장받지 못했지만, NFT 아트는 디지털상에서도 원본을 입증할 수 있어 작품으로서도 가치를 인정받고 있다.

- NFT(Non-Fungible Token, 대체 불가능한 토큰)

  블록체인에 저장된 데이터 단위로, 고유하면서 상호 교환할 수 없는 토큰을 뜻한다. NFT는 사진, 비디오, 오디오 및 기타 유형의 디지털 파일을 나타내는 데 사용할 수 있다. 가상의 진품 증명서 역할을 하므로 대체 불가능하고 사본은 인정되지 않는다는 특징이 있다. 이러한 디지털 항목의 사본은 누구나 얻을 수 있지만 NFT는 블록체인에서 추적되어 소유자에게 저작권과 소유권 증명을 해야 한다. NFT는 인기 있는 디지털 예술품이나 디지털 자산을 상업화하는 데 사용하며, 시장 가치는 2020년에 3배로 증가하여 2억 5천만 달러 이상에 도달하기도 했다.

제45회 세계군인선수권 고공강하 제패

특수전사령부 대표팀이 오스트리아 비엔나에서 열린 제45회 고공강하 세계군인선수권대회에 출전하여 우수한 성적을 거뒀다. 이는 1995년 고공강하 세계군인선수권대회 첫 출전 이후 최고의 성적으로 종목별 세계선수권대회에서 최초로 금메들을 수상한 쾌거이다. 고공강하 세계군인선수권대회에 참가한 우리 군은 남녀 3개 부문에 출전했으며, 특전사 여군 대표팀은 4인조 상호활동(4-Way) 부문 1위를, 정밀강하 단체 3위 여군 종합 2위를 달성하여 국군의 위상을 드높였다. 이종섭 국방부 장관은 우선 본연의 임무에 충실하면서도 강도 높은 체력단련과 고도의 훈련을 통해 최고의 기량을 갈고닦은 대표팀의 노고를 치하했으며 "이번 성과는 우리 군의 전투 역량을 국제적으로 널리 알리고, 특전사의 고공침투 능력이 세계 최고 수준임을 입증한 계기가 됐다"며 "앞으로도 최정예 특전부대원답게 임무수행능력을 지속적으로 향상시켜 줄 것"을 당부했다.

첫 세계육상선수권 은메달

미국 오리건주 유진의 헤이워드 필드에서 열린 2022년 세계(실외)육상선수권대회 높이뛰기 결선에서 우상혁선수(국군체육부대)는 2m35의 기록으로 사상 첫 은메달을 목에 걸었다. 우상혁 선수는 2020 도쿄올림픽에서 좋은 성적을 거둔 것은 물론, 상대 선수를 배려하는 모습과 결과에 연연하지 않고 진정으로 경기를 즐기는 모습을 보여주어 '스마일 점퍼'라는 별명을 얻음과 동시에 높이뛰기에 대한 국민들의 높은 관심과 성원을 받았다. 사실상 대한민국에서 불모지로 여겼던 세계육상선수권에서 우상혁 선수의 은메달이라는 기록은 2011년 대구에서 동메달을 딴 김현섭 선수에 이어 두 번째다. 윤석열 대통령은 19일 우 병장에게 축전을 보내 "한국 육상의 새 역사를 써나가고 있는 우상혁 선수가 자랑스럽다"며 "특히 기초종목에서 거둔 성과라 더욱 의미가 크다"고 전하며 2020 도쿄올림픽에서 우상혁선수를 떠올리며 "경기 자체를 즐기면서 '할 수 있다'는 스포츠 정신과 '실패해도 괜찮다'라는 긍정의 힘을 전 세계에 전했다"고 치하했다. 이종섭 국방부 장관도 이날 축전을 보내 "불굴의 군인정신과 긍정적 마인드로 이룩한 성과이기에 국민들에게 더 큰 감동을 주고 있다"며 "우리 군에, 우리 대한민국에 우 병장처럼 훌륭한 청년이 있다는 것이 매우 자랑스럽다"고 전했다.

한편 우상혁은 세계육상연맹이 9월 13일 공개한 월드랭킹에서 세계 남자 높이뛰기 1위로 2022시즌을 마무리한다. 모든 육상 세부 종목을 통틀어 우리나라 선수가 세계랭킹 1위에 오른 것은 처음이다.

좋은 책을 만드는 길, 독자님과 함께하겠습니다.

2025 시대에듀 면접관이 공개하는 장교/부사관 면접 합격의 공식

개정3판1쇄 발행	2025년 01월 10일 (인쇄 2024년 10월 11일)
초 판 발 행	2022년 02월 10일 (인쇄 2022년 01월 21일)
발 행 인	박영일
책 임 편 집	이해욱
편 저	시대적성검사연구소
편 집 진 행	박종옥 · 이수지
표지디자인	조혜령
편집디자인	김예슬 · 장성복
발 행 처	(주)시대고시기획
출 판 등 록	제10-1521호
주 소	서울시 마포구 큰우물로 75 [도화동 538 성지 B/D] 9F
전 화	1600-3600
팩 스	02-701-8823
홈 페 이 지	www.sdedu.co.kr

I S B N	979-11-383-8071-3 (13390)
정 가	24,000원

※ 이 책은 저작권법의 보호를 받는 저작물이므로 동영상 제작 및 무단전재와 배포를 금합니다.
※ 잘못된 책은 구입하신 서점에서 바꾸어 드립니다.

시대에듀의 지텔프 최강 라인업

1주일 만에 끝내는 지텔프 문법

10회 만에 끝내는 지텔프 문법 모의고사

답이 보이는 지텔프 독해

스피드 지텔프 레벨2

지텔프 Level.2 실전 모의고사

※ 도서의 이미지 및 구성은 변경될 수 있습니다.

군무원 수험생이라면 주목!

2025년 대비 시대에듀가 준비한
과목별 기출이 답이다 시리즈!

2025 군무원

국어
군무원 채용 대비

행정법
군무원 채용 대비

행정학
군무원 채용 대비

군수직
군무원 채용 대비

전자공학
군무원·공무원·공사/공단 채용 대비

합격의 길! 군무원 합격은 역시 기출이 답이다!

※ 도서의 이미지 및 구성은 변경될 수 있습니다.

공무원 수험생이라면 주목!

2025년 대비 시대에듀가 준비한
과목별 기출이 답이다 시리즈!

국어
국가직·지방직·법원직 등 공무원 채용 대비

영어
국가직·지방직·법원직 등 공무원 채용 대비

한국사
국가직·지방직·법원직 등 공무원 채용 대비

행정학개론
국가직·지방직·국회직 등 공무원 채용 대비

행정법총론
국가직·지방직·국회직 등 공무원 채용 대비

교육학개론
교육행정직 공무원 채용 대비

합격의 길! 공무원 합격은 역시 기출이 답이다!

※ 도서의 이미지 및 구성은 변경될 수 있습니다.

나는 이렇게 합격했다

자격명: 위험물산업기사
구분: 합격수기
작성자: 배*상

나는 할 수 있다

69년생 50중반 직장인 입니다. 요즘 자격증을 2개 정도는 가지고 입사하는 젊은 친구들에게 일을 시키고 지시하는 역할이지만 정작 제 자신에게 부족한 점이 많다는 것을 느꼈기 때문에 자격증을 따야겠다고 결심했습니다. 처음 시작할 때는 과연 되겠냐? 하는 의문과 걱정이 한가득이었지만 시대에듀 인강을 우연히 접하게 되었고 잘 차려진 밥상과 같은 커리큘럼은 뒤늦게 시작한 늦깎이 수험생이었던 저를 합격의 길로 인도해주었습니다. 직장생활을 하면서 취득했기에 더욱 기뻤습니다.
감사합니다!

합격은 시대에듀

당신의 합격 스토리를 들려주세요.
추첨을 통해 선물을 드립니다.

QR코드 스캔하고 ▷▷▶
이벤트 참여해 푸짐한 경품받자!

베스트 리뷰	상/하반기 추천 리뷰	인터뷰 참여
갤럭시탭/ 버즈 2	상품권/ 스벅커피	백화점 상품권

합격의 공식
시대에듀